フェミニズムのパラドックス

定着による拡散

江原 由美子

勁草書房

はじめに

女性問題やジェンダー問題を主な仕事とするようになってからもうかなりになる。なのに、最近「ジェンダーは怖い」とますます実感するようになった。

なぜ「怖い」のか。「考え尽くす」ということがないのだ。「考え抜いた」つもりになっていても、あとから振り返ると、「考え」が根拠としていたその「底」が不確かなものであったことがわかったりする。自分の使用している概念や言葉、あるいは判断基準そのものの、ジェンダー・バイアスに気づいたりする。しかし「考えている」時は「考え抜いた」つもりになっているから、変に自信を持ってしまっていて、よけいにたちが悪い。つまり、「男女平等」や「ジェンダー・フリー」の実現のために主張しているつもりになっている自分自身が、ジェンダー・バイアスあるいは男女という固定的性別観を再生産することにつながる実践を行ってしまっていたりするのである。

おそらくジェンダーは、男女平等を実現しようとする意図に基づく実践も含めて、こうした様々な社会的実践によって形成されてきたのだろう。そして今も、こうした様々な社会的実践によって再生産されているのだろう。意図を裏切ってジェンダーを再生産してしまうこうした実践的効果。

怖いという感覚は、この意図せざる効果に対して生じるのだと思う。

本書は、主として前著『装置としての性支配』(一九九五年)の後発表してきた論考を収録したものである。内容に即して、四部に構成した。それぞれの部に収録した論文の主題の文脈や関連性については、各部の扉に簡単にまとめたので、参照してほしい。

本書のタイトル『フェミニズムのパラドックス』は、直接的には、本書に収録した「日本のフェミニズムの現在」から取られている。そこではフェミニズムが世論において正当性を獲得していくことが逆に女性のフェミニズム離れを引き起こすというパラドックスや、企業社会を変革するために主張されるフェミニズムの「女性の職業参加の推進」を求める言葉が、企業社会がなかなか変わらない状況の中で、ある側面では女性を一層追い詰めるような効果を生み出してしまうといったパラドックスが、論じられている。

けれども、本書で論じている「フェミニズムのパラドックス」とは、こうしたフェミニズム側の言説がはらんでしまうパラドックスだけではない。むしろ、フェミニズムを成立させるにいたった近代主義的言説自身がはらむパラドックスにこそ、焦点があたっていると言ってよい。たとえば「フェミニズムから見た丸山眞男の近代」においては、不在としての「西欧近代という理念」を使用する言説実践が「均質な日本的なるものへの共属性という幻想」を達成することで、まさに「日本を実体化してしまう」というパラドックスが、論じられている。それはまさしく「西欧近代という理念」が「均質なるものとしての女性」を作り出し「女性」を実体化したことと、パラレルな出来事である。このことはまた、「自己定義権と自己決定権」におけるキャロル・ギリガンの「パラドックス」、すなわち近代社会で女性は「責任と思いやりの道徳」に基づいて評価されているのに（「権利の道徳」に基づいて自己主張する時女性に浴びせられる批判は「利己主義だ」という批判である）、その「責任と思いやりの道徳」に基づいて行動することが、まさにそれゆえにこそ女性を、道徳意識の発達において男性よりも劣った存在として評価させることになってしまうという問題と、ピッタリ一致している。

近代社会は普遍主義的規範が妥当する「公的領域」のみからできあがっているわけではない。なのに学問や思想における多くの言説は、近代社会が「公的領域」のみから成立しているかのように、ふるまいつづける。その結果「女性」は、「近代社会が課す規範」に従うことができない「特殊」な存在であるかのように描きだされることになる。そうした実践こそが、「女性」なるものを「実体化」してきたのである。すなわち、普遍主義を標榜する言説は、不断に「他者」を作り出し「実体化」するというパラドックスをはらんでいる。「女性」自体、こうした言説実践によって「他者化」「実体化」されたのだ。だからこそ、「他者化」されたがゆえにこそ、女性たちは、フェミニズムを必要とすることになったのである。けれども、そうしたフェミニズムの言説実践自体、普遍主義を標榜することになりがちであり、その結果、フェミニズムの主張そのものが最初に述べたようなパラドックスをも含むことになる……。本書のタイトル、『フェミニズムのパラドックス』とは、フェミニズムに関連するこうした幾重ものパラドックスを意味している。

したがって本書は、「フェミニズムの外にたってフェミニズムを批判する」ことを意図しているわけではない。『フェミニズムのパラドックス』という本書のタイトルはむしろ、フェミニズムの現在の渦中において、自分自身の言葉をも含めたフェミニズ言説に関わる幾重ものパラドックスを、なんとか解き明かそうとする試みという意味において、掲げられている。無論、その作業は未だ途中である。うかつものの私であるゆえに、最初に書いたように、いつもあとから自分の考えの浅さに気づかせられ、臍を噛む思いにかられることも少なくない。そうした作業途中のものとして、読んでいただければ幸いである。

フェミニズムのパラドックス／目　次

I

第Ⅰ部にはフェミニズム・女性学・ジェンダー研究などのこれまでの流れや現在の状況について、私なりに理解しまとめた論考を収録した。それぞれ別の機会に全く異なる読者を想定して書いたものである。

最初においた「日本のフェミニズムの現在」は、英語圏の一般の読者を想定して、戦後日本の女性問題とフェミニズムをなるべく短く概観し、私なりの日本の現在の状況の読みを示している。

「女性学・フェミニズム・ジェンダー研究」と「ジェンダーと社会理論」は、「日本のフェミニズムの現在」では論じられなかったフェミニズムにおける複数の理論的視角とその変化について論じている。

「女性と表現」「女性の経験や思いに焦点をあてる」「フェミニズムから見た丸山眞男の近代」は、同じ枠組みにおいてそれぞれの主題を論じた「各論」にあたる。

日本のフェミニズムの現在

1　普及か拡散か

現代日本において、フェミニズムの理論と運動は、diffusionという局面を迎えているようだ。一九九九年六月、家庭や職場など社会のあらゆる場において男女が平等に参加・参画できる社会を実現することを基本理念とする「男女共同参画社会基本法」が成立した。フェミニズムの社会的影響力は、政府をも動かすほどの力を持ってきたかのようである。

しかし他面において、若い世代の女性たちには「フェミニズム離れ」が起きている。この一〇年ほど経済不況によってもっとも厳しい就職状況に置かれたのは若い女性たちであるにもかかわらず、また彼女たちの大半が男女は家庭でも職場でも対等であるべきだという考え方に賛同するにもかかわらず、フェミニズムに賛同する者は、むしろ減っているのである。それらの考え方が当たり前になった今だからこそ、いまさらフェミニズムなんてと感じる女性の方がずっと多いのだ。今日本のフェミニズムは普及することによってむしろ勢力が「拡散」し「衰え」ていくというパラドックスに直面しているのかもしれない。

2　戦後日本社会における女性

第二次世界大戦敗戦まで、日本社会における女性の地位は非常に低かった。選挙権も財産権も、職業の自由・居住の自由もなかった。通常男性がなる戸主が、妻の就職や居住地を決める権利を持っていた。夫が妻以外の女性を妾として家庭に入れることには寛大である一方で、妻は貞操を守ることが義務づけられた。敗戦後ＧＨＱ主導で行われた戦後改革において、「婦人解放」は五大改革の一つとされ、婦人参政権が実現するとともに旧民法が改正され、法律上の家庭内の男女の地位はほとんど平等になった。婦人参政権成立直後の一九四六年の衆議院選挙では、女性議員が三九人〔議席数四六六〕も当選した（一九九六年の選挙における女性議員の当選者数は二三人〔議席数五〇〇〕二〇〇〇年六月の選挙は三五人〔議席数四八〇〕である）。敗戦・占領に怯えていた多くの女性たちは、戦後の「婦人解放」政策の進展に、輝かしい未来が向こうから歩いてくるような解放感を感じたのだ。

けれどもこの「婦人解放」は、女性の家庭責任についいては全く疑問をさしはさむことがないままの「解放」政策であった。一九六〇年代の高度経済成長の開始と共に、政府は、社会を支える「人づくり」のために母親は家庭にいるべきだという考え方を強くうちだした。経済混乱がおさまったため、女性に働いてもらう必要がなくなったからである。「子どもの精神的発達にとって母親が家にいることが絶対に必要だ」「母親が働くことは子どもをなおざりにすることだ」という考え方が、社会に定着した（この考え方は今も日本社会に非常に根強い）。この風潮は、男子労働者に転勤や長時間の残業を課そうとしていた日本の企業にとっても都合のよいものだった。ここに未婚女性を低賃金で短期雇用し、結婚退職させ、子育て終了後に非正規労働者として低賃金で雇用する、日本型女性雇用管理の原型が作られた。この日本型女性雇用管理は、年功序列型賃金・長期雇用・企業内組合という日本型雇用の、不可欠の部分として成立したのである。税制・年金・健康保険制度なども「男は仕事、女は家庭」という性別分業を前提として作られた。教育においても性別によって特性が違うのだから男女それぞれその特性にあった教育を行うのがよいという男女特性教育論が主流であった。世界中で第二波フェミニズム運動が台頭するこの時期に、日本政府はむしろ「男は仕事、女は家庭」という性別分業を制度化するような政策を強化したのである。

日本における第二波フェミニズム運動は、こうした状況の中で生まれた。七〇年代初頭に産声を挙げた女性運動は、家事・育児を全面的に担わされ、企業に都合よく低賃金で使われる日本の大半の女性たちの状況に異議申し立てを行った。八〇年代に入ると女性運動は学問やジャーナリズムの世界にも飛び火し、フェミニズム関係の研究や書物が大量に生み出された。女性差別撤廃条約に調印したことによって、政府も性別分業を公然とは正当化できなくなり、男女雇用機会均等法も成立

（一九八四年）した。実際にはこの均等法は、罰則規定を持たない形だけの法律であり、就職における性差別は依然として強く、長時間労働も変化しなかった。けれどもバブル経済の勢いにのり、大卒女性の就職機会は増え、男性と同じ条件の総合職で働く女性たちが生まれた。生き生きと働く女性のイメージがマスメディアに溢れ、八〇年代は「女性の時代」とまで言われたのである。

3　九〇年代の女性

平成不況期に入ると、こうした状況は一転した。真っ先に影響を被ったのは女性たちであった。九〇年代当初には大卒女性の就職率は男子のそれとほぼ同じになったが、九三年から男子をかなり下回るようになった。いわゆる就職における「氷河期」「超氷河期」の到来である。不況によって、日本企業の、私生活を犠牲にして長時間労働を従業員に求める傾向が強まり、出産・育児など家庭責任を背負う女性労働者を敬遠するようになったのである。日本型雇用慣行を打破するべきだという議論の高まりも、職場の性差別的体質には大きな変化を生み出さなかった。

こうした状況に直面しても、多くの女性たちは、企業社会に戦いを挑みはしなかった。むしろ女性たちは、結婚離れあるいは仕事離れすることによって、こうした状況に対処しようとした。長時間労働を前提とする日本の企業社会において、共働きで仕事と家庭を両立させることは、非常に困難である。結局女性が会社でも家庭でも男性の下働きに甘んじることになってしまう。それならば、結婚しない方がましだ。あるいは、収入は夫に稼いでもらい、自分は主婦しながら家庭とは別のところに生きがいを求めた方がましだ――そんな考え方が広がった。それが急激な未婚化・少子化をもたらした。仕事に生きる女が、家事・育児の負担が一方的にのしかかる結婚に対して躊躇するようになっただけでなく、夫に稼いでもらおうと思う女性もなかなか結婚しなくなった。不況で男性の職も収入も安定しない今日において、一生を託せる良い稼ぎ手の男を見つけることは実際的に困難だからである。

一九九〇年に一・五七人となった合計特殊出生率は、九八年には一・三八まで低下した。急速に低下する出生率を前にして、政府はやっと本格的に仕事と育児を両立させることができる社会を実現する方向に動きだした。「男女共同参画社会基本法」は、フェミニストの悲願ではあったが、それを成立させたのは、政府の未婚化・少子化に対する懸念であった。最近出版された林道義『フェミニズムの害毒』(二九九九年、草思社)においては、害毒をもたらすフェミニズム勢力として、厚生省・総理府・地方自治体・新聞をはじめとするマスコミまであげられているが、こうした状況を生み出したのは、未婚化・少子化問題の深刻化であった。

4　九〇年代フェミニズム

他方フェミニズム勢力は、性別役割分業批判に論点を収斂させていた八〇年代に比較して、その戦線を拡大させていくようになった。八〇年代末から問題になったセクシュアル・ハラスメント問題、九〇年代後半に入って問題化されたドメスティック・バイオレンス問題、育児期の女性の社会的孤立に伴う様々な病理的問題、老人介護問題、日中戦争や第二次世界大戦中の日本軍による従軍慰安婦問題、戦争中のフェミニストの戦争責任問題、援助交際という言葉に象徴される性の商品化の低年齢化や買売春問題、ピル解禁問題や生殖補助医療技術などの医療社会学的問題など……。こうした動きを支えたのは、八〇年代フェミニズムに批判的な若い世代のフェミニストたちであった。たとえば性暴力や性の商品化など、身体やセクシュアリティに関わる問題は、八〇年代フェミニズムにおいては、女性が経済力を持てば解決される問題であるかのように扱われる傾向が強かったが、若い世代のフェミニストにとっては、そうした予定調和的な考え方は、全く満足できないものだったのである。

けれども、こうした戦線の拡大・深化は、二つの意味において勢力の拡散をも生んでいる。第一に、そもそも日本社会において少数であるフェミニズム勢力が多様な問題に関わることによる拡散。それぞれの問題はそれぞれ別の社会的勢力との連帯を必要とする。性暴力問題においては、自治体や企業の労務・人事管理部門の職員や、法律・カウンセリング・警察などの専門家集団。育児・介護問題に関しては、行政の福祉関連職員や保育専門職員など。戦線の拡大とそれに伴う連帯する勢力の拡大は、もはや「フェミニズム」を一つの勢力として見出すことが困難な状況すら生んでいる。それぞれの問題に専心しているフェミニストからすれば、その問題に関わりあわないフェミニストよりも、たとえ別の立場からであったとしても同じ問題に取り組んでいる人々の方が、ずっと近しい「仲間」になりつつあるのである。

第二に、それぞれの問題が、フェミニスト内部における、あるいは同じ女性の内部における、異なる立場の存在を明確化しつつあることにともなう勢力の拡散。このことは、九〇年代のフェミニズム論における「女という同一性の解体」という動向と重なりあう。

七〇年代後半に産声を挙げた日本の女性学やフェミニズム論は、八〇年代半ば以降のマルクス主義フェミニズムやラディカル・フェミニズムなどいわゆる「冠つきフェミニズム」の導入とそれにともなう論争の時代を経て、九〇年代においてはポストモダン思想や社会構築主義の影響を強く受けた理論展開を行うようになった。この動きは（当然のことながら）欧米におけるフェミニズム理論の展開と重なっている。女性学元年であった一九七八年から八〇年代初頭までの第一期においては、理論的には性役割論や社会化論に依拠しつつ、いかに女性の社会参加が阻まれているかが主に論じられた。八〇年代前半のエコロジカル・フェミニズムやマルクス主義フェミニズムの導入によって、第二期が到来する。そこでは、複数の冠つきフェミニズム間で、論争が展開された。第三期は、従軍慰安婦問題を一つの具体的なきっかけとしつつ、その他女性への暴力・性暴力や性の商品化や生殖補助技術問題など、異なる位置にある女性たちが抱える多様な問題に焦点を当てながら理論活動を行ってきた、九〇年代フェミニズムである。

この九〇年代第三期フェミニズムにおいては、第一期・第二期のフェミニズムが自明の前提としていた「女という同一性」が、問い返されることになった。同じ「女」というカテゴリーを付与される者の中でも、それぞれ与えられた社会的位置によって、どれだけ異なる経験をしているかということが明らかにされた。戦後の優生保護法体制は、健常者の女性たちにとっては、人工妊娠中絶に対する規制、すなわち産むことを強制されるかどうかという問題であったが、障害者の女性たちにとってはむしろ、不妊手術問題、すなわち「産まないこと」を強制されるかどうかという問題であった。

第二次大戦中日本軍は、日本女性の貞操を守ることを目的として、戦時占領下や植民地であった朝鮮の女性たちには従軍慰安婦となることを強いた。こうした社会的位置の違いによる女性の経験の多様性は、女性だから同じ苦しみを持つ者として連帯できるという安易な思い込みを覆した。他方理論的にも、母性などの女性性が、言説によってどのようにして社会的に構築されてきたかということが明らかになってきた。「女」とは、もはや生物学的属性に基づいた自然的な同一性なのではなく、政治的言説によってそのつどそのつど社会的に構築される同一性にすぎないものになったのである。さらにこの女という同一性に対する問いかけは、ゲイ＝レズビアン・スタディーズや、トランス・ジェンダリズムなどの影響によって、一層深められることになった。

もはや同じ女性だから連帯できるという考え方では、女性自身から強い反発を受ける。けれども、女という同一性の解体は、フェミニズムの根拠をも、掘り崩すものである。九〇年代フェミニズムもまた、拡大と拡散のパラドックスに直面しているのである。

5 遅すぎた改革
――日本社会は活力回復に女性の力を生かせるのか――

こう見てくると、女性たちのフェミニズム離れには充分な理由がありそうだ。七〇年代に産声を挙げた日本の第二波フェミニズムは、八〇年代に入って、多くの女性たちに新しい生き方への夢を与えた。性別分業意識を脱却し、仕事も家庭もと欲張りつつ自己実現を求める女性たちが、時代をリードした。けれども政府は形だけの均等法を作っただけで、日本の企業社会を本格的に変えようとはしなかった。九〇年代の不況期は、この矛盾を一挙に明らかにした。企業社会も、日本型雇用を変えなければならないと真剣に考えるようになった。けれども今のところその議論の中には、職場の性差別を本当になくしていこうとするような論調は見当たらない。それどころか、女子社員の採用をとりやめ派遣労働者に全面転換していく動きの方が顕著である。

こうした中で、女性たちは仕事も家庭もという生き方の嘘を、着実に見抜いてしまった。それを実現する社会的条件もないままに、「新しい女の生き方」「仕事も家庭も」などの言葉にだまされて、役割を過剰に背負い込んだら女が苦労するだけと、冷めた目で見るようになったのである。仕事をする女は、結婚もしないし子どもも持たない。子どもがほしい女は良い夫捜しに奔走するもなかなか良い夫にめぐりあわない。こうした女性たちの戦略が、急激な未婚化・少子化をもたらしたのである。

政府が女性も働ける社会をつくるために重い腰をあげたのは、やっとこの時期においてであった。人口減に歯止めをかけ、労働人口の減少を女性労働力で補う。そのためには、フェミニズムにのった方が得策である。女性に優しい政策であることもアピールできるからである。けれども、今政府が男女共同参画社会や男も女も仕事も家庭もと音頭をとったところで、もはやそうした主張は、女性たちにアピールしない。職場の性差別をなくすことに本腰を挙げないで、働く母親の支援策をとったところで、所詮女を職場でも家庭でもこれまで以上に安くこき使おうという戦略にすぎないではないか。フェミニズムにのることは男性社会に利用されるだけ。だまされたりしないぞ。若い女性たちのフェミニズム離れは、遅すぎた改革の当然の帰結なのである。

フェミニズム側もそのことを充分知っている。「女性たちよ、連帯しよう」という大きな呼びかけがもはや反発しかもたらさないことを知っている。だからこそ性暴力や虐待問題など、それぞれの女性たちが抱える問題に向かいあおうとしている。そこにしか、女性たちの思いに応える道はない。けれどもその道をとることによっては、多くの女性たちのフェミニズム離れを食い止めることはできない。それを承知で、フェミニズムは、企業社会の変革よりもより深い次元での社会の変革に期待をかけて、戦線を拡大しているのである。

どうやら日本社会は、日本型雇用に基づく企業社会を変革し、未婚化・少子化を食い止め、活力ある日本社会を作る上で、フェミニズムを利用することに失敗したようだ。女性たちは、疑い深くなってしまった。この疑いは、「男女共同参画社会」という掛け声だけではなく、職場の性差別の撤廃や、育児休暇の男女両性への義務づけや大幅拡充など、思いきった政策がなされない限り、解消することはないだろう。

女性学・フェミニズム・ジェンダー研究

本稿に与えられた課題は、女性・フェミニズムに関するこの一〇年の理論的動向と今後の展望を明らかにすることである。けれども、ごく最近形成された学際的研究領域である「女性・フェミニズム」という領域について、一〇年という時間を明確に区切り、その理論動向や展望を述べることは大変困難である。専門領域や問題関心の違いによって評価基準や時期区分が大きく異なると思われるからである。したがって以下においては、やや時期区分を広くとり、女性・フェミニズムという研究領域が生まれてきた七〇年代末から今日までの動向を、大きく女性学創出期（一九七〇年代末〜一九八〇年代前半）、フェミニズム理論導入期（一九八〇年代半ば〜一九八〇年代末）、ジェンダー研究創出期（一九九〇年代）という三期に区分し、それぞれの時期の特色をキーワードで示すとともに、このような変化を生み出したと思われる要因を挙げながら、変化動向を意味的に把握することをめざすことにする。

1　第二波フェミニズム運動と女性学

一九六〇年代のアメリカの第二波フェミニズム運動は、「六〇年代アメリカの最大の社会運動」(1)といわれるほどにも大きな影響力をアメリカ社会に及ぼした。今日において私たちは、その影響力の大きさを、国境を越えて世界的な影響を及ぼしたという空間的波及力において、また三〇年以上たった今日にまで影響を及ぼしているという時間的波及力において、再確認することができる。この意味でアメリカの第二波フェミニズム運動は、まさに第二次世界大戦後の「最大の社会運動」の一つであったとすらいいうるかもしれない。

第二波フェミニズムがこのような大きな影響力を及ぼしえたのは、一つには、それが「学問の上での変革」をもともなっていたためであったといってよいだろう。なぜなら、「学問」は社会的知識の集積の一つの形態であり、世代や国境を超えた影響力をもつからである。アメリカの第二波フェミニズムは、参加者に中産階級出身者を多く含んでいた。彼女（彼）らは、アメリカ社会の中産階級で強く内面化されていた「普遍主義」「業績主義」的価値観を共有し、大学の学問の世界に参加していった。そこで彼女（彼）らが出会ったのは、「普遍主義」「業績主義」を標榜しながら暗黙理に女性を排除・差別する研究者社会であり、学問であった。

社会学を例にとれば、社会学の大学院進学を希望する学部四年生の四〇％以上が女性であったのにもかかわらず、フルタイムの教授職にある女性は四%にすぎない状況、またアメリカ社会の階層研究に心血を注ぐ研究者(その多くは「平等主義」「普遍主義」的価値観を明確にしていた)が、女性の社会的地位は父親や夫の社会的地位に等しいという理由で女性を研究対象から全く外してしまい、そのことに何ら問題性を感じないといった状況が存在していたのである(2)。彼女(彼)らは、このような状況を前にして、「女性による女性のための学問」、「女性解放のための学問」すなわち女性学(Women's Studies)を創設していった。

一九七〇年代初頭において創出された女性学は、次第に大学教育の中に制度化されていくことになる。この動きと重なりあいながら各専門領域でも、女性の存在を可視的にするためのさまざまな試みや「既存の女性を対象とした研究が前提としている暗黙の前提(男女二分法という前提、人間=男性の前提、女性=家庭性の前提)」(3)を批判的に再検討する試みが展開されていった。

このような「学問」における動きを女性学運動とよぶことにすれば、女性学運動をともなったことこそ、第二波フェミニズム運動の最も大きな特色であったということもできるだろう。

第一波フェミニズムが、婦人参政権の実現などめざましい成果を挙げながら、目的実現とともに次第に影響力を低下させてしまった原因は、一つには、次世代にその経験を伝えるための有力な回路を形成できなかったことに求めうるように思う。初期の第二波フェミニズム運動の参加者たちの中には、現代社会の女性問題を認識することをほとんど独力で行うしかなかったという経験をもつ者が多い。彼女(彼)らが自らの問題意識と同じ問題意識をもち、同じ研究関心をもった先行者たちを見出すことができたのは、独力で学問と格闘し、研究を進めていった後のことであった。なぜなら先行者たちの業績は、学問の内部には場所を得ておらず、制度化された世代間伝達の回路に乗ってはいなかったからである。女性学は、「学問」の男性中心性を変革することを主張しながら、正に学問の内部に位置を得ることによって、女性たちの「知識の社会的集積」を次世代に伝える役割を果たしたといえるのではあるまいか。

2　日本における女性学の成立と主婦研究
——女性学創出期——

このようなアメリカの女性学運動は、その創出から数年を経た一九七〇年代末には、日本にも導入されることになった。一九七七〜七九年にかけて、「女性学」という名を付した複数の学会が、ほとんど同時に創設された。いわゆる女性学四団体は、すべてこの時期に結成されている。この時期から一九八〇年代前半までのキーワードは、「女性学」「性役割」「主婦研究」である。

日本における女性学運動は、日本の第二波フェミニズムの女性運動（ウーマン・リブ運動）から直接生まれたものではなく、国際婦人年や国連婦人の十年などの動きを背景に、アメリカの女性学運動から影響を受けた結果であった。このような現象の背景には、戦後社会におけるアメリカの大学の学問上の指導力の増大や、日本での女性研究者の地位のアメリカと比較した際のいっそうの低さといった問題が複雑に関連している。第二次世界大戦によるヨーロッパ社会の荒廃とナチス・ドイツからアメリカへの知識人の亡命は、アメリカを一挙に「学問の中心」に押し上げることになった。日本社会でも、戦前の独仏に代わってアメリカが最も多い留学先となるなど、アメリカの「学問」の影響力が増大した。

日本での第二波フェミニズム運動は、大学を一つの拠点としつつも、四年制大学での女子学生の相対的少なさや研究者世界での女性の圧倒的な少なさなどが足枷となって、学問の世界に影響を与えることはできなかった。他方、日本の女性研究者・研究者志望の女性には、アメリカに留学する者が多かった。その一つの理由には日本の大学には、大学院への女性の入学を制限するなど、女性研究者に道を閉ざすところが多かったということがある。アメリカで学位をとることで、この閉ざされた道を突破しようとしたのである。その留学先で女性研究者たちは、女性学運動に出会った。日本社会での性差別、特に学問の世界での性差別を強烈に認識せざるをえない位置にいた多くの女性研究者は、そこではじめて、自らの内部における疑問や問題意識を表現しうる方法や手段を得ることになったのである(4)。

女性学誕生期から八〇年代半ばまで日本の女性学は、性役割研究をその中心的課題に据えた。それは、第二波フェミニズム運動でも国連の女子差別撤廃条約でも性差別克服のための主要な課題として固定的性役割の打破が提起されたことに基づくものであったが、運動に参加した多くの日本の女性たちの問題意識がその問題に収斂していたためでもあった。この性役割研究はまた主婦研究でもあった。なぜなら、「女性の性役割の中心には『主婦役割』がある」(5)からであり、特に戦後日本社会で、女性たちが担わされた性役割は、家庭役割・主婦役割に集約されるものであったからである。

戦後改革期の男女平等の意識の高まりがやや静まったように思えた高度経済成長期に、女性の家庭役割は、企業戦士として産業発展に献身する男性を支え、次世代の労働力を育成するために強調されていった。女性は結婚したら退職して家庭の主婦になるのが最も幸せな生き方であること、子どもは母親の献身的な愛情がなくては心身ともに健康に成長することはできないこと、家庭は男性にとって労働の疲れを癒す場所であること、主婦という役割は家庭生活の要であり、家族の健康を守るという大切な役割であること。男女平等という戦後改革の価値観を内面化しながら、これらの声によって家庭役割を一身に背負わされた女性たちは、「扶養される立場」である「主婦」という存在、またその「主婦」になることを余儀なくされている自分の生き方に、疑問を抱き始めていった。

第一次主婦論争をひきおこすきっかけとなった石垣綾子氏の「主婦という第二職業論」(一九五五年)には、主婦という役割が「たいして魅力に富んだものでは」なく「彼女が聡明であり、考える女、知的な女であればあるほど、主婦の退屈な変化のない生活に飽き飽きしている」(6)と、明確に主婦役割への疑問が提出されていたし、第二次主婦論争のきっかけとなった磯野富士子氏の「婦人解放論の混迷」(一九六〇年)には、「なぜ家事労働は価値を生まないのか」(7)という、現代社会での無給の主婦役割・家事労働に対する疑問が提出されていた。このように第一次・第二次主婦論争においてすでに提出されていた主婦という存在への疑問は、その後二〇年近くも満足のいく解答を与えられることなく見過ごされてしまったのである。

一九七〇年代末の女性学運動の参加者たちは、まさにこの問いを背景にして、性役割研究の中でも「主婦研究」を、女性学の中心的課題に据えた。女性たちは家庭の中でどのような活動を行っているのか、それはどのような社会的機能を果たしているのか、それは女性にどのような影響を与えているのか、なぜ女性だけがそのような活動を引き受けているのか、なぜそれらは無償の労働なのか等の疑問に、解答を与えようとした。

「現代主婦が抱える問題は、けっして主婦のみが抱えるものではない。これは、女性全体が抱える問題の集約されたものであるし、男性も含めて日本全体が抱えている問題が、主婦というプリズムを通して、一つの像を創り出しているものと考えられる」(8)。主婦研究に女性学を邁進させたものは、まさにこのような認識であった。

3 性役割研究からフェミニズムへ
——フェミニズム理論導入期——

女性学創出期での性役割研究の蓄積は、性役割の歴史的変遷や社会構造上の位置づけへの関心を次第に増大させていった。一九八〇年代半ばから一九八〇年代末までには、「フェミニズム」という言葉が社会的に流通するようになっていったが、その背景にはこのような個別的「性役割研究」を超えた社会理論的関心が存在したといえるだろう。この時期でのキーワードは、「フェミニズム」「性別役割分業」「家事労働」「家父長制」などである。

性役割研究は、その視角として以下のような多様なものを含んでいた(9)。

(1)持続的かつ多様な社会化エージェントによる性役割の社会化過程を解明することで、女性の性役割取得が自然な性差に基づくものではなく、社会構造的な規定性に基づくものであることを明らかにしようとする視角。

(2)女＝主婦という社会通念的認識の幻想性を、性別役割分業の実態や性別役割分業意識の現状を解明することで、暴こうとする視角。

(3)性役割の歴史的変遷や文化による相違を明らかにすることで、現代日本の性役割を相対化しようとする視角。

(4)女性の葛藤や不安の存在を明らかにすることで、現代の性役割の問題性を明確にしようとする視角。

(1)では、保育園・幼稚園・学校・家庭・メディアなど多様な場で、固定的な性役割観に基づく男女の社会化が行われており、女性が主婦などの性役割を受容していく背景には、これら社会全域にわたるといえるほどの広範な社会からの影響力があることが明らかにされた。また心理学などでは、従来の性差研究に対する批判的検討が行われ、性差といわれるものが非常に限定された範囲でしか存在せず、また個人差が非常に大きいことが明確化された。

(2)では、既婚女性の多くが労働力であること、彼女らの多くが仕事と家庭という二重役割を担っていること、家事は「愛情」に基づくものであると主張されているけれども、その内実は多大な労力を要する労働であること、男性と比較して働く女性や子どもを抱える女性の生活時間は著しく自由時間が少ないこと、性別役割分業を肯定する男女もかなりいるが、男女差があり、また近年変化してきていることなどが明らかにされた。

(3)では、西欧では主婦役割は近代化の過程で形成された歴史の浅い性役割であること、日本では近代イエ制度と西欧の近代家族観との相剋的相乗的関係のもとで形成されてきた役割であることなどが明確化された。

(4)では、主婦・働く女性・母親・少女など多様な女性の性役割をめぐる葛藤があり、それらの葛藤は女性の心身に大きな影響を与えていること、またそれらの葛藤を乗り越えるためにさまざまな女性がさまざまな形で模索していることが明らかにされた。

このような性役割研究の蓄積は、(a)性役割が矛盾を含んでいること、(b)それにもかかわらず性役割が社会的に維持・強化されていること、(c)したがって性役割を維持・強化している社会構造や文配構造が存在すると考えられることなどを、明らかにしていった。例えば、主婦という性役割は、けっして伝統的なものではなく、むしろ近代化・産業化過程や高度経済成長過程によって形成・強化されてきたのに、そのことは女性学の創出まで必ずしも明確にはされてこなかった。すなわち、女性は昔から主婦であったかのようなイメージづくりがなされてきたのである。

また母親という性役割は社会的役割であるのに、それは、女性ならば当然の役割、女性の自然な特性に基づく役割であるかのように主張されていた。女性は出産すればだれでも母性本能によって自然に育児できるかのようにいわれていたのである。他方、現実に多くの女性が働いているのに、女性の普通の生き方は主婦になることであるかのように主張されている。だから働く女性は家庭役割・母親役割をおろそかにしているのではないかという罪悪感に苛まれ、逆に主婦は家事労働に従事しながらもそれを「労働」とはみなしえず、「何もせずに」養われていることに引け目を感じさせられてしまうのだ。

これらの矛盾した社会的定義や役割期待が、女性たちのさまざまな葛藤や女性間の深刻な対立を生み出しているのである。けれども、このような矛盾した社会的定義や役割期待は、学校教育やメディアなどによって組織的に生み出されてきたのである。いったいなぜこのような矛盾した社会的定義や役割期待が、形成・維持・強化されているのか。それはどのような社会構造に基づいているのか。ここにおいて女性学は、これらの性役割の矛盾した性格の形成・維持・強化を説明しうる一貫的な理論を、導入する必要性にさらされることになった。

八〇年代半ばから九〇年にかけて、日本では、欧米のフェミニズム理論を導入することが盛んに行われた。むろん、これ以前でも欧米のフェミニストたちの著作の紹介は、盛んに行われていた。他の社会運動と同じように、女性運動参加者たちが依拠した理論的著作の多くも欧米のそれであった。けれども八〇年代半ばからフェミニズム理論の導入は、研究者主体であったという点で、それ以前のフェミニズム理論の導入と性格を異にしていた。むろん、この背景には七〇年代・八〇年代の欧米の学問世界でのフェミニズムの圧倒的な興隆があったことはいうまでもない。けれどもそれだけではなく、日本の女性学研究者が、さまざまに見出された日本の女性の状況や問題をどう位置づけ、それらにどのような一貫した説明を与えるのかという切迫した問題関心をもっていたゆえでもあったといえるだろう。

この時期、日本に導入された最初のフェミニズム理論は、マルクス主義フェミニズムである。マルクス主義に基づく婦人解放論は、戦後日本の女性解放論の一つの伝統を形成していた。ウーマン・リブ運動や女性学運動参加者の多くは、この婦人解放論に満足できず、むしろこれに反対する立場にたっていた。けれども、一九七〇年代から八〇年代にかけての欧米では、マルクス思想を一つの導きの糸としながら、婦人問題を社会問題に還元してしまうような教条主義から離れて、自由に女性問題を考察するマルクス主義フェミニズム理論が展開されていた。

無償労働である家事労働を資本制社会の不可欠な構成要素とみる家事労働派、家事労働と女性の賃金労働との関連を問題にする二重システム派などのマルクス主義フェミニズム理論は、性役割研究で見出された日本の女性の無償の家事労働を担っている状況、あるいは家事労働と低賃金労働という二重労働を担っている状況を説明する枠組みとして提供された。また、第三世界問題との関連で女性問題を分析するマルクス主義フェミニズムの立場は、日本社会の女性の位置を「世界システム」との関連性で明確化していった(10)。

他方、ラディカル・フェミニズム理論は、性役割が定義や役割期待に矛盾を含みながらも維持・強化されてきた理由を、男性支配、家父長制に求める。アメリカの第二波フェミニズム運動台頭当初に運動をリードした理論は、性愛などの個人的領域自体が男性による女性支配の領域になっていることを指摘したラディカル・フェミニズムであったが、この理論的視角は、精神分析学などの専門的知識や文学などが男性中心主義的偏向性を帯びていることを強く告発するものであった。アメリカの女性学運動は、まさに専門的知識の男性中心主義偏向を告発するこのようなラディカル・フェミニズムの提起を受けたものだったのである。

日本の女性学は、創出期には、運動からの相対的自立性や性愛に関する文化の日米の相違によってこのようなラディカル・フェミニズム理論からやや離れた立場をとっていた。しかし「主婦」「母」「妻」などの性役割研究の進展は、個々の性役割を超えた近代の女性性イデオロギーそのものの形成を問題化しなければならない状況、女性性イデオロギーの主要な担い手である専門家集団や「知識人」「文化人」集団を問題化しなければならない状況をもたらした。

近代日本社会での性役割は、単に封建的なイエイデオロギーの残存によって維持されてきたのではなく、生物学・医学・家族社会学・心理学などの「近代的」学問や文学・映画・漫画などの現代文化によっても、維持・強化されてきたことが明らかにされた。そこでの性役割は、女性という性の生物学的属性、すなわち女性が女性の生殖器をもち女性生殖器に規定された「女性」の特有のセクシュアリティやパーソナリティや本能をもっていると主張されることによって、正当化されていた。そうであるならば、「主婦」「妻」「母」などの性役割の変革は、まさにそれらの「性役割」を正当化している近代での女性の定義、すなわち身体やセクシュアリティをめぐる政治そのものに立ち向かわなければならないことになる。

ここで、セクシュアリティなど「個人的領域」における「性支配」に焦点をあて、その「性支配」を生み出す「政治」「文化」「科学」「学問」などを含む広範な社会構造を家父長制社会として把握するラディカル・フェミニズム理論の分析力が再評価されることになったのである(11)。

さらに性役割研究で見出された女性の多様性を考慮に入れながら、解放戦略でも「女性アイデンティティ」そのものの解体を視野に入れるポストモダン・フェミニズムも、この時期導入される。ポストモダン・フェミニズムは、近代の主体形成を身体やセクシュアリティに関する「知」との関わりにおいて主題化するポスト構造主義やポストモダン思想に影響を受けている。この視点から、ポストモダン・フェミニズムは、ラディカル・フェミニズム理論がもつ性別カテゴリー還元主義的な傾向を批判し、性別化された主体の形成自体「男根中心主義」的近代文化に基づいていると主張する(12)。

これらのフェミニズム理論は、女性学創出期に見出されたさまざまな女性たちの具体的な生活状況における葛藤を、より大きな社会的文脈に位置づける役目を果たした。フェミニズム理論では、性別役割分業は、単なる役割関係ではなく、資本制社会、家父長制社会などと記述される社会における男女間の権力関係として解読されることになったのである。

4 女性学からジェンダー研究へ
——ジェンダー研究創出期——

九〇年代の女性学には、以下のような変化が生じている。

(1) 研究対象の変化。従来女性学は、女性の性役割・規範や、女性の主体形成・意識・行動・生活状況などを主な研究対象にしてきたが、九〇年代に入ると、男性の性役割・規範、男性の主体形成・意識・行動・生活状況に関する関心も高まり、男性学が成立してきた(13)。

(2) 研究主体の変化。従来女性学の研究者は、女性問題に関心をもつ女性研究者が主であったが、九〇年代に入って男性研究者の参加が増加してきた。

(3) 研究関心の多様化。従来女性学は、女性解放を主とする研究関心を有した研究者によって創出されてきたが、研究対象の拡大や研究主体の変化によって研究関心も多様化してきた。すなわち男性解放・第三世界の環境問題・障害者解放・日本型システムの変革などの実践的目的から女性学的研究に関心をもつ研究者や、そうした実践的な研究関心ではなく社会変動、歴史変化などへの純粋に知的関心から女性学に関心をもつ研究者も増加してきている。

このような九〇年代における女性学の変化は、一言でいえば、女性からジェンダーへという言葉で把握できるように思う。「女性」という語から「ジェンダー」(14)という語へのシフトが生じた背景には、以下のような多様な要因が作用している。

(1)男性学の興隆とともに、女性、男性という性別をともに表すことができる「ジェンダー」という言葉が選好されるようになったこと。

(2)女性、男性という性別による能力・パーソナリティ・意識・行動などの差異は、社会的に規定されている部分が大きく、また現実の差異であるよりはイメージ・観念上での差異にすぎない場合が多いことなどが明確化され、生物学的性別と同一視されやすい女性という語よりも社会文化的性別を表すジェンダーという語が選好されるようになったこと。

(3)年齢・階級・民族・人種などによって女性たちが直面する社会問題に大きな相違があることが明らかになるにつれ、女性という集団的同一性を主張しているかのように把握されやすい語よりも、個人の性別変数を表すジェンダーという語が選好されるようになったこと。

(4)女性アイデンティティ・男性アイデンティティにとらわれないで個人のライフスタイルを決定しようとする人々が増加してきた結果、「女性学」などの一つの性別を強調する名称自体に違和感を感じる人々も増加していること。

このように、女性からジェンダーへという変化の背景にある要因は多様であり、その中には単に便宜的にすぎないような理由も含まれている。けれども、そのことは、女性からジェンダーへという変化が、単に使用される語の変化という表面的な変化にすぎないということを意味しているわけではなく、女性学からジェンダーへという学の性格の変化をも含意しているように思う。

以下においては、女性学がジェンダー研究に変容してきているという観点から、女性学に比較したジェンダー研究の性格を明確にし、そのような変化が生じた理由を、女性学へのフェミニズム理論の導入ということから、意味的に把握してみたい。

女性学に比較してジェンダー研究は、以下のような特質をもつ。

(1)理論的視角の明確化。女性学が女性を主とする研究対象にしてきたときには、研究領域の確定は理論的視角によってではなく、研究対象である女性自体の同一性に依存して確保される傾向があった。けれども男性も研究対象に含むようになると、研究対象が人間一般に拡大してしまうことになり、研究領域の確定は対象の同一性によっては確保されなくなる。このとき、理論的視角の明確化が必要になる。

(2)理論的視角の明確化による研究対象となる現象の拡大。女性学では(1)で述べたように研究領域の確定が対象の同一性に依存する傾向があったために、女性の生活領域に影響を与えていても直接的には女性の生活領域に属していないような現象は、なかなか研究対象になりにくい傾向があった。

研究領域が理論的視角によって確定されれば、研究対象となる現象は、政治一般、経済一般、思想一般などにまで拡大されうる。例えば、政治一般におけるジェンダーの比喩を用いた言説は、直接には女性の生活領域に属していないとしても、女性の政治参加に影響を与えている可能性がある。このような研究対象となる現象の拡大は、ジェンダー関係の歴史的変遷を解明する上で重要である。

(3)ジェンダー関係を構造化している全体社会構造への関心の増大。女性などの性別による同一性が自明のものではないのであれば、ある特定の社会における女性、男性のありかたは、その社会におけるジェンダー関係を構造化している社会構造との関連で明らかにされねばならない。この視点から、あらゆる社会構造や社会制度は、それぞれ暗黙に特定のジェンダー関係を前提としている、またはそれに影響を与えている可能性という視点から考察される必要がある。

以上のように、ジェンダー研究は、女性学に比較して、(1)理論的視角の明確化、(2)研究対象となる現象の拡大、(3)全体社会構造の理論化という性格をもっているといえるだろう。

けれども実のところ、このような変化は女性学自身の成熟によるフェミニズム理論の導入期にすでにみられた変化でもあった。先にみたようにフェミニズム理論の導入は「性役割」の社会構造的文脈への関心から行われたと考えられよう。そして当然にもそれは、明確な理論的視角を含んでいた。またそれは、既存の学問において研究対象となりがたかった家事労働やセクシュアリティなどを研究対象としただけではなく、女性学創出期の性役割研究では研究対象になりがたかった政治や階級関係や世界システムなどを研究領域に含んでいた。

確かにフェミニズム理論では、女性解放という問題関心が全面化されており、その点では多様な問題関心に基づくジェンダー研究とは、異なっている。けれどもジェンダー研究が成立した土壌には、フェミニズム理論による仮説提示があったことは確かであろう。すなわち、フェミニズム理論によるジェンダー関係の規定や歴史的変化に関する仮説提示が、従来学問の研究対象になりがたかった領域を研究対象とすることへの「妥当性根拠」を供給し、多くの研究者を女性学にひきつけ、ジェンダー研究を創出していったと考えることができるだろう。その意味ではジェンダー研究は、まさに女性学の成熟によって生じた研究なのであり、女性学の継承者であるといってよいだろう。

注

（1）田中和子「女性社会学の成立と現状」、女性社会学研究会編『女性社会学をめざして』垣内出版、一九八一年、五頁。
（2）同上、三四〜五四頁。
（3）同上、六一〜七六頁。またアメリカにおける女性学の成立に関しては、舘かおる「アメリカ諸大学における女性学講座の成立と展開」、お茶の水女子大学心理教育研究会『人間発達研究』三号、一九七八年、を参照。
（4）日本における女性学成立に関しては、井上輝子他編『日本のフェミニズム2　フェミニズム理論』岩波書店、一九九四年、二二頁における文献リストを参照。
（5）井上輝子「日本の女性学と『性役割』」、『日本のフェミニズム3　性役割』岩波書店、一九九五年、八頁。
（6）石垣綾子「主婦という第二職業論」、上野千鶴子編『主婦論争を読むⅠ』勁草書房、一九八二年、五頁。
（7）磯野富士子「婦人解放論の混迷」、同『主婦論争を読むⅡ』勁草書房、一九八二年、二～二二頁。
（8）原ひろ子「主婦研究のすすめ」、前掲『日本のフェミニズム3　性役割』所収、七二頁。
（9）性役割研究に関しては、前掲『日本のフェミニズム3　性役割』二二～二五頁における文献リストを参照。
（10）マルクス主義フェミニズム関連の著作については、前掲『日本のフェミニズム2　フェミニズム理論』二五頁における文献リストを参照。
（11）この時期、アンドレア・ドォーキン『インターコース』（寺沢みずほ訳、青土社、一九八九年）などのラディカル・フェミニズムの著作が翻訳されている。
（12）金井淑子『ポストモダン・フェミニズム』勁草書房、一九八九年を参照。
（13）男性学に関しては、井上輝子他編『日本のフェミニズム別冊　男性学』岩波書店、一九九五年、三四～三六頁での文献リストを参照。
（14）ジェンダー概念に関しては、江原由美子「ジェンダーと社会理論」『岩波講座現代社会学11　ジェンダーの社会学』岩波書店、一九九五年を参照（本書第Ⅰ部に収録）。

ジェンダーと社会理論

1　ジェンダーというパースペクティブ

どんな概念の創出も、その概念が切り開く地平というものがある。ある概念が創出されるのは、それによって新たに描き出されうる現実があると感じられるからであり、その現実は、その概念を使用しないで描かれる現実とは異なっていると感じられるからである。しかし、それだけではない。当たり前のことだが、ある概念の創出は、現実を描き出しうるための社会理論そのものの変革を伴っている。一つの概念の創出は、その概念と並行的に使用される概念集合の創出を伴うのが普通であり、そのような概念集合は、現実を見る見方を規定する。現実の見方を規定する概念集合とそれらの間の論理的関係をこそ社会理論と考えるとすれば、ある概念の創出は、社会理論そのものの変革と密接に関わっているのである。

ジェンダーとは、現在一般に、生物学的性別と区別される文化的・社会的・心理学的性別を意味する概念として、使用されている。この概念は、第二波フェミニズム運動の台頭と密接な関連を持って形成されてきた。一九六〇年代末から七〇年代はじめにおいて、現在使用されているような意味において使用されはじめるまで、ジェンダーとは、単に性別を表わすセックスという語の同義語、あるいは文法における名詞の性を表わす言葉にすぎなかった。この言葉に、現在使用されているような意味を与えた研究者としては、心理学ではジョン・マネーの名が、社会学ではアン・オークレーの名が挙げられるのが一般的である（田中、一九八一、六七頁。浅井、一九九五、九六頁。Yeatman, 1986 : 158）。セックスと区別された文化的・社会的・心理学的性別を表わすことができるジェンダーという言葉は、男女の役割分業の変革を語ることを可能にする言葉として、従来の女性の社会的位置の変革を求める多くの人々の政治的・理論的実践において、頻繁に使用されるようになった。

しかしこのような運動の中で、新しい地平を開く言葉として位置づけられたジェンダーという言葉は、その後の運動の展開の中で、再び様々な批判に晒されることになる。例えば、ジェンダーという概念がもっていた革新的な意義とまさに拮抗する形で、生物学的性別と文化的・社会的・心理学的性別の区別をたてることへの批判がある。「われわれは、性別（セックス）という自然の二分法によってジェンダーという社会的二分法が決定されると思いこみ、時間的にも論理的にも性別がジェンダーに先行するという両者の因果関係を前提としつづけてきた」。「ジェンダーという用語を認めることは、『性別』は純粋に自然であるという考えを支持することになる」（目黒、一九九〇、九頁(1))。

また、現在学問の中で実際に頻繁に使用されているジェンダーという言葉の使い方に対する批判もある。そこではジェンダーという言葉の多くは、単に「『女』の同義語」として使用されているに過ぎず、そのようなジェンダーという言葉の使用は、単に「女」という言葉よりも「『ジェンダー』にはもっと中立的で客観的な響きがあるから」なされているに過ぎないという。そのようなジェンダーという言葉の使い方は、「アカデミズムにおける市民権」を得ようとして「フェミニズムの政治性と縁を切」ろうとするものだというのである（スコット、一九九二、五八頁）。ここにおいてはジェンダーという言葉への批判は、それが女性と男性の間の政治的立場の違いを曖昧にするという視点からなされている。しかしこれとは逆に、ジェンダーという概念が、女性と男性との間の政治的立場の違い（のみ）を強調することへの批判もある。すなわち、ジェンダーという概念が、女性の間の様々な差異を、男性と対立的に措定された女性一般に解消してしまうという批判である。人種・民族・セクシュアリティ・階級等によって様々に異なっている女性の経験を、特権的な存在である白人中産階級の異性愛の女の経験に回収し、それを女性一般の経験としてしまうというのである(2)。

むろんこのような批判に対しては、「ジェンダー懐疑主義は今や、白人男性の知／権力の再生産に奉仕している」（ボルドー、一九九一、一二七頁）と、ジェンダー概念の有効性を疑うこと自体への反批判や、ジェンダーという概念を新たな形で定義し直すような方法論上の革新の主張（スコット、一九九二）も生まれている。一体今日においてジェンダーという概念は、未だ有効なのであろうか。それとも今日においてはむしろその有効性を疑わなければならないのであろうか。

しかし、いずれの結論に導かれるとしても、これらの議論の中にあらわれているジェンダーという概念について、それがどのような含意を持ちどのような問題から生まれてきているのかを明確にすることなしには、その意義を問うことはできないだろう。私見によれば、上のような議論において使われているジェンダー概念は、少しずつその意味が異なっているように思う。そしてそれぞれのジェンダー概念は、それぞれが背後に持っていた問題のありかたによって、それぞれ異なる視野を持つ社会理論を産出してきたように思う。したがって、本稿においては、いくつかのジェンダー概念を切り分けつつ、それぞれのジェンダー概念と親近性を持つ社会理論と関連させながら、その意義を考察することにしよう。そしてその考察の上で、ジェンダーという概念が、社会理論に切り開いた地平を明らかにするとともに、それへの批判的考察も考慮しながら、その可能性を論じてみることにしよう。

2　ジェンダー概念をめぐって

いかなる概念の創出にも、その背後にはその概念を生み出した問題ともいうべきものがある。すなわちそこには、その概念を創出することなしには描き出せない現実が、あるのであり、そのような新たな現実を描き出そうとすることは、当然にもその概念を創出する以前に描かれていた現実に対抗することである。したがって、そこには、棄却される現実と新たに構成される現実という複数の現実が存在する。概念への批判もまた同様である。ある概念への批判が生じるのは、その概念が描きだす現実に異を唱えたい場合であることが多いのだ。このような並立する複数の現実間のせめぎあいを問題と呼ぶとするならば、ジェンダーという概念は、いくつかの区別しうる問題を背景に、創出され使用され、また批判されてきた。以下においては、ジェンダー概念の創出やそれへの批判の背後にあるいくつかの問題の区別を試みることにしよう。先に述べたようにここで言う問題とは、異なる現実のせめぎあいとして記述しうる。そのような問題を把握するためにもっとも重要なことは、その概念が何を対概念として、あるいはどのような概念集合の中で、使用されてきたのかということである。

このことに留意しながら、ジェンダーという概念の背後にある問題を区別すると、(1)性別の自然的一元的把握 vs 性別の自然／文化という二元論的把握（セックス／ジェンダーという概念対におけるジェンダー）、(2)自ら普遍的な知であることを主張する人間概念に基づく世界観 vs 世界観には「性別」があることを主張するフェミニスト的世界観（人間／ジェンダーという概念対におけるジェンダー）、(3)性別という軸に基づく社会理論 vs 性別という軸をいくつかの軸の一つとして置く社会理論（性別／性別秩序という概念対におけるジェンダー、あるいはジェンダー／階級／人種・エスニシティ／セクシュアリティ等の概念群におけるジェンダー）、という三つの問題として、把握できるように思う。

性別の生物学的一元的把握 vs 性別の自然／文化という二元論的把握

セックスとジェンダーの概念的区別を最初に行った研究者の一人として挙げられることが多いアン・オークレーは、この区別の必要性を以下のように述べている。「『セックス』とは、生物学的用語である。『ジェンダー』とは、心理学的・文化的用語である。常識においては、これら二つは、単に同じ区分を見る二つの方法に過ぎず、例えば女性というセックスに属する者は誰でも自動的に女性というジェンダーに属しているとされる。しかし、本当はそうではない。男あるいは女、少年あるいは少女になるということは、特定の生殖器を持つことと同じ位、服装・しぐさ・職業・社会的ネットワーク・パーソナリティ等の関数である」（Oakley, 1972：158）。

このオークレーの記述は、ジェンダーという概念がまず何よりも、性別を自然的な差異として規定する常識的な性別観に対抗するために導入されたことを示している。常識においては、生物学的性別（例えば性器の形態）が男である者は当然男性的なパーソナリティを持ち、男性的職業につき、男性の服装に身を包む。なぜなら、男性的なパーソナリティは、男性という生物学的属性に基づいているからであり、男性的職業は男性的パーソナリティを必要とするからであり、男性の服装はそのような男性的な生き方に適合的だからである。このような常識においても、生物学的な性別と文化的な性別は、むろん区別されている（たとえば、服装は当然時代によって変化するのであるから、生物学的性別ではないことは「常識」である）。

けれども「常識」においては、性別を規定するのは、何よりも生物学的性別であると考えられている。心理学的、文化的性別は、生物学的性別が分割する女／男という分割線に基づきつつ、生物学的な性別が社会的に表現されるその様式を規定しているに過ぎず、そこに表現されているのは、あくまで自然的生物学的な性別なのである。したがって、オークレーが、ジェンダーという概念を導入することで行おうとしたのは、単に生物学的性別とは区別される心理学的・文化的性別を意味するジェンダーという概念を立てることではなく、その概念を性別を決定する上で生物学的性別と同じぐらい重要な要因であると主張すること、すなわち「性別」を最終的に「生物学的性別」に還元してしまう一元的な性別観ではない、二元（セックスとジェンダー）的な性別観（さらにはセックスとジェンダーそれぞれが多様な要因に基づくことを考慮すれば、多元的な性別観）を確立することにあったと考えるべきであろう(3)。

ジェンダーという概念のもっとも大きな意義は、この常識に根強く巣食っている性別観に異を唱えることである。オークレーは、このような性別観においては、セックスと、セックスに基づきつつ特定の社会において特有の方向に分化される性差（ジェンダー）が混同されており、その結果あたかも性別に関わる諸現象はすべて変更することが不可能であるかのような議論がなされていると批判する。ジェンダーという概念を導入することは、性別に関わる社会現象は、生物学的性別とは区別される歴史的社会的文化的性別によっても同じぐらい大きく規定されており、それゆえそれは、社会変革によって大きく変更することが可能なのだと主張することに等しいのである。

自ら普遍的な知であることを主張する人間概念に基づく世界観 vs 世界観には性別があることを主張するフェミニスト的世界観

(1)に挙げたジェンダー概念が、セックス／ジェンダーという概念対におけるジェンダー概念であるとすれば、(2)に挙げるジェンダー概念は、人間／ジェンダーという概念対におけるジェンダー概念である(4)。このジェンダー概念が対抗しようとしているのは、性別をどのように把握するのかということに関する性別観ではなく、近代社会において普遍的なるものとして置かれてきた「歴史」「文学」「芸術」「科学」「文化」「伝統」等の知である。これらの知は、特定の立場にたっているのではなく、普遍的な世界観であることを主張する。しかしそれにもかかわらず、女性の社会的経験はそれらの世界観にはほとんど表現されておらず、それらの知の担い手の中にもほとんど女性は存在しなかった。たとえ女性の歴史が描かれるとしても、それは普遍的歴史として位置づけられることなく単なるエピソードとして扱われることがほとんどであった。また女性作家等、女性の知の担い手が存在しても、それらの女性たちは女流という特定の作品の世界に属していることが前提とされ、それらは文学や芸術等の普遍的な流れとはほとんど関わりがないものとして位置づけられるのが一般的であった。

第二波フェミニズムから力を与えられたフェミニストたちは、従来のようにこれら普遍的なものとして位置づけられてきた知に女性も参加させよという方向での主張をするのではなく、普遍的な知と見なされてきた「歴史」「文学」「芸術」「科学」「文化」等のあり方自体男性中心主義的であるとして、批判を展開することに方向を転じた。その方向転換は、フェミニストの扱う問題領域を、男女の役割分業に直接関連する領域を越えてすべての知的遺産に拡大することを可能にした。「一九七〇年代、フェミニストたちの創造力は、ジェンダーという鋳型が文化や歴史のそれまで隠されていたさまざまな層を明らかにしうるのだという洞察によって活気づけられた」のである（ボルドー、一九九一、一一一頁）。

この根本的洞察に基づいて、ジェンダーという概念は、一定の性別観を意味する概念から、従来「普遍的」なものとして置かれていた様々な知の中に男性中心主義を発見するというアプローチの方法を意味する概念に変容した。すなわちそのアプローチによれば、従来普遍的な知と考えられてきたものの多くは、暗黙に男性の視点にたっているだけでなく、それらが男性の視点に立っているということ自体を隠蔽する装置を内蔵してもいるのである。特定の立場にたつことを否定的に評価するような学問観、芸術を政治からも生活からも切り離すような芸術観等は、まさにこのような装置である。

なぜならそれらの装置は、学問や芸術を政治的実践から切り離すことを通じて、現にある学問や芸術が男性中心主義であることを覆い隠すからである。「男性的規範に基づく世界観は、フェミニストたちによると、様々な虚構的単位を通じて、それ自体が持つ様々な偏見を曖昧なものにした」（ボルドー、一九九一、一一〇頁）のだ。権力を持つ者が普遍を僭称しているに過ぎない既存の知の秩序を、普遍の名において維持することこそ、これらの男性的規範が果たしている機能なのである。

社会学など社会科学も例外ではない。社会科学においては、社会構成員があたかも性別を持たない存在であるかのように、その性別に言及することなく社会問題を論じることが一般的である。しかしそれにもかかわらず、近代社会の人間の問題として置かれた主要な社会問題の中に、女性問題は存在しなかった。あるいは社会問題を論じる際に暗黙に女性ではなく男性社会成員の経験を重要な意味を持つ経験として前提としてしまっていた。女性たちの生活や意識・行動・経験について何一つ明らかにすることがない研究を、一般的社会研究として位置づけながら、それと全く同じ位置にあるはずの女性の生活や女性の意識と行動の研究を特殊な主題を扱う研究として扱い、一般的社会研究としては認めないというような暗黙の男性中心主義が、社会科学をも覆い尽していた。

けれども、社会科学においては文学、芸術などと異なる事情も存在した。それは社会科学が立場性を含んでいるという認識は、社会科学においては既にクリーシュの一部であったという事情である。社会科学においては、マルクス主義とブルジョア諸社会科学の対立などによって、社会科学自体のイデオロギー性という認識が、かなり一般化していた。したがって社会科学においては、テキスト自体性別を含んでいるというフェミニストの主張は、階級的観点からの社会科学批判などと同じ質のものとして受け止められ、それほど革新的な指摘とはなり得なかった。

したがってそれよりもむしろ、社会の構成員は無性的な人間ではなく性別を持つ女／男であり、その両者の間には利害の相違や支配―被支配といった社会的政治的問題が存在することを主張する方が、より中心的な主張になりえた。すなわち単純化して言えば、ジェンダーという概念は、社会科学的テキストの性別性の問題としてではなく、むしろ研究主題の問題として社会科学に導入された。したがって、この意味でのジェンダー概念の社会科学への導入はあらゆる社会現象の中に、男女間の利害対立の可能性を見出だせ、というような研究方針を主張することと、同義であったと言ってよい。

けれどもこのような社会科学におけるジェンダー概念の使い方は、単に性別の同義語としてのジェンダー概念をも導いたといえるだろう。「女よりも中立的な響きを持つ」から女の同義語として使用するというようなジェンダー概念の使い方（スコット、一九九二、五八頁）は、性別の同義語としてのジェンダー概念から生まれたのではなかろうか。そこでは、女性の社会的位置の変革可能性を賭けたジェンダーの(1)の含意も、世界観が「性別」を持つことを主張するジェンダーの(2)の含意も、失われてしまっていると言えるだろう。

性別という軸に基づく社会理論 vs 性別という軸をいくつかの軸の一つとしておく社会理論

ジェンダー概念の背後にある第三の問題は、常識的性別観に対抗して性別の可変性を主張すること（ジェンダーの第一の含意）でも、普遍的世界観に対抗して世界観の性別性を主張すること（ジェンダーの第二の含意）でもなく、むしろ逆に、一般にフェミニズム社会理論や女性学的研究が描きだす性別化された現実それ自体に対抗して、それが様々な立場にいる女性たちの社会的経験や異なる性別化された現実を覆い隠してしまうという異議申し立てを行うという問題である。上の(2)において論じたような問題を背景にして、ジェンダーは、社会科学における一つの中心的主題となった。女性の社会的経験や女性の視点という言葉が多く用いられ、男性の利害や女性の利害が論じられた。

けれども、それらの言葉によって描かれた女性、男性、あるいは男女間の関係とは、当然にもある種の一般化を含むものであり、その一般化は研究者の目に最も触れやすい中流の人々の経験に基づくものになりがちであった。したがってそれには当てはまらない男女の社会生活や社会関係については、焦点を当てられないままになりがちとなってしまったのである。異議申し立ては、エスニック・マイノリティの女性、同性愛の女性、障害者の女性、高齢女性など、多様な立場から行われた。そこでは、男性中心主義を批判していったフェミニズムそのものが、白人中産階級異性愛者女性中心主義に陥っているという批判がなされたのである。すなわち、ジェンダー概念の背後にある第三の問題は、常識的性別観に対する異議申し立てでも、フェミニズム以外の世界観や社会観に対する異議申し立てでもなく、フェミニズム社会理論やジェンダーの社会理論それ自体に対する異議申し立てなのである。

けれども、このような第三の問題は、セックス／ジェンダーという概念対を前提とする第一のジェンダーの含意や、性別を主題化しない、近代社会科学的社会観に対抗する第二のジェンダーの含意と完全に対立しているわけではなく、むしろそれらを批判的に考察しさらに深める形で生まれてきていると考えることができる。例えばセックス／ジェンダーという概念対を問題として導入されたジェンダー概念は、男女の性差を生物学的性別に還元してしまう常識的性別観に対抗するという問題から生まれてきた。このような問題は第三のジェンダー概念においても維持されている。女性の経験といっても、その社会的立場の相違によってそれは多様でありうる。

そうだとすれば第三の問題は、第一の問題を突き詰めていった時、当然生まれてくる問題である。批判されるべきなのは第一のジェンダー概念の性別の多元性という認識自体ではなく、そのアイデアを徹底せず、自然的生物学的性別があたかもそれ自体として存在しているかのような理論構成であると言えるだろう。

またこのジェンダー概念の背後にある第三の問題は、ジェンダーの第二の含意と密接な関連を持つ。世界観は性別を持つというフェミニストの異議申し立てと同じ方法によって、第三の問題は問題提起されている。そこでは世界観は性別を持つということが否定されているわけではなく、世界観は性別以外に階級性やエスニシティ等によっても規定されていると主張されているのである。それは、ジェンダー概念が往々にして女あるいは男の同義語に過ぎないような用いられ方をしており、その結果性別そのものの成り立ちは問われないままに、かえって性別変数の普遍化をもたらしかねないような傾向をも含んでいたことへの批判として、考えることができる。したがって、その問題は、第一第二の問題を引継ぎつつ、なおかつそれらと明確に対立しているのである。

このような批判を踏まえてジェンダーの第三の含意が生まれてきている。それは、ジェンダーを、性別ではなく性別秩序を示す概念として定義するものである。ここで性別秩序とは、性別や認知された性差を根拠として、あるいはそれを参照することによって作られている社会秩序、社会関係を意味することにする。この意味でのジェンダー概念は、(性別を問われたとすれば)それぞれ女あるいは男という性別を持つ(すなわち自己あるいは他者によってそのように同定される)具体的な個人であるところの、現実の女性と男性との間の社会関係をまるごと直接記述する概念として位置づけられているのではない。個人は、一つのカテゴリーによって把握されるのではなく、性別・階級・人種・エスニシティ・セクシュアリティ等、様々なカテゴリーによって社会的に位置づけられている。いやむしろ、個人に社会の中での位置づけを与え、人々の間の社会秩序や社会関係を描き出すものこそ、これらの諸カテゴリーなのである。

この社会秩序や社会関係の記述の際に動員される知識の中で性別や性差に関わるものこそ、ジェンダーという概念であらわされるものである。したがってこの意味でのジェンダーは、性別における特定の要素を意味するのでも、具体的な個人である女性と男性の間の社会関係だけを意味するのでもない。常識的性別観だけを問題にするのでも、暗黙の男性中心主義に支配された知だけを問題にするのでもない。むしろそれらすべてに関わりそれらすべてに含まれている、社会秩序や社会関係を記述する方法としての性別に関わる知を問題にするのである。

以上、ジェンダー概念の背後にある問題に着眼することで、ジェンダーの三つの含意を考察してきた。ジェンダーという概念をどう評価するか、そこから何を汲み取るのか等を議論する時、そこにはこれらの問題が相互に重なりあい、相互にやや含意を異にするジェンダー概念が複雑に関わっていると思われる。以下においては、これらの問題に留意しながら、それぞれの問題に対応させて、ジェンダーの社会理論を考察することにしよう。

3　性役割の理論
――第一のジェンダー概念のパースペクティブ――

「新生児は、単にそのセックスによって分類されるだけではない。新生児はまたジェンダーをも割り当てられる」(Oakley, 1972：173)。オークレーは、セックス／ジェンダーの概念的区別を導入した後、このようにいう。そして、問われなければならないのは、「ジェンダーがどのように学習されるのか、パーソナリティ・行動・態度・役割における『男らしさ』『女らしさ』が、文化的に与えられるジェンダー学習の経験によってどのように発展させられるのか」(Oakley, 1972：173)ということであると、示唆する。

このオークレーの論述が示しているように、セックスと対比的に導入されたジェンダーという概念は、従来自然な性別的特性として考えられていたこと、すなわちパーソナリティや行動・態度の男女差を学習されたものとして把握することと結びついていた。このような性別へのパースペクティブは、社会学の基礎概念であるところの「役割」として性別を見る視点を生み出した。セックス／ジェンダーという概念対を伴う第一のジェンダー概念の最も大きな理論的成果がこの「性役割」論にあることは、いうまでもないだろう(5)。

井上輝子は、「第二波フェミニズムの学問版である女性学」が、この性役割をキー概念として出発したと述べている。「男女の能力や心理の違いに拘泥するあまり、ともすると生理学的還元主義に陥りかねない『性差』概念に替わって、性役割概念を導入することで、現にある男女の役割や性格の違いが、社会によって文化によってつくられたものであり、それゆえ変更可能であることが明らかになっていく。男の役割、女の役割とされているものは、生理学的に動かしがたいものではなく、社会が男女という地位にそれぞれ割り振ったものであるという認識は、今でこそ学界の常識になっているが、こうした認識は、性役割概念が普及して初めて定着したのである」。したがって、「少なくとも八〇年代までの女性学」においては、「性役割研究という言葉は、しばしば女性学研究と同義に使われた」という（井上、一九九五、三頁）。

井上のいうごとく性役割論は、一九七〇年代から八〇年代において、女性学研究の中心的理論であった。そこでは、様々な社会領域において女性に与えられる性役割（家族における「娘」「妻」「母親」「主婦」等の性役割、友人・知人関係における性役割、労働における看護婦・保母・秘書等の女性職に見られるような性役割等）の記述が試みられるとともに、それらの性役割がどのような役割期待によって形成されるのか、性役割の社会化のメカニズム、性役割と女性の役割葛藤、性役割の歴史的変化等の分析が行われた。それらの研究によって、家庭内の固定的な性役割を維持したままの女性の職業参加は女性に職業上の役割と家庭内の性役割との役割葛藤をもたらしていることが多いこと、女性に適切とされてきた職業の多くは家庭内での性役割と類似していること、また女性に与えられる性役割には役割葛藤が多く含まれており、そのことが女性のアイデンティティ形成を困難にしている場合が多いこと等の有効な知見が明らかにされた。

けれども、このような知見をもたらした性役割論は、同時にいくつかの問題もはらんでいた。最も大きな難点は、性役割論がしばしば男女間の権力関係という、より大きな社会構造を見逃してしまうことにあった。

例えば、ロバート・コンネルは、性役割の理論を(1)性差にかんする生物学的仮定からの脱却を可能にし、(2)社会構造とパーソナリティ形成を結びつけることによって性役割の社会化を論じることを可能にし、(3)女性運動の目標を女性に対する役割期待の変革に求めることを可能にした点において、高く評価しつつも、その長所こそが性役割論を「社会構造を主体に解消してしまう」という難点を生み出したとして批判を加えている。

すなわちコンネルによれば、性役割論は性別の社会的決定を強調することによって生物学的性別決定論からの脱却を可能にしたけれども、それは同時に社会的要因をすべて性役割を社会化された女性という主体に解消してしまうことも導いたという。

「社会学者が『人種役割』や『階級役割』を語らないのは、社会生活のなかで人種や階級が（選択された役割というよりは）権力の行使と関連していることがあまりにも明白だからである」。それに比較して、男女間の社会構造を記述するのに性役割論がより選好されているとするならば、それは多くの理論家が、生物学的区別に説きつけられて、男女間に権力関係などありはしないと信じ込まされてしまった結果ではないかと、コンネルは主張する。すなわち、「性役割研究が暗黙のうちに」仮定していることは、「不変の生物学的土台の上に可変的な社会の上部構造がそびえたつ」ということであり、「どのような環境においてどのような上部構造が生み出されてきたか」「生物学的な区分はこの上部構造の中にどれだけ根強く貫徹しているか」を示すことなのであると（コンネル、一九九三、九二―一〇二頁）。

むろんこのような性役割論のとらえかた自体あまりにも一面的であるとして、コンネルの議論には批判を加えることも可能である。性役割論においても、セックス・ロール（生物学的特性の差異を基準にした役割、性別役割）と、ジェンダー・ロール（社会的・文化的に定義された性別であるジェンダーに付随する役割、性役割）を区別する試みなど、両性の役割が支配＝被支配の関係にあるということを踏まえた議論も存在するのであるから。しかし、このような試みの意義を認めるとしても、役割概念を基礎とする性役割論が、両性間の社会関係をセクシュアリティやジェンダーの定義をめぐってつねに展開している社会闘争としてではなく、男女が自発的に選択した相補的役割関係として描き出す傾向があることは、否定できない。

例えば、ジェンダー・ロール論においても、両性間の不平等な社会関係は、「生物学的性差を基準とした役割分業に何等かの価値づけが介入し、その価値の高低が社会的上下関係をもたらした」結果として、すなわち「社会関係のなかで支配される位座を持つ女性に付随した役割」（ジェンダー・ロール）の社会化の結果として描き出されるにとどまっている（目黒、一九八〇、一〇四―一〇五頁)。ここにおいては、両性間の不平等な社会関係の原因は性役割間の「何等かの価値づけの介入」に求められており、したがってその変革は、価値づけの変更や性役割期待の変更に求められることになる。

けれども性役割論においては、そのような価値づけや性役割期待を生み出す社会構造は、描き出されることなく、あたかも性役割の外部にあるかのように論じられるにとどまっている。その結果「つねに変動は、性役割にふりかかりそれに衝突する何かとしてとらえられる」ことになり、「全体としての社会からやってくる」技術的・経済的変化か、「窮屈な性役割から逃れたいと思う本当の自分」に求められてしまうことになるのである(コンネル、一九九三、一〇二頁)。

性役割論は、生物学的性別論を脱却する上で、決定的に重要であった。またその理論は、女性のパーソナリティ形成を性役割の社会化という観点から考察することによって、現代女性のアイデンティティ形成の困難さや役割葛藤を明らかにした点において、有意義であった。またその理論は、性役割の社会化という観点から、マス・メディアや教育が何をしているのかを明らかにすることで、女性運動に具体的目標を与えた。その意味において、性役割論の意義は、高く評価されるだろう。しかし性役割論は、男女間の不平等な社会関係を、家族や職場など具体的な集団や組織における個人の位置に基づく概念である役割として描き出すために、あたかもそれが社会の一部分に過ぎないかのように、そしてその変革がそれ自体として可能であるかのように、論じる傾向があるといいうる。けれども、ジェンダー概念の導入が社会理論にもたらしたパースペクティブは、このような性役割論に限定されない、より大きな広がりを持っているのである。

4 ラディカル・フェミニズムとマルクス主義フェミニズム
——第二のジェンダー概念のパースペクティブ——

第二波フェミニズム運動の進展は、常識的性別観への批判的視点をもたらしたのみならず、既存の社会理論への批判的視点も生み出した。確かに既存の社会理論の一部は、常識的性別観への批判的視点を確立する上で有効であった。先に挙げた性役割の理論における役割論は、その例である。しかし、男女間の不公正で不平等な関係に怒りを感じたフェミニストの多くは、既存の社会理論に、その有効性よりもむしろ不十分性を見たと言ってよい。これほどまでに明らかな不公正と不平等がなぜほとんどの社会理論において主要な問題として認識されることなくとどまってきたのかという疑問は、既存の社会理論に不信感を抱かせるのに十分な疑問であった。確かにそれは一部には性別を生物学的生理学的な属性として位置づける常識的性別観に起因する。しかし同時にそれは女性を主要な研究対象としたり、女性の視点で研究をすすめたり、男女間の権力関係や利害対立を主要な主題としたりするような研究を、排除し、周辺化し無視するような学問的伝統にも起因していたのだ。

このような状況を前にして、多くのフェミニストは、女性と男性の利害対立や、支配・被支配関係それ自体を主題化する社会理論を新たに創出する方向を選択した。いわゆるフェミニズム理論とは、基本的にこのような主題を掲げる社会理論として、考えることができよう。したがって、フェミニズム社会理論においては多くの場合、現代社会において男女間の利害対立や支配―被支配関係があるということは、前提とされている。この現代社会における男女間の利害対立や支配―被支配関係を、フェミニズム社会理論においては一般に、家父長制という概念によって把握する。そして、婦人参政権が確立した後の現代社会において、家父長制が、どのような要因・原因に基づいて、どのように維持されてきたのかをめぐって、様々な議論が展開されているのである。

社会科学における第二のジェンダー概念のパースペクティブは、このフェミニズム社会理論の発展という成果をもたらしたということができるだろう。あらゆる社会現象の背後に男女間の利害対立の可能性を見出だせという研究方針は、社会構造や社会システム全体を、男女間の支配―被支配関係という観点から考察するという社会理論の可能性を提起する。フェミニズム社会理論は、このような社会科学において従来ほとんど考察されることがなかった男女間の利害対立や支配―被支配関係を軸とした社会理論として、創出されたのである。

フェミニズム社会理論におけるもっとも大きな潮流は、ラディカル・フェミニズム理論と、マルクス主義フェミニズム理論である。ラディカル・フェミニズム理論は、第二波フェミニズム運動の展開と密接に関連して成立してきた社会理論である(6)。

そのもっとも大きな主張は、男女間の利害対立や支配―被支配関係は、他の社会問題（階級問題等）の副産物として考えることはできず、独自の位相を持つという主張である。リベラリズムにおいては一般に、男女間の不平等という問題は、非民主的前近代的な意識や制度の残存という観点で把握されることが多い。現代社会においては未だ、家柄や身分など、過去の封建体制の遺物である非合理的な差別感情が残存している。リベラリズムにおける男女間の不平等という問題の扱いは、基本的にこのような問題と同一の枠組に基づく扱いとなる。すなわち、男女間の不平等は、個々の制度の不備や前近代的意識の残存という問題に解消されてしまい、社会全体を貫く独自の社会問題としての位置を剝奪されてしまう。また、マルクス主義においては、男女間の不平等という問題は、私有財産制度に基づく階級問題の副産物として、位置づけられてしまう。ラディカル・フェミニズムは、このような問題の位置づけを拒否し、男女間の利害対立や支配―被支配関係は、結婚・強制的異性愛・母性などの私生活領域を規制している制度によって、女性の身体や性が男性によって支配されていることに起因しているのであり、他の社会問題とは異なる独自の位相を持つ社会問題であると、主張した。家父長制という概念は、ラディカル・フェミニズム理論によって、このような男性支配のありかたを記述する概念として提起されたのである。

家父長制を維持する制度として、結婚・強制的異性愛・母性などの制度の中でどれを重視するかということは様々な主張があり、まとめることは困難であるが、いずれを重視するにしてもラディカル・フェミニズムは、性愛に関連する制度が、女性の身体・セクシュアリティ・精神を拘束していることに焦点をあてているということができるだろう。女性を（ポルノグラフィのように）男性の性的対象・男性の従属物として固定化してしまうような男性中心的性愛観、女性にのみ厳しい性規範のダブルスタンダード、男性による女性への性暴力、主として男性である医者・専門家による女性の身体や生活・精神の管理等は、個々の女性の性的自己決定権や精神自立性を、侵害している。女性が男性の性行為を受け入れてしまえばその女性を男性の所有物であるかのように見做す社会通念、たとえそれが性暴力に基づくものであっても婚姻外の性行為や性的逸脱行為を行った女性に男性よりもより強い制裁を加え、ふしだら等の不名誉なレッテルを貼るような社会規範、女性の経済的自立や自己実現の可能性や精神的自立を脅かすような恋愛・結婚における女性役割、不十分な避妊知識や非合法の人工妊娠中絶などは、女性にとっての性愛を、脅迫的・強制的なものにしている。

現代社会における性愛は、女性にとって、特定の男性の従属物になるか不名誉な立場に甘んじるかという脅迫的選択を強いるものになっているのであり、そのことはすなわち男性にとっては、性愛が、女性を自らに従属させるための脅迫の手段ともなりうることを示しているのである。家族もまた、それがいかに愛に結ばれた関係に見えようとも、その根底にこのような性愛のありかたを前提としている限りにおいて、家父長制的な制度に過ぎない。ラディカル・フェミニズム理論は、このような理論化を行うことによって、他の問題には解消しえない男女間の支配―被支配関係があることを主張している。

マルクス主義フェミニズムは、このようなラディカル・フェミニズムの家父長制概念の提起を受けて、マルクス主義理論を批判的に再構築することによって成立した(7)。そのもっとも強い主張は、女性と男性との間の不平等は、単に不平等なのではなく、男性による女性の労働の搾取を含んでいるということである。ラディカル・フェミニズムは、性愛関係・夫婦関係にある男女の間に性的な支配―被支配関係があることを主張したが、マルクス主義フェミニズムは、この支配―被支配関係の「本質」を、男性による女性の労働の搾取に見出した。

結婚によって女性は、男性やその男性との間に生まれた子どもの世話をする労働を押し付けられる。妻という立場にある女性たちの経済的自立が困難になるのは、このような労働をせざるをえないゆえに、自らの労働力の商品化が困難になるからである。家事や育児をしなければならないという通念の存在ゆえに、女性の労働者は、男性労働者と比較して賃金・昇進等の点で不利な労働条件に甘んじざるをえなくなる。このことは、資本家に利益を与えるだけでなく、女性労働者よりも有利な位置にいる個々の男性労働者にも、利益を与えている。家庭内における夫である男性の利益、資本家の利益、労働市場における男性労働者の利益の、いずれをより重視するかという点に関しては、様々な立場があるが、いずれにしても、マルクス主義フェミニズムは、男性による女性の支配は、性愛によって女性が男性に従属せざるをえない立場に陥るということよりもむしろ、家事労働を担わされることによって女性が男性に経済的に従属せざるをえない立場に陥るということに、起因していると主張する。男性は、家庭においても職場においても、女性の労働を搾取することによって大きな利益を得ているのであり、家父長制とはこのような女性を犠牲にして男性に利益を与える社会構造を意味するのであると。

これらのフェミニズム社会理論は、男性と女性との利害対立や、支配—被支配関係というより大きな社会構造を描き出す点において、性役割論にはない長所を持っている。性役割論においては、女性の役割葛藤やアイデンティティ形成の困難さ等が描き出されたけれども、女性の性役割が男性にいかなる利益を与えているのか、なぜ女性に性役割が押し付けられるのか等の問題については、十分な議論を展開することはできなかった。性役割理論が現象を個人の問題に解消しがちであるのに対して、これらのフェミニズム理論は、男女間の不平等な社会構造を描くことができたのである。

しかしこの長所は、同時に短所をも含んでいる。それは、これらのフェミニズム社会理論が、男性・女性というカテゴリーを固定化する傾向を含んでいる点である。ラディカル・フェミニズムに対しては、それが性愛における男女の対立を描き出そうとするあまり、男性性と女性性を生物学的に規定された固定的なものとして定義してしまうような生物学的主義や、女性には男性にはない肯定的で根源的な素晴らしさがあることを主張するような女性賛美主義、本質主義等の問題があることが早くから指摘されてきた。男女間の対立が、生物学的性別に基づく性愛や子どもや他者への態度の相違にあるとするなら、それを変革することは困難になってしまう。

このような理論的傾向に対しては、多くのフェミニストが警鐘を発している。けれども、マルクス主義フェミニズムにおいても、性別を固定化する傾向があると指摘されるべきであろう。R・コンネルは、文化的フェミニズムと社会主義フェミニズム双方に共通する理論的傾向としてカテゴリー的アプローチとも呼ぶべきものがあることを指摘する。コンネルは、カテゴリー的なアプローチを、第一に、男女間の政治的関係において対立する利害と、特定の人々からなるカテゴリー（男性というカテゴリーを与えられる一群の人々、女性というカテゴリーを与えられる一群の人々）とを同一視すること、第二に、議論の焦点を一つのまとまりとしてのカテゴリーに据え、カテゴリーがつくられる過程やカテゴリーを構成する要素をあまり論じないこと、第三に、全体的な社会秩序を権力および利害葛藤を通じて相互に関連しあう二、三の主要カテゴリーによって描き出すこと、という三点によって把握する。

そして、このようなカテゴリー的アプローチは、問題を発見するための当たりをつけるための枠組としては意味があるが、それが分析の目的となってしまうと、規格化された家族カテゴリーに基づく分析や「代表的な個人に焦点をあわせ」てしまい、代表的ではない少数派の人々を無視するような分析を絶対化するという誤った普遍主義を、横行させることになるという。そしてこのような（しばしば政治的対立を背景にした）性別カテゴリーの普遍化、絶対化は、日常生活における男性との関わりなしには現実に生活できない女性たちのフェミニズム離れをも帰結するというのである（コンネル、一九九三、一〇三―一一二頁）。

人間／ジェンダーという対概念を背景に展開されてきたフェミニズム社会理論は、男女間の利害対立や支配―被支配関係という大きな絵を描くことを可能にしたが、それはカテゴリー的アプローチという幅の広い絵筆を使用した記述に終始しがちであった。したがってそこでは、セックス／ジェンダーという対概念におけるジェンダー概念が持っていた女性・男性という性別カテゴリーを与えられた人々の変容可能性という主題もまた、薄れてしまった。その結果、あたかも性別が人間の生活において絶対的普遍的規定性をもつかのような主張を行う傾向も生じてしまったのである。しかし、ジェンダーという概念が切り開いた理論的パースペクティブは、ここにとどまるものではない。

5　性別秩序の理論
——第三のジェンダー概念のパースペクティブ——

エスニック・マイノリティの女性、高齢者の女性、同性愛を選択する女性、障害者の女性たち等、多様な女性たちによる、女性というカテゴリーの使用に対する批判は、多くのフェミニストに強い衝撃を与えた。ここにおいて、ジェンダーというパースペクティブは、強烈な懐疑にさらされたといえるだろう。

けれども、このような批判が存在するとしても、それはジェンダーの視点が不必要であるということを意味しない。「ジェンダーの二元性によって実際構築されている文化においては、ひとは単に人間であることはできない」(ボルドー、一九九一、一二八頁)。確かに、一部の女性たちの経験を、様々な状況にある女性たちの経験の代表という位置におき、そのことによって、様々な女性たちの状況や経験を覆い隠してしまったことは、批判されなければならない。しかしそうであるとしても、多様な状況の中に生きる女性たちもまた、それぞれの場において、男性という性別を与えられた人々とは異なる経験を抱え込んでいるのである。その意味において、ジェンダーの視点は、これらの批判を経てもいまなお有効であるといえるだろう。重要なことは、ジェンダーという概念を否定することではなく、それをこれらの批判にも堪えうるように、鍛え直すことである。鍛え直しによって、新たな理論的パースペクティブを作りあげることである。

このようなジェンダー概念の鍛え直しと新たな理論的パースペクティブの形成の試みは、始まったばかりであり、現在その成果をまとめることは軽率の誇りを免れない。しかし私見によれば、一定の方向がある程度見えてきているように思われる。それは、ジェンダーを性別ではなく性別秩序として定義し、それを現代社会の権力現象の不可欠な構成要素として位置づけ、ジェンダーと権力の関わりあいにおいて、男女間の（不平等な）社会関係に関わる社会構造の形成や変動を考察するという、理論的パースペクティブである(8)。そこではジェンダーは、もはや女の同義語ではなく、性差にかんする知、あるいは性別や性差を認知しそれに言及し意味づけるという社会的実践、あるいはそうした知や実践に密接に関連する社会秩序、すなわち性別秩序を、意味している。

ゆえにこの理論的パースペクティブによれば、ジェンダーの社会理論とは、女性についての理論でも、女性が参加してきた社会組織に関する社会理論なのでもない。それはむしろ、階級や民族・国家などと関連する社会全体の権力現象を読む一つの糸なのである。男女間に権力関係があるというフェミニズムの認識は、権力そのものがジェンダーを一つの構成素としているというもう一つの側面との関わりにおいて、再度とらえ直されるべきなのだ。たとえばこれまでほとんど女性が参加してこなかった狭義の政治も、男女間の社会関係と無縁な場として位置づけられるべきではない。政治における権力と男らしさの間に密接に形成されてきた関わりは、男女間の社会関係にも大きな影響を与えているのである。本稿では、このような性別秩序を権力現象の一つの構成素として位置づける理論を性別秩序の理論と呼ぶことにしよう。ジェンダーの社会理論は、ジェンダー概念への懐疑を経て、このような性別秩序の理論を生み出しつつあるのである。以下においては、そうした理論のうちもっとも有力なものの一つであると思われるジョーン・スコットのジェンダー論を見てみることにする。

スコットは、歴史学という分野において従来フェミニストの歴史家が行ってきたことは、「せんじつめれば」、「家父長制の起源を説明しようと努める」ことか、「マルクス主義の伝統の中に身を置きそこでフェミニスト批評との調和を見出そうとする」ことか、「フランスのポスト構造主義と英米系の対象関係論派とのはざまで基本的に引き裂かれながらこれらの異なった精神分析学派に依拠して主体のジェンダー・アイデンティティの生産と再生産を説明しようとする」か、これら三つのフェミニズム理論のうちのどれかを選ぶということに過ぎなかったという。しかしスコットによれば、これらの理論のいずれも、歴史学理論としては問題を含んでいるという。

家父長制理論は、(1)ジェンダーの平等と他の不平等の関係が明らかにならない、(2)肉体的差異に基づく変数であるジェンダー概念を単一の変数とする理論はジェンダーそのものの非歴史性を前提としている、という二点において、不十分であり、マルクス主義フェミニズムは、「分析においてジェンダーが独自の地位をもっていない」マルクス主義の枠内で分析を進めるために、どうしてもジェンダーを経済構造の副産物として扱う結果になりやすい傾向を持つ。また精神分析学派は、(1)個人の主体の問題にのみ限定されており、(2)男性や女性というカテゴリーを普遍化する傾向があるという点において、不適切であるという。そしてこれらの理論の問題点を、「自分たちの分析用の語彙と自分たちが分析しようとする材料との識別」を可能とするような方向で「ジェンダーを分析カテゴリーとして展開させ」てない点に求めるのである（スコット、一九九二、六一―七三頁）。

このような反省に基づいて、スコットは、ジェンダーを以下のように定義する。ジェンダーとは、第一に、両性間の認知された差異に基づく社会関係の構成要素であり、第二に、権力の関係を示す第一義的な方法である。そしてこの二つの命題のあいだには、相互に不可欠な関係があるという。「社会関係の組織のされ方における変化は、常に権力の表現における変化に対応しているが、変化の方向は必ずしも一方向的とはかぎらない」のだ。両性間の認知された差異に基づく社会関係の構成要素としてのジェンダーには、(1)文化的シンボル、(2)シンボルが持つ隠喩的可能性を制限し閉じ込めようとする規範的概念（宗教的・教育的・科学的・法的・政治的教義）、(3)男子のみの普通選挙等の政治制度、男女別学・共学等の教育制度、性別によって分離させられた労働市場等の経済的制度等、社会的経済的政治的制度、(4)主観的アイデンティティという、四つの要素が含まれる。両性間の社会関係は、これらの相互に密接に関連した要素によって、規定されているのである。

他方、ジェンダーの第二の命題である権力の関係を示す第一義的方法としてのジェンダーは、男性と女性という性別カテゴリーを用いた比喩が、両性間の社会関係やセクシュアリティに関する社会関係ではないものに対して、政治的比喩として利用される側面に光を当てている。男と女という生物学的差異を根拠とした世界の二分割は、集団的幻想の中でもっとも堅固な基礎をもっており、だからこそあらゆる社会生活の組織化において使用され利用される。身体における性に関連した差異は、性とは何の関連もない社会現象や社会関係を表現するために、引き合いに出される。「言語は、意味を確立するために差異化を用いる。そして性差は、差異化を示す第一義的な方法」なのだ。「ヒエラルヒー的構造は、いわゆる男女間の自然な関係についての一般化された理解をよりどころにする」ことで、その関係を自然なものとして描き出す。労働者を描くのにその女性的性格を強調するブルジョアジーと、自らの男性的性格を強調する労働者。戦争を正当化するために、女・子どもを敵から守る男たれと呼び掛ける戦争指導者。性別の比喩は、権力の正当化において頻繁に使用されている。

「ジェンダーは、政治権力が概念化され、正当化され、批判される時に繰り返し論拠とされてきた」のである。これらの比喩と両性間の社会関係には直接的な関係がないように見える。しかし、そうではない。比喩は「ジェンダーを論拠とするが、同時に（それは）男性対女性の対立の意味も確定」するのだ。政治権力がジェンダーを論拠とできるためには、その論拠であるジェンダーは、固定化されなければならない。「ジェンダー関係の二項対立と社会的過程はどちらも権力の意味そのものの一部」なのであり、どちらを変更しても、政治システム全体が脅かされるのである（スコット、一九九二、七三―八六頁）。

このスコットのジェンダー論においては、ジェンダーとは、「世界を秩序だてる方法であり……社会の組織化と不可分」なものとして位置づけられた「性差にかんする知」（スコット、一九九二、一六頁）、すなわち「性別や性差を認知しそれに言及し意味づけるという社会的諸実践」を意味している。そしてスコットは、ジェンダーを権力の意味の一部として位置づけ、政治システム全体の変動と両性間の社会関係の変動には関わりがあるという理論的示唆を行っている。したがって、スコットのジェンダー論は先に述べたような意味における性別秩序の理論として、位置づけることができる。それは、社会的文化的現象として性別を位置づけた第一のジェンダー概念のパースペクティブを明確に引き継ぎつつ、その含意を属性から性別秩序という現象に転換することによって、それに新たなパースペクティブをつけくわえ、男女間の権力関係に着眼した第二のジェンダー概念のパースペクティブをも明確に継承しながら、その「権力関係」がどのように形成され変容させられていくかについて、両性間の権力関係以外の権力現象との関わりをも視野に入れて考察するという、新たなパースペクティブを切り開いているのである(9)。

ジェンダーの社会理論を、本稿で「性別秩序の理論」と呼んだような方向に転換していくことに対しては、結果的にそのことが、中立を装った学問的権威主義にフェミニズムを売り渡すことにならないかと、その危険性を指摘する者もいる。スーザン・ボルドーは、「ジェンダーは、アイデンティティに関わる他の多くの軸と、歴史的に特殊なかたちで、絶えず相互に浸透しあう、ひとつの複雑で、さまざまな要素からなる構造の一本の軸のみを形成するものであるという重大な洞察」は、「あらゆる知的運動における適切な用語を定め、だれが迷い、だれが正しい道を歩んでいるかを決定できる『中立的マトリックス』」があるかのように振る舞う権威的洞察に転化されてしまっているという（ボルドー、一九九一、一一五頁）。

確かに、このような危険性があることに関しては、十分注意ぶかくあるべきだろう。しかし私見によれば、ジェンダーの社会理論を性別秩序の理論に転換していくことは、そのような危険性を補ってあまりある有効性を持っている。ジェンダーを他の多くの軸と交差しあう構造の一本の軸としてみるという洞察は、階級や民族など、ジェンダー以外の差異に関心を持つ者にとって重要であるだけでなく、両性間の社会関係に関心を持ち、その変革を求めるフェミニストにとっても、重要な洞察なのである。なぜなら、両性間の社会関係は、従来より家庭や職場における直接の男女間の対立や闘争だけではなく、それ以外の要因によっても規定されてきたからである。戦争・政治・医療・教育・芸術など、一見両性間の社会関係とは直接的には関連していないように思える領域での出来事が、思いもかけぬ形で両性間の社会関係を変容させてきている。このような様々な要因を知ることは、両性間の社会関係の歴史を考察し、またその変革を求めて未来を構想する上においても、不可欠なのである。

性別秩序の理論においてジェンダーは、多くの軸の一つに過ぎないものとして位置づけられてしまったかに見える。しかしそれは、現在も社会科学において根強く残る、ジェンダーの社会理論を家族や生殖など社会の部分領域にのみ関わる理論として位置づけようとする傾向に対する厳しい批判をも含んでいるのだ。性別秩序の理論においてジェンダーの社会理論とは、女性についての理論でも、女性が参加してきた社会領域のみに関する社会理論なのでもない。それは、私たちが社会を知る上で不可欠な、私たちの社会の全域に関わる社会理論なのである。

注

（1）この目黒の議論は、C・デルフィーのオークレー批判の紹介として、なされている。

（2）このような議論の様相については、本稿で引用したボルドー（一九九一）に詳しいが、その他この議論に関連する重要な文献としては、以下のものなどがある（Barret & McIntosh, 1985, hooks, 1982, Nicholson, 1989）。また、日本におけるマイノリティ・フェミニズムについての文献は、上野（一九九四）の参考文献を参照のこと。

（3）なお、日本において、かなり広く読まれた、イヴァン・イリイチの『ジェンダー』におけるセックス／ジェンダー概念は、ここに挙げたセックス／ジェンダー概念と大きく異なっており、非対称的・共約不能的な前産業社会におけるジェンダーに対して、その相を欠いた産業社会におけるセックスを対比するものである。この概念については、イリイチ（一九八四）を見よ。またイリイチのジェンダー概念の批判については、荻原（一九九四）を参照のこと。

（4）この意味におけるジェンダー概念は、一般に、その分析視角としての重要性の主張と共に提示される。たとえば原は、「一九七〇年代以降、女性学をはじめさまざまな学問領域で、『ジェンダー』が対象に迫る際の分析視角を示すキーワードとして登場してきた」と述べ、その理由を「人間のありようや社会現象を理解しようとする際に、近代の学問が、あまりにも『ジェンダー無視』であった」ことに求める（原、一九九四）。ジェンダーについて概念的混乱が生じる一つの理由は、第一のジェンダー概念に基づく「ジェンダー」論においてはしばしば「ジェンダー」は、「性差を強調する観念や意識」として把握されその批判的乗り越えという文脈において論じられるのに対し、第二のジェンダー概念に基づく「ジェンダー」論においては、「ジェンダー」はむしろその重要性を主張するような文脈において、論じられるからである。しかしその重要性の意味は分析視角としての重要性におかれていることは、いうまでもないだろう。

（5）性役割の理論については、女性社会学研究会（一九八一）、目黒（一九八〇）、井上（一九九五）等を参照のこと。

（6）ラディカル・フェミニストとして挙げられる主要な理論家には、ケイト・ミレット、シュラミス・ファイアストーン、メアリ・デイリー、アドリエンヌ・リッチ、アンドレア・ドゥオーキン、スーザン・ブラウンミラー等がいる。

（7）マルクス主義フェミニズムの諸潮流については、古田（一九九四）を参照のこと。また、日本におけるマルクス主義フェミニズム関連の文献については、江原（一九九四）の参考文献を参照のこと。

（8）このような理論傾向は、コンネルにもみることができる。コンネルは「ジェンダーは、事物というよりも、過程である」「ジェンダーとは、社会生活の内部で生起するある現象のことである」「ジェンダーの重要性と実質こそは、社会学が『制度』という概念でとらえようとしているものなのである」と述べ、ジェンダーを、循環的日常行動により再生産された「制度」として、理論化しようとする（コンネル、一九九三、二一二―二一五頁）。

（9）　このようなスコットのジェンダーの把握のしかたは、「生物学的性別」と「社会文化的性別」を区別するジェンダー概念に対してなされた批判の乗り越えも可能にする。「生物学的性別」は、「純粋に自然」ではない。なぜなら、「生物学的性別」として我々が把握していること自体、私たちの時代の「科学」によって生み出された「知」に過ぎず、その意味においてそれもまた、スコットの定義による「ジェンダー」の一部だからである。スコットは、「セックスとジェンダーを区別することは、身体はジェンダーとは違って自律的で、かつ無色透明の決定性をもつと認めることである」という意見に、賛成であると述べている（スコット、一九九二、三四三頁）。

引用文献

浅井美智子、一九九五「ジェンダー」宮島喬編『現代社会学』有斐閣
井上輝子、一九九五「日本の女性学と『性役割』」井上・上野・江原編『日本のフェミニズム3　性役割』岩波書店
イリイチ、イヴァン、一九八四、玉野井芳郎訳『ジェンダー――女と男の世界』岩波現代選書
上野千鶴子、一九九四「日本のリブ――その思想と背景」井上・上野・江原編『日本のフェミニズム1　リブとフェミニズム』岩波書店
江原由美子、一九九四「知識批判から女性の視点による近代観の創造へ」井上・上野・江原編『日本のフェミニズム2　フェミニズム理論』岩波書店
コンネル、ロバート・W、一九九三、森重雄他訳『ジェンダーと権力――セクシュアリティの社会学』三交社

スコット、ジョーン・W、一九九二、荻野美穂訳『ジェンダーと歴史学』平凡社

田中和子、一九八一「女性社会学の成立と現状」女性社会学研究会編『女性社会学をめざして』垣内出版

萩原弘子、一九九四「ジェンダー」井上・上野・江原編『日本のフェミニズム2　フェミニズム理論』岩波書店

目黒依子、一九八〇『女役割―性支配の分析』垣内出版

目黒依子、一九九〇「性・ジェンダー・社会――一九九〇年代の課題」女性学研究会編『ジェンダーと性差別　女性学研究第一号』勁草書房

原ひろ子、一九九四「人間の現実に迫るプリズム――パラダイム・シフトにおけるジェンダー」原他編『ライブラリ相関社会科学2　ジェンダー』新世社

古田睦美、一九九四「女性と資本主義」日本女性学会編『女性学』二号

ボルドー、スーザン、一九九一「フェミニズム、ポストモダニズム、ジェンダー懐疑主義」桝正行訳『現代思想』九月号、青土社

Barret, Michele and McIntosh, Mary, 1985, "Ethnocentrism and socialist-feminist theory", *Feminist Review*, 20, summer, pp. 23-48.

hooks, bell, 1982, *Ain't I a Woman?* London Pluto Press.

Nicholson, Linda J. (ed.), 1989, *Feminism/Postmodernism*, London, Routledge.

Oakley, Ann, 1972, *Sex, Gender, & Society*, London, Temple Smith.

Yeatman, Anna, 1986, "Women, domestic life and Sociology", Pateman, Carole & Gross, Elizabeth(ed.) *Feminist Challenges Social and Political Theory*, Boston, Northeastern University Press.

女性と表現

フェミニズムは、女性と表現という問題と深い関連を持って展開してきた。あらゆる社会問題において、その問題に直面する人々が、自らの心や感情、自分を取り巻く社会的環境についての認識などを表現することは、その問題の顕在化や解決のために、重要である。他の社会問題と同じく女性問題においても、女性の心や感情、女性を取り巻く社会環境についての認識などを表現することは、このような意味において、重要な意味を持っている。けれども、女性と表現という問題には、それにとどまらない、より大きな文脈もある。本稿においては、女性と表現という問題に多様な観点から光を当てる。

1　なぜ表現なのか

名前のない問題と第二波フェミニズム

ベティ・フリーダンは、第二波フェミニズム（一九六〇年代に始まる）の台頭のきっかけをつくったといわれる『女性の神秘』（一九六三）という彼女の著作を、「名前のない問題」という章から書き始めている。「名前のない問題」という言葉でフリーダンが言おうとしたのは、中流専業主婦たちが自らの生活に対して、焦りや孤独感や疎外感を感じているということであった。けれども当時、それらの感情はあるはずがない感情であった。なぜなら、彼女たちこそ、当時のアメリカ社会において最も幸せなはずの女性たちであり、どんな問題にも直面しているはずがない人々だったからである。外から見れば幸せなはずの女性たちが抱えている問題。当の女性自身、何が問題なのか、どうして焦りや孤独感や疎外感を感じざるを得ないのか、はっきりとはわからないような問題。名前のないとは、このようなことを意味した。フリーダンは、この専業主婦たちが直面している名前のない問題とは、女性が本当に自分の人生を生きていないことから生じている問題であると位置づけ、性別役割分業の撤廃と、女性の職業参加・社会参加を主張した。彼女の著作は多くの女性たちの心をとらえ、第二波フェミニズム運動にひとつのきっかけを与えたのである。

彼女の著作の成功は、いかに多くの女性が「名前のない問題」に直面していたかを明らかにする。では、なぜそれは名前のないままにとどまっていたのだろうか。それらの感情は表現されなかったのだろうか。表現されても理解されなかったのだろうか。フリーダンは、女性にこれらの感情の表現を抑制させる力が働いていること、たとえ表現したとしてもその表現には社会から別な定義（女性性の受容の欠如など）が与えられてしまっていることを示した。表現にも、一定のジェンダー観に基づくさまざまな社会規範が関与しており、そもそも表現が困難な認識や感情も存在する。また表現されたものをどう理解しどう評価しどう扱うかということにも、ジェンダーは関与する。社会的に権威がある男性の言葉は尊重されるのに、主婦という立場にある女性の表現は無視される傾向がある。名前のない問題は、女性の表現が抑制されたり、女性の表現が無視されたりするという、表現における男性支配という問題があることを提示したのである。

表現における「男性支配」

その後のフェミニズム運動や女性学の展開の中で、表現における男性支配という論点は、さまざまな観点から考察されてきた。以下においては、言語的表現に焦点を当て、これまで指摘されてきたことを列挙してみよう。

(1)語彙の問題。地位・職業・役割などの語彙が性別役割分業を前提としていること。性格や人格などを記述するための語彙の中に、男性用と女性用があること。女性用の語彙は男性用よりも肯定的なものが少なく、性的な含蓄を持つ否定的なものが多いこと。女性の社会的経験を表現する語彙が欠落していることなど。

(2)話し方の性差の問題。女性と男性の話し方には差異があること。女性は、より丁寧な、文法的に正しい話し方をする傾向がある。女性は断定することを避ける傾向がある。女性は男性が話しているときその話に割り込まない傾向がある。男性はより低い声で、女性はより高い声で話す傾向があるなど。

(3)文学、学問的著作、政治的討論などにおける表現された言葉への評価の問題。女性が表現した言葉は、女性固有の領域にのみ限定されて評価され（「女流文学」など）たり、無視されたりする傾向がある。男性が表現した言葉は、その内容がいかに男性の性固有の内容を含んでいても、男性固有の領域にのみ限定されて評価されることはなく（「男流文学」という領域はない）、その領域の中心的著作として評価される傾向がある。表現された言葉を評価する職業（文学批評家など）は、作家などの表現的職業以上に、男性の占める割合が高いなど。

これらの論点は、社会のあらゆる場面で女性は、言葉による表現において、男性よりも少ない影響力しか持たない傾向があることを明らかにしている。男性たちは、その言葉による表現をより尊重されており、その表現は記録され社会的に蓄積される傾向がある。社会的に重要とされる知識を形成する職業（学者、専門家など）が、男性によって独占されてきたことも、このような傾向を強化する。これらの結果、男性は自らの社会的経験を、語彙や専門的用語などに蓄積することができる。語彙や用語に蓄積された男性の社会的経験は、男性が言葉によって自らを表現することをより容易にする。男性により表現された言葉は、社会的に妥当であるとされている知識に適合するので、高い評価を受けやすく、尊重される。

他方、女性たちは、その言葉による表現を尊重されておらず（女性の言葉は単なる「おしゃべり」として評価されることが多い）、その表現は社会的に蓄積されることがより少ない。女性は職業につかないことが多いので、社会的知識の蓄積にも関与しにくい。したがって女性の社会的経験は、語彙や用語の中に蓄積されにくく、女性の言葉による表現をより困難にする。女性が表現した言葉は、社会的に妥当とされる知識の中で適切な位置づけを得にくいので、評価を受けにくい。表現してもあまり評価されないことは、女性の言葉による表現を抑制する結果になる。

このような、男女それぞれで異なる二つの回路が、表現においても男性支配を生み出していることをフェミニズムや女性学は明らかにした。名前のない問題は、このような表現における男性支配の結果なのである。

2　変わりつつある女性表現

女ことばへの二つの評価

表現における男性支配の存在という問題の指摘は、女性が自らを表現することの重要性と、女性に特徴的な表現のしかたがあることを気づかせた。

この気づきの中で、女性の話し方、女ことばに対する、相対立する二つの評価が生まれることになる。女性の話し方、女ことばは、男性と比較して、相手の気持ちや意見に対して、より多く配慮する傾向がある。丁寧であること、断定を避けること、割り込みをあまりしないこと、相手の話を促すようにあいづちをうったり共感を表明したりするなど、女性の話し方はより共同的である。

けれども、このような女性の話し方、女ことばの特徴は、自分の意見を通すうえではマイナスに作用する。相手の意見を聞くよりも、自分の意見をはっきり言うことを指向する男性の話し方は、より客観的でより明確であるという評価を受けやすい。したがって、一方において女性の話し方は、自己主張という点において劣る「欠陥のある話し方」であり、女性はより明確にはっきりと自己主張する話し方を学ばなければならないという主張が生まれた。女性の話し方、女ことばは、家事・育児など人の世話をすることを割り当てられてきた女性の性役割のひとつの表れであり、女性が社会的な力を持つためには、そうでない話し方を学ばなければいけないという主張である。

他方、女性の話し方こそ、互いに意見や感情を尊重しつつコミュニケーションするという目的を果たすうえでは、より良い話し方であるという主張も生まれることになった。男性の言語を競合の言語とすれば、女性の言語は共同の言語であり、男性こそ女性の話し方を学び、人間の共同的な生き方を学ぶべきだという主張である。

表現共同体としての女性

他方、話し方など表現方法の是非を直接問うのではなく、女性の表現を評価できる共同体の成立こそ重要であると考える人々も存在する。女性たちは表現してこなかったわけではない。多くの女性たちが率直に自己を表現しているし、これまでもしてきたのである。けれどもそのような女性の表現を受けとめ評価し蓄積していく共同体が、女性には欠けていた。表現とは、表現する個人のものなのではなく、表現する者と表現を理解し受けとめ受け継いでいく者とが作りだす共同的なものなのである。男性たちは、暗黙に男性に向けて表現し、また男性の表現を尊重する傾向がある。そしてそのような男性たちが作り上げているのが、さまざまな話し合いの場であり、また文学や学問の論壇など、現在支配的な表現の共同体なのである。

むろん、女性たちもそこに参加してきた。けれども、男性が中心的な位置を占める表現の共同体の中では、女性の表現は周辺化され無視される傾向があった。そうであれば、女性の観点を尊重し、女性の表現を尊重する女性たちの表現共同体が必要ではないか。女性の言葉に耳を傾け、女性の関心を尊重できる場、女性たちの話し合いの場が必要なのではないか。

また書き言葉の世界においても、学問における女性学、文学批評におけるフェミニズム批評など、女性の言葉や表現、女性の観点や関心を尊重する場が必要なのではないか。このような表現の共同体が存在してこそ、女性はより積極的に表現し、自己主張できるのではなかろうか。このような認識に基づく実践は、現在、フェミニズムの領域を越えて、社会全体に大きな影響を与えている。女性の社会的経験に基づく社会的知識の形成と蓄積は、女性問題の解決に役立つだけではなく、社会的に蓄積された知識に新たな観点を与え、文化を豊かにしているのである。

女性の表現方法から新しい表現方法へ

このような、女性の表現を尊重する共同体の形成は、女ことばに対する評価に見られたような女性の表現方法に対する相対立する論点を、相対化可能にする。確かに現状においては、歴史的社会的に形成された表現における性差の存在が指摘でき、またその中で女性の表現方法は低い評価を受けがちであり、女性が社会的な力を発揮するうえでは不利に作用する。けれども、それは、女性の表現方法が劣っているためではない。女性の話し方、女ことばに、欠陥があるわけではない。女性の表現方法には、従来の男性の表現方法にはない、可能性があるのである。けれども、そのような可能性を現実のものにするためには、女性の表現方法を尊重する表現の共同体の形成が不可欠であり、それなしには、女性の表現方法への固執は、従来どおりの表現における男性支配を再生産するだけに終わるだろう。

けれども、もしそのような共同体が形成されるならば、女性の話し方、女ことばは、女性固有のことばであることをこえて人間のコミュニケーションに対して新しい可能性を開くであろう。従来無視されてきた女性の表現方法は、私たちの文化を豊かにし、新しいコミュニケーションを可能とするかもしれない。

参考文献

れいのるず=秋葉かつえ編『おんなと日本語』有信堂、一九九三年。

ロビン・レイコフ『言語と性』かつえ・あきば・れいのるず／川瀬裕子訳、有信堂、一九八五年。

デボラ・タネン『わかりあえない理由』田丸美寿々訳、講談社、一九九二年。

デイル・スペンダー『ことばは男が支配する』れいのるず=秋葉かつえ訳、勁草書房、一九八七年。

グリゼルダ・ポロック／ロジカ・パーカー『女・アート・イデオロギー』萩原弘子訳、新水社、一九九二年。

女性の経験や思いに焦点をあてる

1　家族をどうとらえるか

日本における女性学の歴史はまだ約二〇年でしかない。そのため、いまだ「女性学って一体なに？」という疑問をお持ちの方も多いと思う。女性学という言葉から、女性を対象とする学問とお考えの方もいらっしゃるかもしれないが、女性学は女性を対象とする学問ではない。

女性学という言葉における女性とは、対象を意味する言葉というよりむしろ、研究の視点を意味する言葉である。すなわち、過去および現在の女性の社会的位置に対する批判的視点を意味する言葉なのである。

従来の学問においても女性は研究対象となっていた。けれども、そうした研究の多くは、社会通念における女性の役割や社会的位置を自明視してしまっていたのであり、その結果それらの学問は、女性を現状に縛りつける役割を果たしてしまっていた。

女性学の視点とは、このような従来の学問に対する批判的視点を意味する。「女性学とは一言で言えば、女性の視点からする、学問の見直し運動のことである」（井上輝子『女性学への招待』有斐閣、一九九二年）。

従来の学問の専門分野の分け方からすれば、文学・法学・社会学・心理学・歴史学・医学など多様な分野にまたがる研究者たちが、従来の学問に欠落していた「女性の視点」に基づく新たな問題関心で研究対象に取り組んだ成果を共有しつつ、相互批判を通じて問題関心を深化させていく。そうした学問の運動を、女性学と呼ぶのである。

むろん、そうは言っても「女性の視点」から従来の学問に欠落していた研究テーマを見直すとすれば、どうしても女性に関連するテーマが中心になる。「お産の歴史や、パートタイマーの待遇や、女性雑誌の影響や、家事労働の性格等」（井上、前掲書）などが主要なテーマに挙げられてくる。したがって、女性学を、「女性に関連のある事象を研究領域とする学問」といってもあながち間違いというわけではない。

こうした女性学にとって、家族とは、とりわけやっかいなテーマである。なぜなら、従来の社会規範において、女性は家族と密接に結びつけられてきたからである。

女性学において、家族をテーマとすることは、この社会規範における女性と家族の結びつきを批判的に相対化し、家族を形づくっている様々なジェンダー（性別に関する社会通念・知識）を分析することをまず必要とする。女性と家族の結びつきを前提としたままで家族を研究することは、女性学の家族研究ではありえないのである。

このような女性学の家族への姿勢は、家族こそ女性の社会的位置の現状を作り出している重要な一つの要因であるという認識から生まれている。

社会通念においては、「家族とは女性のこと」と女性学で批判的に言及されるくらいに、女性は家族の犠牲になることが当然視されてきた。育児における家庭の責任といえば、まず問われるのは母親の責任であり、介護における家族の重要性が主張されればまず当然のように妻や嫁や娘の役割が問われてしまう。

こうした社会通念の背後にあるのが、「男は仕事、女は家庭」という性別役割分業意識である。このもとでは、家族の機能、すなわち家事・育児・しつけ・介護などが問題になる場合、まず真っ先に女性がその責任を問われることになるのである。

この性別役割分業意識のもとで、女性たちは、無償の家事労働・育児労働・介護労働などを「家族のきずな」「家族愛」の美名のもとに、担わせられてきた。その結果、女性は自己の経済的自立が困難になり、夫に扶養される者として従属的位置におかれ、持続的社会的活動や自己実現を阻まれてきた。

その膨大な積み重ねこそが、社会における女性の位置の現状を生みだしている。女性学は、このような認識のもと、女性と家族を密接に結びつけるような、ジェンダーのありかたをこそ、問題にするのだ。

したがって女性学は、家族の一体性を前提とするような〈家族学〉、とりわけ家族愛や家族のきずなを強調するようなそれに対しては、批判的かつ警戒的である。女性学にとって家族がやっかいなテーマであるというのは、このような意味においてである。

これまで女性たちが家族に強く結びつけられてきた以上、女性学にとって家族に関連することがらが重要な一つのテーマであることは疑いえない。けれども、女性の無償労働によって支えられてきた従来の家族のありかたに疑問をさしはさまないまま家族の存在を自明視するような家族研究は、女性学ではあり得ない。この二つの要請が、女性学における「家族」への位置のとりかたをむつかしくしている。

2 研究にどうとりくむか

したがって女性学の立場からする家族研究は、家族という単位に自足するのではなく、それを二つの方向に解体していく傾向を持つ。

まず第一の方向は、家族を国家や政治や経済など家族の外にあると思われてきた社会のマクロ的要因に関連させて研究する方向である。

たとえば、近代社会における主婦という女性の役割の形成は、近代国家形成や産業化と密接な関連性を持っていたことが指摘されている。日本でいえば、専業主婦イデオロギーが大衆化したのは、戦後の高度経済成長期であり、企業における日本的雇用慣行の定着と密接な関連を持っていたことがわかってきている。

家族は社会から自立した自然的単位なのではない。それぞれの時代において、国家・政治・法・経済状況・宗教・イデオロギーなどによって大きな影響を受け、特定の家族観が形づくられてきたのであり、その家族観のありかたと社会環境によって現実の「家族」のありかたもまた、非常に大きく変容してきたのである。

第二の方向は、家族をひとまとまりにみるのではなく、家族内の個々人（特に女性）の営みや経験や思いに焦点をあてる方向である。

女性学では、従来学問においてはほとんど主題化されることがなかった、女性たちの生のありかたに焦点をあててきた。女性が持つ一人の人間としての夢や野心や志、性や恋愛や結婚、妊娠・出産などの経験……。女性たちがそれぞれの社会的条件の中でいかにあがき・焦り・苦しみ・悩んできたのかに焦点をあて、そうした女性たちの生のあり方を拘束してきた社会のありかたを問題化しようとしてきた。

したがって家族研究に関しても、この方向は強い。家族をひとまとまりとしてみてしまうことでは覆い隠されてしまいがちなこうした女性の営みや経験を言葉にすることこそ、女性学の家族研究の重要な一方向なのである。

この社会と関連させるか個人に焦点を当てるかという二つの方向とは別に、女性学における家族研究の主要な二つのテーマを挙げることができる。その一つは、性別役割分業および性別役割分業意識に関連する研究としてまとめられる研究である。

このテーマは、先に述べたように、社会のマクロ的要因と関連させて論じることもできるが、家族との関わりあいを持ちながら生きる一人一人の女性たちの思いに即して論じることもできる。女性が家庭内役割や家事労働を担うことを当たり前のように位置づけ、さまざまな理由でそうできない女性たちに対して非難を浴びせかけるだけの社会に対し、女性は言葉にならない様々な思いを抱いてきた。

女性の経済的自立を阻むような社会の仕組みに腹立ち、育児と仕事の両立に苦心惨澹する働く女性たち。あるいは育児環境の変化によって、孤立無援の密室育児に追い込まれ精神的ストレスに苛まれる母親たち。あるいは、挫折した夢と野心の残骸を前に生きる目的を見失い、「私って誰」と自問しながら自尊心をかき集めようとする子育て終了後の女性たち。あるいは配偶者との離別や死別によって将来への不安に呆然自失し、不利な労働条件のもとで子どものために働き続ける女性たち。介護と仕事の両立に走り回り職場から駆け付けた病院の前でへたへたと座り込んでしまう女性たち。

多くの女性たちは性別役割分業社会の中で、一人一人こんな思いをしながら、家族と関わってきた。こうした女性たちの経験や思いを言葉にし、「どうしてこんな思いをしなければならないの」「もし別の社会的条件があれば」「一人で育児や介護をしないで済む条件があれば」などの問いに答えようとすること。性別役割分業に関連するテーマとは、こうした多様なテーマを含んでいる。

次に、性や生殖に関連する研究が挙げられる。家族は、結婚と出産という二つの行為・営みによって創出されるというが、その家族を作り出す恋愛・性行動・結婚・出産などの営みそのものの研究、そのなかでも特に女性の側に焦点をあてた研究は、けっして多くはなかった。女性学は、学際的研究としての強みを生かして、様々な方法によって、女性の性と生殖に関連する研究を行っている。

このテーマも、先に挙げた二つの方向のいずれでもアプローチできる。お産の歴史、セクシュアリティの社会史など、大きな社会変動と関連づけて性や生殖に関する営みや経験の変化を論じることもできるし、性と生殖に関する法律の変化とその要因を政治史的に考察することも可能である。性暴力や買売春など女性の人権侵害の現状を国際労働力移動との関連で論じることもできる。

他方、むしろ個人に焦点をあてて、ドメスティック・バイオレンス問題における暴力をふるう側の要因や暴力を受ける側の経験に焦点をあてる研究もある。また人工妊娠中絶や不妊治療などの生殖技術を受ける女性たちの経験を問題にする研究などもある。ここにも多様なテーマがあるのである。

女性学はこのように家族に対して多様なアプローチを展開している。けれども、それらはそれぞれバラバラなのではなく、ジェンダーという概念によって、相互に関連づけられている。ジェンダーは、個々人のアイデンティティや自尊心や感情と強く結び付いていると同時に、特定の家族観や家族意識とも強い関連性を持っているのである。

したがってジェンダーの歴史的変遷を見据えながら「家族」にアプローチすることは、従来描かれることが少なかった、社会と家族と個人の精妙な関わり合いを描くことを、可能にするのだ。女性学が〈家族学〉に貢献できるとすれば、それは、このような社会と家族と個人の関わりあいを描くことにこそあると思う。

フェミニズムから見た丸山眞男の近代

1　フェミニズムにおける日本的特質批判

丸山政治学が、現代日本おける政治的社会的状況を読む上で、未だ十分な有効性を保っていることには、多くの人々が同意するに違いない。いや、少なくとも、それは、以下に挙げるように、現代社会の社会問題の記述において、容易に繰り返されうるものであることには、多くの人々が同意するに違いない。

一九四六年の「超国家主義の論理と心理」(1)において、丸山は、日本においては「全国家秩序が相対的価値たる天皇を中心として、連鎖的に構成され、上から下への支配の根拠が天皇からの距離に比例」していること、そこでは「自由なる主体意識」も、したがって「意識としての独裁」も存在しないこと、そしてその「意識としての独裁」のないことが、日本の戦争指導者に「これだけの大戦争をしながら我こそ戦争を起こしたという意識」をもつ者がほとんどいないという「責任の自覚」の不在、「主体的責任意識の成立の困難」を生んでいることを指摘した。

彼らは、「行動の制約を自らの良心に持たずして、より上級の者の存在に規定され」ていたのであり、したがって「空前の権限を握った」首相ですら、「究極の権威への親近性による得々たる優越意識と同時に、そうした権威の精神的重みをすぐ頭の上にひしひしと感じている一人の小心な臣下の心境」にあったのである。すなわち、中心からの相対的な距離による支配の正当化は、「抑圧の委譲による精神的均衡の保持ともいうべき現象」を生み、「上からの圧迫感を下への恣意の発揮によって順次に委譲」する心理を生出した。このシステムに位置づけられる諸個人は、「圧迫を委譲すべき場所を持たない」者でさえ、「一たび優越的な立場に立た」されると、「己にのしかかっていた全重圧から一挙に解放されんとする爆発的衝動に駆立て」られることになる。

ここにこそ丸山は、日本軍の陰湿なリンチ体質や、中国・フィリピン等における軍隊の「暴虐な振舞い」の、一つの理由を見出したのである。この丸山が指摘するのと同じ（あるいは類似）の心理を、われわれは、いじめや体罰事件等、現代日本社会における社会問題のそこここに、容易に見出すことができる。

また、丸山は、一九四九年の「軍国支配者の精神形態」(2)において、「既製事実への屈伏」と「権限への逃避」という二つの「精神形態」の存在を指摘した。「既製事実への屈伏」とは、「既に現実が形成されたということがそれを結局是認することの根拠となる」というものであり、また「権限への逃避」とは、自己の行為は単に「職務上」の行為に過ぎず、その職務の権限には、自己の行為の是非を判断することは含まれていないのであり、したがってその行為の「責任」は自己にはないということを主張するものである。

この二つの「弁明の論理」は、結局のところ上に挙げたのと同様に、支配層における「責任意識の不在」を帰結するのであり、「日本ファシズムの矮小性」を示すものであると、丸山は指摘する。この同じ「精神形態」あるいは「弁明の論理」を、われわれは、コメ開放問題その他において見られるガイアツに還元する政治論理や、ゼネコン汚職問題等における被告の弁明の論理に、容易に見出すことができるのである。

日本のフェミニズムにおいても、事情は同じである。丸山が記述した日本の政治社会の前近代性は、また日本のフェミニズムにおいても繰り返し再生されている。

例えば、セクシュアル・ハラスメント問題においても、そこには欧米とは異なる日本的特質があると言われる。鈴木由美は、日本におけるセクシュアル・ハラスメントが、性役割強要型に偏る傾向があること、そしてこの類型の特質として、行為の主体が特定されず、特定の個人の責任が問われない傾向があること、また企業そのものが「女性の犠牲を前提とした男性の放縦を許容している」側面があることを指摘している(3)。「〈企業一家〉的な職場体質の中では、女性も男性も自由な個人として会社と雇用契約を結んでいるという認識は希薄で、特に男性社員の多くは〈運命共同体〉として会社と強く一体化している」。

したがって、セクシュアル・ハラスメントという加害行為の責任を加害者個人に問う姿勢が組織に少なく、加害者個人の責任意識も薄い。このことは、セクシュアル・ハラスメント事件における組織の反応を、加害者への処罰と被害者の救済に向かわせるのではなく、被害者の告発という行為そのものへの非難や告発者の排除に向かわせることになりがちである。被害者は、敢えて告発するとすれば組織全体を相手にすることになるという孤立感に苦しみ、「企業内にとどまって我慢するか、退職するかという二者択一」を事実上迫られることになるという。

このような日本におけるセクシュアル・ハラスメントの特質は、「日本社会における組織と個人との前近代的な関係様式」を反映していると鈴木は指摘する。このような鈴木の指摘の中に、丸山のいうところの「自由な主体意識」すなわち「主体的責任意識」の不在、あるいは「上からの圧迫感を下への恣意の発揮によって順次委譲」する心理と同じものを見出すことは、容易である。

このことは、従軍慰安婦問題においては、さらに明確である。慰安婦問題が、日本軍という、日本的組織の原型ともいうべき組織の孕む何らかの特質に密接に関連した問題であることは、歴史的経緯からも明らかになっている。従軍慰安婦の大量の狩りだしが行われたのは、南京大虐殺事件をきっかけとしているという。丸山は、このような日本軍の暴虐な振舞を、「国内では『卑しい』人民であり、営内では二等兵でも一たび外地に赴けば、皇軍として究極的価値と連なる事によって限りなき優越的地位に立つ」一般兵隊が、「己にのしかかっていた全重圧から一挙に解放されんとする爆発的な衝動に駆り立てられた」(4)結果であるという。この「爆発的な衝動」を少しでも逸らそうとしたのが従軍慰安婦の動員という策であったとするならば、従軍慰安婦の女性たちが身に被った「暴虐」はまさにこの「抑圧委譲」の心理に基づくものということになる。外地においてアジアの民衆に向けられてしまう「抑圧委譲」の心理を、軍隊内において「処理」するべくその相手として選ばれたのが朝鮮半島の女性たちを中心とした従軍慰安婦ということになるのであるから。

相次ぐ大陸への侵略戦争において、日本軍が占領地で行った略奪、放火、暴行、強姦などの行動は、金を払ったと払わないの違いはあれ、弱い者に対して性的フラストレーションを発散させた性的侵略行為であったと考えられる。……そして根本の間違いを認識反省することなく、兵隊が現地の女をレイプしないためにという名目で、世界に例のない従軍慰安婦が公金によって配給されたのである(5)。

むろん、このような従軍慰安婦問題を生出したのは、単に日本軍という組織の問題だけであるわけではない。「軍部の一部良心的な高官のコントロールを越えてしまったのは、第一に、侵略戦争自体の問題、第二に遊郭政策に慣らされた男たちの性意識、これがあいまったことは明らかである」(6)。すなわち、日本社会における性意識の孕む「特質」が、その背景にあったと考えることは、十分妥当であろう。

源淳子は、このような日本社会の性意識の「特質」を、「近世から近代へと歴史的社会が推移していく中でも」受け継がれてきた「性否定の思想・文化」として把握する。「近代になると、西欧の近代的な合理精神が日本の文化風土を大きく変えてきた」けれども、また「近代化された日本の文化の諸層は、西欧に遭遇しながら、なお、近世から大きな『痕跡』を宿していた」。そのような「日本の近代の内実」は、「丸山眞男氏の『日本政治思想史研究』で論究されている日本の近代の内実」であり、しかもその「内実は同時に、『女』に関する文化の諸層の中でも、近世の痕跡をそのまま引継」ぐ、いや「その痕跡をいっそう強化」(7)するものであったという。

このような源の記述は、「日本的セクシュアリティ」のありようを、丸山と同じ日本の近代における近世の痕跡という枠組の上にたって記述することこそ、日本のフェミニズムの緊急の課題であると主張するものであるように思える。日本のフェミニズムが直面してきた日本社会における性差別の諸層は、何らかの意味においてこのような近世の痕跡を残す日本的セクシュアリティ（とジェンダー）に関連する問題を孕むことになるのであるから。

このように日本のフェミニズムは、日本における具体的な性差別問題の諸層に直面するたびに、そこに欧米とは違う日本的特質を見出してきた。そしてその日本的特質を、近世の痕跡を残すものとして、すなわち前近代性として、把握してきたのである。そしてこのような認識のしかたに根拠を与えてきた理論的源泉の一つが、丸山政治学だと言ってよいだろう。その意味において、われわれはまだ丸山政治学の圏内にいる。

しかし、このような認識のしかたが一定の有効性を持つとはいえ、その妥当性を問うことも必要ではなかろうか。日本的特質を前近代性として把握することは、それに否定的評価を与える場合近代化論の色彩を、またそれに肯定的評価を与える場合反近代化論の色彩をあたえがちである。しかしこのことは、日本において女という性別を与えられた主体が近代を問うことを、とりわけ困難にしているように思う。以下においては、日本のポストモダン・フェミニズムのねじれを指摘することで、丸山眞男の「近代」をフェミニズムから考察するための論点を提起したい。

2　日本におけるポストモダン・フェミニズムのねじれ

第一波フェミニズムとは異なり、第二波フェミニズムは、近代への強い不信感を基調としている。それは、近代社会が女性に与えた矛盾した位置に基づく。女性は、近代において、男性と同じ人間であると同時に、男性と本質的に異なる「女」として定義されたのだ。女性はこの二重の規定性の中で、境界的な位置に置かれてしまう。特に婦人参政権確立以降、男女平等という価値規範がより明確に確立されるに及び、女性の境界性は、より強化されるに至る。先進資本主義諸国における第二波フェミニズムはこのような近代社会、特に参政権確立以降の社会における女性の「境界性」に基づく(8)。

したがって第二波におけるフェミニズム理論は、近代社会の二重性、あるいは公的領域と私的領域の分離と、公的領域への私的領域の従属を、主要な論点として展開している。企業組織・政治組織・国家組織等の公的領域と、家庭生活・個人生活等の私的領域の分離は、暗黙に社会成員をその性別によってそのいずれかに配置するものである。しかしそれにもかかわらず、近代社会を意識の近代化、価値規範の近代化として把握する近代化理論は、この性別に基づく社会成員の配置を、それぞれの性別の自然性に基づく普遍的なものとして言いくるめてきたのである。ここに、女性が主として配置された「私的領域」における秩序の自然性への隠蔽化と、私的領域の公的領域への従属化が帰結する。

ここにおいて女性は、属性による差別の禁止という「近代」の建前にもかかわらず、「公的領域」において明確な差別を受け（二流市民としての女性！）、また「私的領域」においても無償の家事育児労働の押付け・女性のセクシュアリティの自己決定権の否定等の差別を受け、しかもそのいずれも、女性の性の自然性に基づくものとして（すなわち差別ではないものとして）、正当化されてきたのである。これらの差別に不満な女性は、社会を恨むのではなく自然を恨めというわけだ。近代のシステマティックな二枚舌とは、このような近代において女性が被った経験そのものを意味する。

したがって第二波フェミニズム理論は、近代社会に対して、特に近代化を推進する近代的意識や近代的価値規範に対して、基本的に、不信の念を抱いてきた。女性も人間であると規定し、性差別を否定するかのようなポーズをとりつつ、その実、人間の基準を男性におき、女性がその男性基準に適合する時のみ特別な恩恵として女性が人間であることを認める近代的意識や近代的価値規範は、結局のところ男性中心主義のもっとも悪質な形態に他ならない。

すなわち、それは、女性のみに性別が存在するかのような認識を強化し、女性の中に分断を持込み、男性基準に適合する女性には人間として認めるという恩恵を与え、それ以外の女性たちにはその性の自然性にとどまるものというレッテル、すなわち「女」という自然な性別を刻印することになる。その結果、女性たちにとって、女性という性別は、人間であるためにはできる限り否定しなければならないマイナスのシンボルとなってしまうのである。

欧米におけるポストモダン・フェミニズムは、このような第二波フェミニズムの基本的認識をもっとも明確に呈示している。近代的意識、近代的価値規範における普遍主義こそ、近代において女性を、自然と身体に還元し、その社会文化的な構成を覆い隠してきた知なのである。このような知の企みを明らかにするためには、性別が存在しないかのように振舞う普遍主義的言説が差異を構成するそのしかたをこそ記述する必要があるという。

このようなポストモダン・フェミニズムの基本的立場は、欧米のフェミニズムにおける限り、また西欧近代文化の相対化と一致する。西欧を普遍とする近代はまた、西欧以外の文化圏の人々、それらの文化的背景を持つマイノリティの人々、あるいは肌の色が違う人々、中産階級以外の階級を出身階級とする人々、障害を持つ人々等に対しても、同様に二枚舌で、処遇してきた。

このようなエスニシティや人種を異にする人々への差別というマイノリティ問題、民族問題、階級問題、障害者問題等においても、女性問題に関して言いうるのと同様のことを言うことができる。近代の普遍主義はこれらの多様な人々の差異が存在しないかのように振舞うことで、西欧基準（白人中産階級健常者男性という基準）に達しない人々を差異化し、しかもその差異を自然化実体化してきたのである。それらの人々の差異は、自然な、身体そのものの差異、すなわちそれらの人々に本質的に備わった（能力その他の）差異として実体化される。差別の原因は、この知のよって再び差別される側の問題に投げかえされるのである。そうであるとするならば、ポストモダン・フェミニズムは、これらの差異を実体化する西欧近代（「普遍主義」！）と対決することによって、他の様々な運動と連帯することができるという(9)。

しかし日本のフェミニズムにおいては、上に挙げたような近代への批判的観点を提起することは、奇妙なねじれを帰結してしまう。日本は西欧ではないからだ。西欧に自己を位置づける限りにおいては、ポストモダンという立場は、同時に、自社会・自文化を批判的に検討することに連なっている。けれども自己を日本に位置づける限り、同じようにはいかない。むろん日本という場に展開した社会の変遷をみる限り、そこには「近代化」「西欧化」という傾向が指摘しうる。その意味においては、日本のフェミニズムにおいてもまた、近代は相対化の対象である。しかしまた、日本における近代とは西欧のことであり、その観点から見れば、近代の相対化とは、日本の近代の相対化ではなく、西欧の相対化ということになる。その意味では、近代を相対化することは、自社会や自文化への批判的検討にただちに連なるわけではなく、かえって日本という社会や文化を再評価し肯定する主張にもなりうるのである。

この曖昧さゆえに、日本のフェミニズムは、一貫して、ポストモダンの日本的受容やポストモダンの日本的変容に対し警告を与えてきた。いわゆる日本主義批判である。しかし、このような合意が存在するにもかかわらず、だからこそそこにはまた、以下のような奇妙なねじれも存在してきたのだ。

それは、日本／西欧という差異をどう把握するかに関連している。ポストモダン的思想において、差異とは本質的なものではなく、様々な言語的社会的実践が構成していくものである。すなわち、差異が存在するのではなく、差異化の実践が存在するのだ。ここから考えれば、日本／西欧という差異を生み出すのは、その差異を強調し対立させそこに何らかの政治的意味をもたせようとする実践ということになる。

そうであるならば、ポストモダンという立場において日本主義を批判することは、日本を良しとする思想のみを批判することで足りるわけではない。たとえ日本を批判的に考察しているとしても、日本／西欧という差異を前提とし、その差異を強調し、日本／西欧という対立軸を特権化するような思想もまた、日本主義なのである。この立場からは、日本的特質を立てるような図式そのものが批判の対象になる。

けれども、このような立場は、あたかも日本／西欧という差異が存在しないかのように振舞う普遍主義、近代主義に似通ってしまう。そして、日本的特質を立てること自体を否定するとするならば、それは、自社会・自文化への批判的考察そのものを抑制しかねない。だからこそ、自社会・自文化への批判的考察や、近代そのものが孕む重層性の発見こそポストモダンであるとする立場からは、日本／西欧という軸の存在そのものを疑うことで事足れりとするような立場に対する批判が生まれる。

「文化決定論で安易に全てを切っていくのは戒められねばならないが、文化背景の問題ぬきに普遍主義で問題を解決しようとする試みも不毛な観念遊戯にすぎない」。日本の「ポストモダニズムには自らの文化的風土に対する対決、葛藤が欠落している。これは……日本のポストモダン論者の通弊であって、彼等は既存の文化パラダイムの相対化というポストモダニズムの基本精神が分っていない。彼等にとって、それはたんなる欧米近代への批判にすぎないのである。だが、既存の文化風土への批判的観点がないかぎり、日本流ポストモダンは反動的な観念遊戯に終わるしかない」(10)。けれども、この後者のポストモダンの立場は、奇妙にも、西欧近代を理念型とし、その理念型によって日本社会の前近代性を指摘した丸山の近代化論に、似通ってしまう。日本における性文化の前近代からの連続性を前提とし、それを西欧近代と比較することによって、「日本的文化風土を前提としたままの自立的個の無化」(11)という日本独自のフェミニズムを批判するその言葉の中に、丸山の再生を見ることは、容易である。

私は、このような議論のからみあいの中に、日本におけるポストモダン・フェミニズムの奇妙なねじれを見る。前者の立場からすれば、後者もまた、日本的文化風土の連続性と独自性を予め想定するという意味において、日本を特殊とする日本主義であり、しかも同時に西欧近代を基準として日本の近代化を説く近代主義者である。しかし、後者の立場からすれば、前者もまた全く同じような言葉を用いて批判できることになる。すなわち、前者は、日本／西欧という文化的背景の違いが存在しないかのように振舞う普遍主義、近代主義者であり、しかもそのことによって暗黙に日本的文化風土を肯定する日本主義者ということになるのである。

しかし、相対立する二つの論が、同時に相手を同じような言葉で批判することができ、しかも、その批判の言葉が日本主義でありかつ近代主義であるというこの奇妙なねじれは一体何なのだろうか。このような状況をどう理解したらよいのだろうか。日本という場に位置する主体として、近代に対する批判的観点を提起するポストモダン・フェミニズム（それは多かれ少なかれ、日本の第二波フェミニズムの基本的立場であった）を提起するとするならば、この問いを問うことを避けることは、できない。問われているのは、日本という場に位置する主体として近代を問返すフェミニズムという、そのこと自体なのであるから。

3　フェミニズムから見た丸山眞男の近代

私は実のところ、このような日本のフェミニズムにおけるポストモダンという立場の孕む奇妙なねじれは、丸山眞男に代表される日本の「近代化論者」「市民社会論者」の近代という概念自体が孕む「知」のしかけを逆照射するものだと思う。この「知」のしかけを読み解かぬ限り、日本という場に位置し女という性別を与えられた主体として近代そのものを問い直すことは、その個人の意図に拘らず、日本主義あるいは近代主義といった批判の言葉を呼び寄せ、その営みの成立自体を困難にしてしまうのだ。

むろん私がここで問いたいのは、日本主義あるいは近代主義という言葉自体ではない。この言葉それ自体としては、定義を明確にすれば無用な混乱を避けることができるだろう。そしてそのことは、日本主義あるいは近代主義を仮想敵として位置づけたり、あるいはその言葉でなにごとかを訴えたい者にとっては、より重要な課題であるに違いない。

しかし、それはここでの問題ではない。私がこの小論で提起したいのは、このようなことではなく、女という性別を身体に刻印された主体として、現在という時間、日本という場に位置づけられた主体として、自らを構成してきた様々な力をどのようにして問い返すことができるのかという問いである。その力を近代主義あるいは日本主義のいずれで呼ぶことになろうと、私という身体あるいは主体に張りめぐらされている様々な力の具体的な作動を、どのようにしたら把握できるのか、という問いである。そして、日本において近代を問うことがもたらしている近代主義や日本主義という含意の混乱がどのようにしてその問いを問うこと自体を困難にしているのかという問いである。丸山眞男の近代という知のしかけを読み解くことは、このような問いのために必要な作業なのである。

この丸山政治学の知のしかけは、既に多くの人々によって記述されている。例えば藪野祐三は、「アメリカ政治学は現在の延長線上に自らの未来を投影する」のに対し、丸山政治学は「現在の社会の否定された延長線上に自らの未来を投影する」(12)と述べる。パーソンズ等のアメリカ社会学における近代化論は、現在の社会を記述する枠組であり、またそれに基づいて未来を展望するための枠組であった。しかし、丸山政治学における近代は、日本において未だ不在のものを示すための枠組であり、すなわち、それは現在の社会を否定するために用いられている枠組なのだ。丸山における近代がそのような不在の基準点であったために、それは、「西欧近代という理念」に、純粋化・形式化されてしまう。

ヨーロッパの近代社会そのものは、「非常に多面的で重層的な社会」(13)であるのに、丸山の近代は、それらを捨象したところに置かれてしまう。その結果、日本社会に発見される様々な政治的言説の、抽象化された西欧近代という理念に不適合な要素は、日本社会の前近代性の表れとして、否定的に語られることになる。近代―前近代という進歩史観を前提とし、その軸に即して西欧と日本を配置することにより、近代という時間軸的に後世に位置づけられる抽象化された西欧近代という理念が、現在の日本の政治的諸実践を否定するための根拠として使用されるのである。

しかし、同時に日本において未だ不在である近代は、日本が獲得するべき普遍性として置かれているため、それはまた、等置されるべきものとして、位置づけられる。対立させられまた等置される日本と近代。この二重性は、近代が女に強いた二重性とまさに同じである。丸山眞男は、この意味において、まさに近代主義者である。

しかし、それだけではない。もう一つの側面がある。以下ではそれを指摘しよう。

このような丸山政治学の知のしかけに対しては、それが、丸山に日本社会を語る特権的な位置を確保させているという批判がある。

丸山さんは自分だけ西欧の立場に身を置いてしまって、そこから日本の後進性やそこから出てくる天皇制ファシズムの無責任体制のようなものを批判する。だけど、それは変じゃないかと。つまり、自分だけある種特権的な立場に身を置いてしまって、西欧の理念化された思想でもって日本の現状を批判するというのはちょっとずるいんじゃないかということですね(14)。

けれど、このしかけが孕むもっとも大きな問題は、丸山に自分だけ特権的な立場に身を置くことを可能にしている点ではないのではないかと、私は思う。おそらく丸山はこのような批判に対しては、いやそうではない。私も日本人として同じ後進性を抱えている。だからこそ、敢えて自らの痛みを摘出するような記述を与えているのだという解答を与えるだろう。私も日本人である。それはわかっているはずではないか。私一人だけこのような批判から免れうるはずはないことはわかりきったことではないか、と。しかし、まさに問題はここにある。すなわち、丸山が近代という概念を使用することでなしとげているのは、この暗黙に仮定された均質な日本的なるものへの共属性（という幻想）の呈示なのだ。

このことは、二つの側面から考察できる。一つは、西欧近代社会と西欧近代という理念を等置することによる日本的なるものの実体化という問題。様々な場において展開した近代社会の諸現実を、西欧近代の理念と比較すれば、それと理念との差異はおそらく必ず見出せるに違いない。要するにあらゆる近代社会に前近代的要素を見出すことができるに違いない。

そうであるのならば、理念としての近代を基準として見出された日本の近代社会における差異的な要素が、日本的特質であるという保証はどこにもない。前近代的要素は、韓国にだって、中国にだって、いやヨーロッパそのものにおいてでだって発見できてしまうかもしれないのだ。しかし、丸山政治学は、ヨーロッパ近代社会を西欧近代という理念と同一視することによって、この可能性を見えなくしてしまう。それは、見出された前近代性を日本的特質に等置させ、日本を語ることを容易にし、日本を実体化してしまうのである。

そして第二に、この日本の実体化は、丸山に自分だけ特権的な位置にいることを可能にさせているというよりもむしろ、日本ファシズムという問題を日本社会の後進性という問題に均質に拡散させる。丸山が記述した日本ファシズムが上から下まで抑圧委譲という同一の論理に覆いつくされた均質な社会として記述されていたことを思いおこそう。おそらく、天皇制ファシズム体制において、上に位置した者と下に位置した者との間では、その同じ抑圧委譲という論理が現実の生活の中で持った意味において、雲泥の差があったに違いない。兵隊のもっとも下の階級に位置づけられた者には、上からの圧迫に抗することは死を覚悟しなければできぬことだったに違いない。

無責任体制という言葉を均質に日本社会に与える前に問われなければいけないのは、それぞれの場に位置づけられた主体が、本当にどの程度抵抗の可能性を持っていたのかという、そのことである。しかし丸山は、そのもっとも下の階級に位置づけられた兵隊こそが、アジアの民衆に対する暴虐を行ったことを指摘することによって、ものの見事に均質な日本を呈示する。上から下まで主体的責任意識を欠き抑圧委譲の心理に覆いつくされた日本である。そしてそれを告発する丸山と総懺悔する日本国民。その告発の根拠として使用されているのが、本当にはどこにもない理念としての近代……。これはどこかで見た風景ではないか。

そう丸山自体近代主義者であるとともに、また日本主義者でもあるのだ。確かに丸山は、西欧近代の理念という普遍主義の立場に立つ。しかし、この普遍主義は、西欧中心であるという意味において、日本を特殊性としてしか描き出さない。その意味において、丸山は良くも悪くも近代主義者である。しかし、まさにこのような近代主義の立場に立つことで、丸山は、日本という均質な社会を描き出す。西欧近代の理念という不在の中心を置くことによって丸山は、日本を作り出す。このような言語実践の日本における連続性から見た時、丸山はまさに、日本主義そのものなのである。そうであるならば、丸山と方向を同じくするにしろ、それに反発するにしろ、それらがともに近代主義であり日本主義であっても、驚く必要はないのである。

しかし、この憂鬱な風景をさらに憂鬱にしているのは、この丸山の知のしかけが、日本社会において様々な差異づけられ位置づけられた主体それぞれの、戦争やファシズムやその他の近代社会の経験への、真摯な問かけを困難にしてしまう点である。

そのもっとも大きな欠落点が「女」であろう。丸山の記述の中に女がほとんど出てこないのは、偶然ではない。一体、丸山の天皇制ファシズムのどこに女は位置づくのか。「女」もまた男と同じ抑圧委譲のシステムの一部に位置づいていたのか。そこには、女と男という差異は存在しなかったのだろうか。もしそうだというのなら、従軍慰安婦問題はどう考えるのか。それとも、丸山の考える日本の中には、そもそも女は存在しなかったのか。女は日本の外の、単なる犠牲者に過ぎなかったのか。この丸山のジェンダー・ブラインドネスは、近代主義者丸山に帰されるべきものなのか、日本主義者丸山に帰されるべきものなのか。

いやこのような問いこそ愚問である。なぜなら、その二つは一つのものだからだ。西欧近代の理念を基準としておくからこそ、日本という均質な空間が作れるのである。そしてその基準としての西欧近代とそれにより差異化されている世界であり、日本のいずれも、暗黙にジェンダー化された、けれどもあたかもジェンダーなど存在しないかのように置かれた世界なのである。日本の文化風土の固有性などないかのように振舞う近代的普遍主義も、均質な日本を描き出す日本的特質論も、いずれも女というカテゴリーに位置づけられた主体のその固有の経験の消去を、強いる装置として作動可能である。

丸山が問うべきであったのは、精神形態ではなく、その精神形態が多様状況にいる主体に強いた、それぞれの異なる多様な経験の差異であった。このような経験に基づいてこそ、無責任体制でない政治社会を具体的に構想できるのであるから。

そして、丸山のこのような巧妙な論理の中に、私は、近代において普遍主義が強いた女というカテゴリーの実体化と、その実体化が女性に強いた女性の均質化とをパラレルなものと見る。第二波フェミニズムは、その苦闘の歩みの中で、なぜ近代主義がそれとまったく対立する性質を持つ存在としての女というカテゴリーを作り出したのかを明らかにしてきた。そうであるならば、日本におけるフェミニズムこそ、丸山政治学の巧妙なしかけを読みときうる位置にいるはずである。

しかし、日本におけるフェミニズムは、そうであるよりもむしろ、丸山の知のしかけの内部に捕えられてしまっているように思える。丸山の知のしかけは非常に強力であり、そこから脱出しようとしている日本のフェミニズムをなかなか逃さない。しかしその圏内にいる限り、日本という場に位置づけられた女として、近代を問うことが困難であることは、明らかであるように思われる。

注

(1) 丸山眞男「超国家主義の論理と心理」、『増補版　現代政治の思想と行動』未来社、一九六四年。
(2) 丸山眞男「軍国支配者の精神形態」同右所収。
(3) 鈴木由美「セクシュアル・ハラスメントの基本構造とその日本的特質」、鐘ケ江晴彦・広瀬裕子編『セクシュアル・ハラスメントはなぜ問題か――現状分析と理論的アプローチ』明石書店、一九九四年。
(4) 丸山眞男「超国家主義の論理と心理」前掲。
(5) 山下明子「性侵略・性暴力の歴史と構造」、山下明子編『日本的セクシュアリティ』法藏館、一九九二年。

（6）同右。
（7）源淳子「日本の貧困なる性風土」前掲山下編『日本的セクシュアリティ』所収。
（8）Lynda M. Glennon, *Women and Dualism*, 1979. 坂本佳鶴恵訳『フェミニズムの知識社会学』勁草書房、一九九一年。
（9）ポストモダズムとフェミニズム理論の関係については、以下の文献を参照。Linda Nicholson, "On Postmodern Barricades: Feminism, Politics, and Theory", edited by Steven Seidman & David G. Wagner, *Postmodernism & Social Theory*, Basil Blackwell, 1992.
（10）大越愛子「フェミニズムは愛と性を語れるか」前掲山下編『日本的セクシュアリティ』所収。
（11）同右。
（12）藪野祐三『近代化論の方法――現代政治学と歴史意識』未来社、一九九四年。
（13）「座談会　近代の発見」（『神奈川大学評論』一九九三年、一六号）における佐伯啓思の発言より。
（14）同右。

II

第II部では、自己決定に関わる論考を二つ収録した。

「自己定義権と自己決定権」は、ドロシー・スミス、キャロル・ギリガン、リンダ・グレノンなどの仕事の解釈を通じて、フェミニズムと「近代性」とのパラドキシカルな関係を何とか把握しようとしたものであり、本書のタイトル『フェミニズムのパラドックス』にもっとも深い関連性を持つ論文である。この論文で示されたことは、直接的には、「自己決定権」などのフェミニズムの政治言語は「近代主義」として理解されるべきではなく、「同じ言葉を使って全く異なることを語っている」ものとして読まれるべきだという認識であるが、それを論じる過程において見出された「女性の二重の消去」という認識は、「自己決定権」に関わる議論に限定されないより広い文脈を持っていると思う。

「自己決定をめぐるジレンマ」は、より具体的に「自己決定」に関連する主題を扱っている。この論考においても、先の論文において考察したこと、すなわち自己決定が問題になる状況においては必ず社会生活の水準において既に権力的関係が存在しているという認識が根底にある。そのことが、「ある決定を自己決定と見なすかどうか」という問題に関して複数の解釈可能性を生み、自己決定をめぐる議論を錯綜させてしまう。自己決定をめぐる解釈の場は、それ自体優れて「権力の場」となってしまうことが多いが、そのことには必然性があるのである。

自己定義権と自己決定権

――脱植民地化としてのフェミニズム――

1　はじめに

一九六〇年代の半ば、アメリカを震源地として台頭した第二波フェミニズム運動は、その社会的影響力の大きさにおいてだけではなく、社会科学等の学問に与えた影響力の大きさにおいても、圧倒的であった。特に社会科学に対しては、社会科学が社会的矛盾や社会問題を主題とするだけに、フェミニズムからの批判が集中した。社会的矛盾や社会問題に敏感でありその解決をめざすはずの社会科学が、なぜ女性問題について十分な主題化をなしえないままにこれまで展開してきたのか。フェミニズムの社会科学批判は、このような観点から、激烈かつ根底的であった。フェミニズムは主流の社会科学を批判する対抗勢力の中で、最大のものになりつつあると言ってもよいだろう。

本稿は、このようなフェミニズムの知識批判の意義を考察することを課題とする。男性中心主義や家父長制イデオロギー等の言葉によって展開されたフェミニズムの知識批判は、一体いかなることを提起し、いかなる課題を社会科学に投げかけているのか。それを明らかにすることは、時代のゆらぎのなかでの社会科学の位置を問う上で、さけることができない問いであろう。

特に本稿においてとりあげたい問いは、次のようなものである。すなわち、従来、フェミニズムの知識批判の意義に関し、それを近代性批判に求める説が提起されているが、それはどのくらい妥当なのかという問いである。確かにこのような見解は、以下の点において妥当である。

(1)フェミニズムの知識批判が、その内容として、近代においてもっとも正当とされる合理的科学的認識方法や、権利や義務という概念を使用してなされる近代的、普遍主義的な道徳に関する批判を含んでいること、(2)フェミニズムの知識批判が近代社会において全面化した専門的科学的知識による日常生活の統制への批判を含んでいること。しかし、他方においてフェミニズムは、普遍主義的な理念に基づく主張をも含んでいるのである。この近代性に対する異なる二つの位置のとり方こそ、近代という問題を、フェミニズムにとって一つのポレミークの場にしてきたのだ。したがって、フェミニズムの知識批判の意義を明らかにすることは、フェミニズムにおける近代主義と反近代主義の混在と矛盾という問題に対しても、一つの視角を提起することになる。

このような問題設定に基づき、以下においては、まず第二波フェミニズムの開始した時点において、なぜフェミニズムが知識批判に向かったのかを把握することにする。そこにおいては、女性のアイデンティティや自己認識に歪みがあることが提起されたのであり、それこそフェミニズムを知識批判に向かわせた最初の問題であったことを示したい。次に、このような問題がいかなる知識批判を導いたかを考察する。男性中心主義という言葉を使って提起された問題とは、一体どのような批判であったのか、ドロシー・スミスやキャロル・ギリガン等の論を中心に考察する。次に、このようなフェミニズムの知識批判を、近代性批判という観点から意義づける見解を検討する。パーソンズやハーバーマス等の議論と関連させながら、フェミニズムの知識批判を近代性批判として位置づける見解の妥当性を検討したい。最後に、このような考察をもとに、権利という概念を使用して行われるフェミニズムの政治と、フェミニズムの知識批判との関連について、自己定義権と自己決定権という観点から考えてみることにする。

2　名前のない問題

一九六三年アメリカで一冊の書物がベストセラーになった。ベティ・フリーダンの『女性の神秘』(1)である。これは、その後数十年にわたり先進資本主義諸国で展開する第二波フェミニズム運動の歴史において、そのきっかけを作った書物として、広く人々の記憶に残ることになる。フリーダンはその書物の中で、現代の中流の専業主婦の女性たちが「名前のない問題」に直面していると主張し、それを豊富なインタヴューや事例によって、説得力をもって明らかにした。

「名前のない問題」とは、後に「主婦ブルース」(2)等の言葉で広く認識されることになる、専業主婦たちの不充足感・疎外感・孤独感という問題である。しかし、ベティ・フリーダンがこの書物を出版した当時においては、このような感情はあるはずのない感情であった。なぜなら、彼女たちは女性としてもっとも理想的であるとされていた生活をしていたからである。女性は、その生物学的特性から、夫の良きパートナーとして、また子どもたちの良き母親として、生きることに、喜びと満足を感じるものなのだと考えられていた。このような社会通念は、女性性に関する心理学・精神分析・社会学などの専門的知識においても自明のものとされていた。したがって、もし女性がそうした生活に満足できないと訴えたとしても、それは彼女たち個人のパーソナリティ上の問題、すなわち性的アイデンティティの混乱という問題に、還元されてしまいがちであった。そして、そのような知識が一般化していることにより、あるはずのない感情をもってしまった女性は、それを訴えることが困難な状況にいたのである。名前のない問題とは、このような、社会的に定義が与えられていないゆえに、苦しんでいてもそれを表現することができない問題を意味した。

フリーダンは、このように名前のない問題と表現することで、女性たちの大きな共感をえた。もしこのような感情を持っている女性がけっして少数ではないとするのなら、それは個人の問題なのではなく、社会の問題であるに違いない。すなわち女性に、個人としての自己実現の機会を与えず、家庭役割のみを与える現代社会こそ、本当の問題であるに違いない。このように訴えることで、フリーダンは、性別役割分業そのものの否定等の主張をともなう第二波フェミニズム運動の成立のきっかけを与えたのである。女性に必要なのは、女性性を受容できるようになるための精神療法なのではなく、職業を持つことであり、男性同様の自己実現の機会を持つことなのだとフリーダンは主張し、女性の社会参加・職業進出等、男女平等をめざす改良主義的な女性組織ＮＯＷ（National Organization for Women）を結成していったのである。

しかしここでの問題は、このようなフリーダンの社会運動そのものにあるのではない。フェミニズムの知識批判という観点から重要なのは、フリーダンが直接に怒りをもって告発したことは、女性たちが自ら感じている感情が、その感情を持つこと自体社会通念や専門家によって否定的に評価されることにより、表現を抑制されてしまうということ、あるいは女性自身そのような感情を持っていることがわからなくなってしまうということである。そのような感情は、女性性に関する社会通念にも専門的知識にも反してしまうので、そうした感情を持つこと自体逸脱と判断される。実際、こうした感情を訴えた女性が得たものは女性性を受容できないというラベリングであり、精神療法であった。そしてこのような社会通念や専門的知識は、当該社会の成員である女性にも当然共有されており、したがってそうした感情は本人自身によっても逸脱と認知されがちであり、表現を抑制されてしまうのである。フリーダンが告発したのは、女性たちにとって、専門的知識の一部が、このように社会統制として作用しているということであった。このような問題こそ、フェミニズムを知識批判に向かわせた直接のきっかけであったのである。

3　フェミニズムの社会学批判
——ドロシー・スミスの場合——

フリーダンの書物に示されているような、女性自身の感情や自己認識の歪みに関する気づきは、第二波フェミニズムの運動に大きな影響を与えた。「個人的なことは政治的」、「女から女たちへ」等のスローガンは、このような気づきに基づくものであった。またコンシャスネス・レイジングといった方法論も、他の女性たちと話し合うことによって自分の問題を確認するために用いられた(3)。

けれども、このような運動に対する影響を越えて、フェミニズムはより洗練された知識批判を生み出していく。それは、学問的訓練を受けた女性たちによってなされた。このような知識批判の最初の集大成は、一九七〇年に出版されたケイト・ミレットの『性の政治学』(4)である。文学批評の博士論文として書かれたその書物において、ミレットは、文学だけでなく、人文科学・社会科学・生物学などがいかに男性中心主義的であるかを批判的に考察した。このようなミレットの試みは、近代においては、科学や学問こそが、もっとも重要なイデオロギー装置であるという前提によってなされている。ミレットによれば、それらの科学や学問は、女性と男性との間の性の政治の重要な要素なのである。

ミレットの『性の政治学』が一つのきっかけとなって、学問批判運動としての女性学運動が展開される。当時、アメリカにおいても、女性の科学者や研究者はけっして多くはなかった。同時にその地位や待遇は、男性に比較して明確に低い位置にいた。またフェミニズム運動に関心を持った女性研究者の多くは、従来学問的であるとして許容される研究テーマに、強い不満を持っていた。すなわち、それぞれの分野において従来許容されてきた範囲では、女性問題を十分に研究することはできないと考えたのである。これらのことが、女性解放のための学問としての女性学を生み出していく。

『性の政治学』は、いかに学問が男性中心的であるかということに関する告発の書ではあっても、男性中心主義という規定の内容についての内実は十分ではなかった。しかし一九七〇年代末には、女性学運動などの成果もあり、ミレットよりも洗練された形で、男性中心主義を定式化する試みが多く生まれた。それらは、従来の学問の成果を十分にとりいれながら、フェミニズムが問題にした男性中心主義がいかなるものであるのかをより精密に記述しようと試みている。以下においては、このような試みの例として、ドロシー・スミスの社会学批判をとりあげることにしよう。

ドロシー・スミスは、「女性のための社会学」(5)という論文において、フェミニズムの立場から従来の社会学のどこが問題なのかを論じている。直接に対象とされているのは、彼女の専門領域の社会学であるとはいえ、このスミスの社会学批判は、フェミニズムの知識批判の一つの典型的な主張、すなわち科学の客観性についての批判を含んでいる。このような意味において、この彼女の論文は、ここでとりあげるに値する内容を十分含んでいると思われる。

ここでの考察にとって興味深いことには、彼女はその論文をフリーダンとミレットの著作に言及することによって始めている。すなわちスミスによれば、この両者は、経験と、経験が社会的に表現される形態との間に分裂があることを明らかにしており、その分裂、断層こそ、最初に考察されるべき主題なのである。なぜなら、その断層は、女の役割と両性関係に関する価値、規範、信念のイデオロギー的性格を暴露するものだからである。フリーダンとミレットの著作は、そのような断層を示した点において共通点をもっていた。スミスはこの断層を呈示しえた点において、この二つの著作を高く評価する。なぜなら、それこそ、ボーヴォワールがなしえなかった第二波フェミニズム運動の活性化を、なぜフリーダンやミレットがなしえたかという問いに対し、回答を与えるものだからである。

では、スミスが分裂あるいは断層とよぶ、経験と、経験が社会的に表現される形態との間の裂け目はなぜ生れるのか。それをスミスは、「談論の世界」(6)による生活世界の支配として把握する。スミスにおいては、生活世界とは、私たちが直接経験する世界のことであり、私たちが身体的・社会的に位置づけられた世界として、談論の世界とは、書いたり話したりする言語実践の世界、特に時間を越えて残るような著作や研究業績として認められるような論文を書いたり、このような著作や論文を評価・批判したりする会話の世界として、把握されている。この談論の世界こそ、生活世界すなわち私たちが直接経験する世界に社会的な表現を与えるのに必要な概念や用語を提供するのだ。そしてそのような概念や用語は、我々が経験を考察したり表現したりする思考形式や表現様式を規定するのである。だからこそ、女性も、自らの経験を考察したり表現したりする時には、談論の世界が提供する概念や用語を使用せざるをえない。

けれども、そのような談論の世界は、女性を排除してなりたってきたので、そのような概念や用語を使用して経験を考察したり表現しようとすると、女性は自分自身を他者のように扱うことになってしまうとスミスは言う。「談論の世界は、女性の見知らぬ風景に関する基本的概念や用語を表示し、叙述し、供給する」、「私たちの社会のイデオロギーは、私たちが自分自身を外側からながめられた他者として扱うことを余儀なくさせるような思考形式、イメージ、表現様式をもたらしている」、「女性が自らを考察する手段は、自分の外側からもたらされたものであり、それらは女性を主体としてではなく他者として位置づけている」。したがって、女性たちは女性の抑圧について語ろうとしはじめた時、「何をどのように語るべきかを模索しはじめるにあたって、いったいどこからはじめればよいのかも、何を言わなければならないのかも、また語るためにはいったい何が必要なのかもわからぬまま出発せねばならなかった」。なぜなら談論の世界は、女性の経験に表現を与える概念もイメージも分析方法も、提供していなかったからである。

スミスは基本的に、このような談論の世界による生活世界の支配を、マルクスのイデオロギー概念に基づいて把握しようとする。ここでスミスが提示するイデオロギーという概念は、「支配エリートが無心の人々をあざむくために意識的に悪意をもつて構想し、唱導する理念としてのイデオロギー」ではない。むしろ、「直接的で共有されたものとして受けとられる世界を直接表現している思考の社会的形態」（スミスがいうところの生活世界）に対比される、他者によって私たちのために外側から形成された思考の社会的形態であり、知識階級とよばれる支配階級の一部分による思考形態を意味する。そのようなイデオロギーは、地域的（local）なもの、特殊的なもの、直接に認識されたものを、支配階級の利害、目的、展望と一致するような形態へと組織し、秩序づける役割をはたすのであり、その意味で支配階級のイデオロギーなのである。ここでスミスが直接にイメージしているのは、社会学等の学問や専門的知識のことである。それらは、基本的に、支配（経営・管理・組織・統制）する位置にある人々の関心に即して生産されているとスミスは言う。そうした支配という活動を行う人々は、世界をある特定の方法で認識する。彼らは同じような位置におり、似たような問題・経験・関心・利害を持つ人々と労働関係をとり結び、公式・非公式に談論集団を組織する。その談論の世界こそ、社会学その他の学問や専門的知識の生産に、主題や有意性(7)を提供するのだと。

このようなスミスのイデオロギー概念が、論理的あるいは学説的に適切なのかどうかという問題は、とりあえずここでのテーマではない。重要なのは、スミスが談論の世界に対しこのような外在的位置づけを与えただけではなく、その特定の思考形式を内容的に把握しようと試みていることである。すなわちそれは、地域的なもの、特殊的なもの、直接に認識されたものを、一般的抽象的な概念に変換する思考形式であり、認識者を自らが位置づけられている固有の世界に外在する抽象的認識者に変換する思考形式である。そのような思考形式によって、知識階級が生産する知識は、地域的なもの、特殊的なもの、直接に認識されたものにも適用されうる知識であるという要求がなされるのである。だからこそ、学問や専門的知識は、スミスの言う生活世界を支配する知識となる。

スミスの知識批判の方法は、このような知識形式に対して内容的な批判を行っていくのではなく、このような思考形式を可能にしている諸実践を記述していくことである。それは、文法的な主語が特定の個人をさし示さないような、また時間的空間的前後関係が特定の場をさし示さないような、言語実践により、可能とされている。「そこでは、『私たち』という言葉が普遍的性格を持つようになり、前、後などの範疇が、主体がこの世に占める身体的位置によって組織化されるのではなく、むしろ談論の時間的空間的構造によって組織化」される。「私」が特定の時間空間に位置する個人をさし示さないことによって、認識者は自らの特殊な位置をエポケーし、世界に外在する抽象的認識者となる。そのような抽象的認識者として、世界に生きる特定の他者を匿名化・非個人化する。また談論の世界における主題や有意性によって前後関係を組織化する結果、地域的特殊的な諸現象を概念のレベルで観察可能な現実に変換してしまう。

スミスはこのような言語実践が、それ自体、認識者が認識対象とする人々との間に特定の社会関係を作りあげる実践であることを強調する。しかも、そのような実践は、認識者と認識対象固有の主観性を棚上げするような実践であるゆえに、その存在が効果的に隠されてしまうような実践なのである。だからこそ認識者は自らを客観的で公平な観察者であるかのように呈示しうるのである。

スミスは、談論の世界において男性が女性に対して語る言葉は、このような言葉なのだという。

なぜ男性の言葉は一般的な位置から発せられるのだろう？　なぜ彼は単に権威とともに語るばかりでなく、ある特定の種類の権威、ある特定の形態の権威、つまり非人称的で一般的で事実的な権威をもって語るのだろう？　なぜ女性は女として、従って限定され、制約され、従属させられたものとして語るか、それとも男性としてあるいは中性化されたものとして語るかの選択しか残されていないのだろう。女性の主観性は、暗黙のうちに一般化された非人称的な権威に依拠していないのに対し、男性の主観性は、そうした権威に依拠しているのである。

ドロシー・スミスは、このような考察を社会学という彼女の専門分野にそのまま適用する。社会学もまたイデオロギー構造の一部であり、「その主題と有意性は、男性の視点によって組織化され、男性の視点を表現している」。既存の社会学は暗黙に、支配装置とスミスが呼ぶところの、専門的・行政的・管理的・経営的装置に適合的な主題に、その概念・方法・有意性・主題を適合させている。女性は、そのような支配装置の外に位置づけられていた。すなわち、女性たちは、「社会学が閉じこめられている専門的・行政的・管理的・経営的装置の活動に発言権をもって参加していなかった」。したがって社会学の話題、主題、問題状況、有意性、概念づくりを維持している社会学的談論の世界において、女性の経験は、主題にも話題にもならなかった。また、「社会学の分野での影響力ある地位から女性が文字通り排除されていたことによって」、女性たちは「ごく最近まで社会学的談論に話題も主題も提供できなかった」。社会学的な談論の世界こそ、十分に有能な成員としてそこに参加できるのは誰かを決定するのであり、しかもその資格判定の基準も、談論の世界における主題や有意性によって決まってくる。女性の経験を社会学的主題にしようと思う女性は、そもそも社会学的談論の世界から女性という理由によって排除されているゆえにそれをなしえないばかりではなく、彼女の研究が社会学的主題や有意性という基準からは高い評価を受けにくく、したがって彼女が十分に有能な成員としての資格を認められにくいゆえに、それをなしえないのである。

社会学が女性の経験を排除している例としてスミスが挙げるのは、次のような例である。社会学において従来主流であった合理的行為者モデルは、「組織的人間あるいは官僚的人間から抽出したモデル」であり、もし「女性が世界をどう経験するかということから出発するならば」、このようなモデルは選択されなかったであろうとスミスは言う。なぜなら、「一般的に女が毎日行う仕事の手順や日常生活の編成のされ方は」、このような「主意主義」的モデルとは一致しないからである。このようなモデルに基づいて社会理論を構想し、それ以外の行為様式を残余として扱う社会理論（スミスはパーソンズを例として挙げている）は、「研究主題を決定するにあたって……自ら前提する制度化された境界の輪郭にいとも簡単に従ってしまっている」と。また、社会学が、家族社会学・産業社会学・科学社会学などの「諸下位領域」に分割されていることも、女性の経験の主題化を困難にする。なぜなら、それらの下位領域は、官僚的・行政的・管理的装置に即して整序されているからであり、「女性の状況や経験にまつわる現象は、制度的諸局面の外側ないしはそのはざまに位置する」からである。それらの下位領域に女性を分割してしまうことは、女性の経験の主題化を不可能にするのである。

スミスは、この論文で確立された視点によって、社会学テキストや会議や討議の場における言語実践を詳細に分析する研究を、その後多く発表している(8)。そのような研究においては、人称や指示代名詞の使用法に焦点があてられている。たとえば、会議や討議の場においては、その会議の場という具体的場をさすのではない、「今」「ここ」「我々」等の言葉の使用法が頻出する。それらは、談論の世界の時間空間構造をさし示しているのだ（例えば「今」とは社会主義国家の崩壊後を、「ここ」とは先進資本主義諸国を、「我々」とは社会科学者をさし示したりする）。このような言葉の使用によって、話者は自らを具体的な身体をもたない抽象的認識者にしたてていく。そしてそのことは、そのような談論の世界に参加していない（排除されている）人々を認識対象の位置におくという実践なのである。社会学における女性の客体化も、このような実践の効果としてある。女性が談論の世界から排除されている限り、「どのような方法で社会学を研究しようと、女性は研究の客体にとどめられたまま」なのである。むろん談論の世界に単に参加するだけでは何も変わらない。参加することによって、客体化された主体としての女性の経験を、社会学的主題にしなければならない。すなわち、スミスにとって女性を社会学に主体として参加させよというフェミニズム的主張は、単に女性の地位向上をめざす運動なのではなく、社会学に対し客体にさせられた主体のまなざしをなげかえし、認識者の現実の固有な位置を宙にうかせたまま社会や社会関係や人間を考察する社会学的様式への反省をせまる運動なのである。

以上、スミスの社会学批判を概略した。このようなスミスの分析に対して、批判を加えることはたやすい。スミスは生活世界を直接に経験される世界として規定し、抽象的概念様式である談論の世界と対比しているけれども、直接に経験される世界の思考形態もまた概念を含んでいるのであり、そのような区別を十分維持しうるのかに関しては疑問がある。また、抽象的概念様式への批判であるスミスの論文自体、難解な概念を使用して表現されているのであり、もしスミスが抽象的概念様式自体を顚覆することをめざしているのなら、そこには矛盾があることになる。また、「今」「ここ」「我々」などの言葉で身体が位置する具体的場以外をさし示すこと自体を、支配の関係として否定するのなら、フェミニズムという運動自体も、あまりにも多くのものを失わざるをえないだろう。フェミニズムもまた、同様の「今」「ここ」「我々」などの言葉の使用法に依拠することで成立している運動であるからである。また、スミスの論における物象化論的な響きをもつ記述（スミスの記述を、本源的世界としての生活世界が談論の世界によって物象化されているという主張として読むこともできる）と、ポストモダン的な響きをもつ記述（スミスの記述を、談論の世界や学問的態度の脱構築として読むこともできる）との間に、矛盾やズレを指摘することも可能である。しかし、これらすべての難点にもかかわらず、スミスの論には、耳を傾けるべき指摘がある。

それは、社会学などの知識生産の場が、どのようにして女性の経験を排除してきたのかに関するスミスの指摘であり、そのような知識生産の場において生産された知識がどのような効果を女性にもたらしたかに関するスミスの指摘である。ミレットが男性中心主義や家父長制などの言葉で指摘した、学問や専門的知識のイデオロギー的性格を、スミスは知識生産という場に内在する問題として提起する。それは男性の学者たちが、女性を支配するという利益動機に基づいて学問や専門的知識を生産してきたなどということを主張しているのではない。学問や専門的知識の生産の場における主題・概念・有意性・問題状況に即して知識生産を行う限り、それらの知識が必然的におびてしまう傾向として指摘されているのである。しかも個々の知識生産者（男性であれ女性であれ）は、知識を学問や専門的知識として生産する限り、個人の動機いかんにかかわらず、そうした主題・概念・有意性・問題状況を前提としないわけにはいかないのである。なぜなら、それらこそ、個々の知識が、社会学などの学問的専門的知識であるかどうかの判定基準を提供しているからである。

社会学などの学問は、何が社会学的（学問的）であるのかについての基準それ自体、自ら定義するような自己言及装置を備えている。社会学的研究に主題・概念・有意性・問題状況を提供する談論の世界こそ、そのような自己言及装置である。それは、そこに参加できる「有能な成員」をそこでの主題・概念・有意性・問題状況を基準として選択することによって、政治や宗教等の他の制度からの自律性を確保している。それこそ、学問の自律性を確保するものなのだ。しかしまさにその自律性を可能にしているものこそが、学問的談論の世界を男性中心主義的にする。なぜなら、学問的談論の世界における主題・概念・有意性・問題状況は、女性の経験を排除して成立しているからである……。スミスは、「男性中心主義」や「家父長制的」などの言葉で呈示されたフェミニズムの知識批判を、動機還元的な議論から、このような学問や専門的知識の生産に内在する問題に関する議論に転換したのである(9)。

4　フェミニズムの道徳言語批判
――キャロル・ギリガンの場合――

ドロシー・スミスの「女性のための社会学」が、固有な場と身体を持たない抽象的認識者として、現実を抽象的概念様式に変換してしまう社会学等の近代経験科学の方法論に対する、フェミニズムの立場からの批判であったとすれば、キャロル・ギリガンの『もうひとつの声』(10)は、普遍的公正さを原則とする近代法や近代的道徳の言語に対する、フェミニズムの立場からの批判として位置づけることができる。

むろん、スミスと比較すれば、ギリガンの立場はより既存の学問に即したものである。スミスが既存の社会学に対し、女性を客体にしてしまうようなその方法論自体に異議を申し立てているのに対し、ギリガンは自分の研究をあくまで心理学における既存の道徳性の発達研究のながれの中に位置づけている。このことは、ギリガンが使用する「私たち」が、あくまで心理学者を意味する「アカデミック・ウィ」であることに、明瞭に現れている。スミスの論文においては、「私たち」とはフェミニストあるいは第二波フェミニズム運動を経験した女性たちをさし示しているのであるが。

しかしそれにもかかわらず、ギリガンの研究は、フェミニズムの立場からの知識批判の一つのあり方として位置づけることができる。なぜならギリガンはその研究を、「心理学研究のなかでも重要な位置にある発達の研究が、つねに女性の声を無視してきたという事実」があるという認識に基づいて、行っているからである。「我々は何世紀にもわたって、男性の声と男性の経験中心の発達理論に耳を傾けてきたので、女性の沈黙にも、また彼女たちの語っていることが何であるのか聞くことの難しさにも、最近にいたるまで気がつかなかった」。ギリガンは、このような心理学の発達研究の男性中心主義に対する批判として「もう一つの声」（女性の声）を聞くことを主張する。それは、女性の経験とその経験が社会的に表現される形態との間にある断層に気づき、女性の経験を表現する言葉を求めるフェミニズムの知識批判と同じ試みとして、位置づけることができるのだ。

ギリガンの研究はよく知られているので、その内容についての詳しい紹介は省くことにしよう。それは、コールバーグの「道徳的判断の発達に関する六段階説」に対する批判として展開されている。ギリガンは、コールバーグの説では、女性の発達は第三段階どまりとなっていることに疑問を感じ、コールバーグの説がもっぱら男性を対象としたものなのに、それが女性をも含めた人間一般についての道徳的判断の発達の理論として提起されていることを問題にする。そして、コールバーグの説が基づいているところの公正さにかかわる道徳の概念、権利に重きをおいた他人の権利不侵害の道徳の概念とは異なる、もう一つの道徳の概念があると提起する。それは責任と人間関係を中心にする道徳、「責任と思いやり（care）の道徳」であると。女性たちの多くは、この後者の道徳概念に基づいて道徳判断を語っているのであるが、その道徳判断の言語を、権利の道徳概念に基づく発達理論からみると、それは男性よりも低い発達段階にあるものとして位置づけられてしまう。それどころか、女性の道徳判断の言葉は、支離滅裂な理解不可能なものとして位置づけられてしまうのだ。けれども権利の道徳を唯一の道徳概念とするのではなく、もう一つの「責任と思いやりの道徳」という道徳概念がありうることを考慮にいれて女性が語る道徳判断の言葉を考察すれば、そこには別の発達段階があり、道徳判断の高度化もあることがわかるのだと、ギリガンは言う。

では、ギリガンが言うところの「責任と思いやりの道徳」とはどのような道徳か。それは、公正さにかかわる道徳、普遍的正義の原理に基づく道徳と対比される「人間関係の維持」「結びつきという指導原理」に基づく道徳であるという。公正さにかかわる道徳においては、あらゆる理性的人間が同意できるような、客観的にみて公平かつ公正な判断こそ求められるべき判断であるのに対し、「責任と思いやりの道徳」では、世界に対して責任があることを前提に、葛藤する複数の責任の間でもっとも（他人あるいは自分を）傷つけない判断こそ求められるべき判断となる。権利に重きをおく道徳は、結びつきよりも分離を強調する点において、また人間関係よりも個人を第一義的なものとみなす点において、責任に重きをおく道徳とは異なっている。前者が人間関係を規則に従属させる道徳であるのに対し、後者は規則を人間関係に従属させる道徳であり、したがって前者が普遍的合理的であるのに対し、後者は文脈依存的である。したがって、普遍的な公正さの原則を自らが選択できること、そしてその選択した原則を維持することを道徳的であるとする権利の道徳の観点からすれば、文脈依存的な「責任と思いやりの道徳」概念によって語られる女性の道徳判断は、原理に基づかない不十分な道徳判断とされてしまう。

けれども、かかわりがある人々への責任を前提とする「責任と思いやりの道徳」が文脈依存的であるのは当然であり、しかもその「責任と思いやりの道徳」による判断もまた、複数の責任の葛藤というジレンマを解決し、人間関係を維持するという原則に基づいて自分も他者もよりよく生きうるような選択を可能にする。それは、人間関係における葛藤の解決へ十分な指針となる思いやりについての思慮深い理解にまで至りうるのである。もし女性のそのような道徳判断の質を把握できずに不十分な道徳判断としてしか理解できないのなら、それは適切ではないとギリガンは言う。

以上、ギリガンの研究の概略を示した。以下においては、このようなギリガンの研究をフェミニズムの知識批判という観点から、考察しよう。

ギリガンの研究を「女性には男性と異なる固有の道徳がある」という主張を行うものとして読むならば、それは疑問が多い主張といえるだろう。ギリガン自身、自分の研究に関して、それは「男性女性という性別に関する一般化を行うものではな」く、二つの道徳をそれぞれの性別に固有のものとして割当てるものではないと明確に述べている。しかし、それにもかかわらずこのギリガンの研究は、男性／女性という性別と明確な関連性を持つ。なぜならギリガンは、発達心理学という彼女の専門分野での女性の扱い方の非一貫性をテーマとしているからであり、この書物はそのような知識批判として読むことができるからである。

ギリガンは、くりかえしくりかえし「心理学の理論家たちもまた……知らず識らずのうちに男性の生活を規範として受け入れて、女性を男性という生地からつくりあげようとしてきた」と述べる。それは、フロイトにおいても、ピアジェにおいても、エリクソンにおいても、コールバーグにおいても、みることができるとギリガンは言う。たとえば、それは、男性あるいは少年のみを対象として研究を行って出した仮説を、人間一般に関する発達理論として定義すること、あるいはそのような仮説が女性にはあてはまらず男女差が存在することを認識しても、仮説そのものは変更しないままに、男女差を女性の特殊性として位置づけてしまうこと等に現れているとギリガンは言う。

それだけではない。ギリガンが指摘しているより重要なことは、これらの理論においては、「伝統的に女性の『善さ』とされてきた特徴こそが……同時に女性を道徳性の発達において欠陥ありとするしるしになっている」ということである。ギリガンが問題にする発達理論において、女性は公正さや普遍的正義という道徳概念に基づいて道徳判断を行わないゆえに、男性よりも道徳的に劣る存在として規定されている。けれども現実の社会の中で女性が非難されるのは、むしろこのような公正さや普遍的正義に基づいて道徳判断を行う時なのだ。それは、女性が男性と同様の権利を求めて（それは普遍的正義を志向する道徳判断に基づく）運動した時、女性たちが被った非難が利己主義というものであったことに明白に現れている。自由を求めて闘う女性は、人間関係のなかでの責任を放棄するのではないかという疑念から利己主義というレッテルを貼られたのだ。

ギリガンはジョージ・エリオットとマーガレット・ドラブルという二人の小説家の作品をとりあ

げ、「この二つの小説は共に、利己的な判断をする女性が受ける持続的な圧迫感と、自己犠牲の道徳を描いている」と述べ、「婦徳は自己犠牲にありとする考え方が、道徳上の善の問題と、成人の責任と選択の問題を、対立的なものとし、女性の成長の道を複雑にしてきた」のだとまとめている。ここでギリガンが問題にしていることは、女性には固有の道徳があるというよりも、むしろ、女性たちがその判断を評価されてきた道徳概念は「権利の道徳」「公正さにかかわる道徳」ではないということである。女性の判断は、伝統的に無責任、利己主義、自己犠牲などの言葉で評価され、すなわち「責任と思いやりの道徳」の概念で語られてきた。したがって、「公正さにかかわる道徳」の言葉で自己の権利を主張する時ですら、女性たちは無責任、利己主義などの女性に対して適用される道徳概念によって、非難されたのだ。けれども、「公正さにかかわる道徳」を道徳発達の基礎におく発達理論は、女性が現に自らに適用されている道徳概念（責任と思いやりの道徳）によって判断を行うことそれ自体を、男性よりも道徳的に劣ることを示す証拠として採用してしまう。

このギリガンが指摘する「パラドックス」は、第二波フェミニズム運動において語られてきた「名前のない問題」、あるいは「断層」と、どう関連するのだろうか。フェミニズムの知識批判において語られていたのは、認識における男性中心主義という問題であった。その男性中心主義的認識は、二重の意味で女性を消去する。まず、女性たちがいかなる社会的条件の中で生きてきたのか、またそれをどう経験してきたのかということを無視する、あるいは主題化しないという点において。次に、そのような社会的条件のもとで、またそこにおける女性の経験に基づいて、形成されてきた女性たちの価値判断や道徳判断や事実判断の能力を、男性基準によって低く評価するという点において。このような認識における二重の消去によって、女性たちはまさに女性になる。すなわち、自らの社会的位置や社会的条件、あるいはその経験によってではなく、生物学的性別によって、そもそも男性とは異なる判断能力を持つ存在として規定される。女性たちは、まず自らが置かれた社会的状況や環境を認識しあるいはその経験を表現する手段を奪われ、次に自分自身の判断能力をも否定され、本来男性とは異なる存在として、位置づけられる。女性が本来男性とは異なるとすれば、女性が語る経験や問題が男性とは異なるとしても、なんら問題ではない。男性の認識を普遍的認識として維持して一向にかまわない。そもそも女性はその生物学的属性において男性基準に達しないのだから。またしても循環が形成される。このようにして、女性たちの経験は消去されてきたのである。

フリーダンが指摘した名前のない問題とは、専業主婦であることが女性の幸福と規定する社会の中で専業主婦の女性たちの実際の自らの生活経験に基づく感情が、男性専門家たちによってパーソナリティ上の病理として否定されてしまうことを問題にしていた。スミスの社会学批判は、社会学が女性の経験を主題化しないこと、そしてそのことによって女性社会学者が談論の世界において影響力を持つことができないことを問題にしていた。これらの論には、女性の生活条件や経験の無視と、それらに基づいて形成されてきた女性の判断能力の否定的評価という、二重の消去を問題にする視角を、明確に見出すことができる。

ギリガンの「パラドックス」も全く同じ問題を指摘していると位置づけることができる。すなわち、心理学者たちは、女性たちが社会の中で現実にどのような位置に置かれどのような道徳的評価を受けているのかを無視し、またそこにおける女性たちの経験を無視し、彼女たちの語る言葉を男性を基準として作られた発達理論によって評価してしまうのだ。だからこそ女性たちの声は、聞かれないままにとどまっていたのである。ギリガンの「パラドックス」とは、女性の経験を無視し、またそのことによって女性を道徳的判断において劣る存在として規定してしまう、心理学における男性中心主義を批判するものであった。そしてそれこそ、女性たちの経験や表現を混乱させ、女性にダブル・バインド状況を強い、フェミニズムを含めた女性運動に深刻な対立を生じさせてきたものなのである。

このような「パラドックス」を解決する方向としてギリガンが見出したのは、道徳概念そのものの相対化と、「責任と思いやりの道徳」概念をも人間一般に関する道徳概念として承認することを要求するという、より穏健な道であった。しかし、その要求は、けっして「責任と思いやりの道徳」を女性固有の道徳概念として認めよということでも、女性の道徳判断はその道徳概念に基づくべきだという要求でもなかったことを、くりかえして強調しておかなければならない。それはあくまで、女性たちの語る言葉に耳を傾けることができる学問の構築を要求してなされていたのである。

5　近代性批判としてのフェミニズム

　以上、スミスとギリガンの知識批判を考察してきた。もしフェミニズムの知識批判にこのような読みを与えるならば、フェミニズムの認識とは、男性中心主義からの脱却を求めるものとして定義できるだろう。スミスの言い方を借りれば、それは女性の「生活世界を問題状況とみなす」ような認識、すなわち「女性の生活世界における経験に根差した問題」が主題や有意性であるような認識を求めるものなのである。

　では、一体このようなフェミニズムの知識批判の意義はどこにあるのか。このような問いに対する従来提起されたもっとも有力な解答は、近代性批判としてのフェミニズムの位置づけだろう。すなわち、工業化と官僚制化という近代化の過程において、否定され抑圧され支配されてきた感情・情緒・具体性・身体・地域性・個別性等の復権にこそ、フェミニズムの知識批判の意義があるのであり、フェミニズムとは「近代のテクノロジカルな社会」に対して全面的に拒否する運動なのだという見解である。

　確かに、このような見解には一定の妥当性がある。スミスは、社会学的談論の世界が「専門的・行政的・管理的・経営的装置」に適合的な主題や有意性を形成しており、そこでは女性の経験は排除されてしまうという。このスミスのいう「専門的・行政的・管理的・経営的装置」とは、工業化と官僚制化によって生じた機能集団に対応するものであることは明らかであろう。したがってスミスの論を、近代性批判として読むことにも一定の妥当性があるのである。けれども、フェミニズムの男性中心主義批判は、近代性批判に回収されるものなのだろうか。以下においては、このようなフェミニズムの知識批判の意義を近代性批判に求める見解の妥当性を検討してみたい。

フェミニズムの知識批判の含意に「近代―反近代」という問題を見出す代表的論者は、L・グレノンである(11)。グレノンは、フェミニズムを近代のテクノロジカルな社会がつくりだした意識の危機に対応するものとして規定する。彼女によれば、「性差別主義と男性優位主義は、近代社会全体に広がっている二元主義の危機の表現形にすぎ」ず、したがって「フェミニズムの出現は、近代性によって生み出された危機への反応として理解されねばならない」という。すなわち、性差別主義や男性優位主義が本当の問題なのではなく、現代のテクノクラティックな社会における、「手段―表出」ジレンマとグレノンが呼ぶところの二元主義こそが問題なのだとグレノンは規定する。「手段―表出」ジレンマとは、社会生活を公的領域と私的領域に分割し、自己存在を手段的自己と表出的自己に分割するような二元主義が貫徹している社会において、この二つの世界に引きさかれた個人が直面するジレンマである。「仕事と家庭」「精神と身体」「理性と感情」等の二項対立は、この二元主義のあらわれである。男性と女性も、二元主義により分割される。すなわち男性は、手段主義的パーソナリティを形成するよう、また手段的役割を担うよう社会化され、女性は表出主義的パーソナリティを形成するよう、また表出的役割を担うよう社会化される。男性と女性という対立は、本当の対立ではなく、「手段―表出」こそが、本当の対立なのである。

では、男も女も近代社会において等しく「手段―表出」ジレンマに直面しているはずなのに、どうして女性のみがフェミニズム運動を展開しこのジレンマに挑戦したのか。このような問いに対しグレノンは、女性が、男性よりもより境界性を強く経験せざるをえない位置にあるからという解答を答える。「近代的生活は、手段的精神の支配によって特徴づけられ」ており、「手段的＝公的領域が表出的＝私的領域を凌駕するというヒエラルヒーをなしている」。したがって表出性に位置づけられた女性に対しても、手段的精神は支配を及ぼすが、その逆は言えないのである。女性は、職場等の公的領域においては、その表出性ゆえに男性と対等に処遇されず、女性が位置づけられている家族など私的領域においても、手段的＝公的領域が表出的＝私的領域を凌駕するという近代的生活の特徴により、男性成員（夫）や高度に分化した専門的サーヴィス機関の専門家たちの、手段主義的統制を受けざるをえない。したがって、手段主義を上位に置く近代社会において、表出性を割り当てられた女性は、男性よりも二元主義のジレンマに気づかざるをえない位置にある。

すなわち手段的精神の支配は、女性に境界性の経験を与える。フェミニズムは、まさにこのような二元主義がもたらす社会の亀裂と、そこにおいて境界性を経験せざるをえない女性の危機の意識に対応していると、グレノンは言う。「伝統的な社会の消滅によって、社会生活の構造は『全体性』を失っている。社会の典型的パーソナリティは、行使の領域の分裂において、もっとも劇的にこの二元性を反映している」、「フェミニストたちは、『狭間にとらえられている』ことで、近代の問題がよく見える地点にいる」のであり、「私的＝表出的自己や、公的＝手段的自己との二元主義に挑戦することで、近代の危機の根底にせまる」今日において、「もっともラディカルな社会運動」なのであると。

グレノンは、フェミニズムに対するこのような把握に基づいて、フェミニズム運動の内部に、手段主義・表出主義・統合主義・二極主義の四つのタイプを見出す。けれども、この四つのタイプが現実のフェミニズム運動において同じ程度に見出せるわけではない。例えば、手段主義は、ステレオタイプ化されたフェミニズム・イメージであるにもかかわらず、現実にはフェミニストにもっとも選択されないタイプであるとグレノンは言う。すなわち、現実のフェミニズムは、手段主義という理念型と比較すると、より表出主義的な傾向を持っていると指摘する。

このようなグレノンの指摘は、これまで考察してきたスミスやギリガンの論においても確認することができる。すなわちそれらの論は、グレノンの「手段―表出」ジレンマという図式に従えば、より表出主義的であり、すなわち反近代的である。このことを、グレノンが使用したパーソンズのパターン変数によって確認してみよう。

以下において近代性とは、近代化論においてより近代化された項に与えられる性質を、「近代化論」とは、社会学的伝統に従ってゲマインシャフトからゲゼルシャフトへの移行として近代化を把握する論を意味する。周知のようにパーソンズは、このような「近代性」は、五組のパターン変数によって分析できると主張した。パターン変数とは、個別主義対普遍主義、属性主義対業績主義、無限定性対限定性、感情性対感情中立性、集合体志向対個人志向という、それぞれ対立する価値判断軸を意味し、近代化とは、それぞれの組において前者から後者に移行することと規定したのである。

スミスの論は、社会学者と、社会学者が対象とする社会成員との関係という、限定された社会関係にのみ言及している。しかしそれにもかかわらず、そこにおいてスミスが問題とするものは、上のようなパターン変数によって分析可能である。このような分析をスミスに与えること自体、スミスが言うところの支配の関係であることは明らかであるが、そのことを承知の上で、確認作業に入ることにしよう。

スミスは、社会学的認識活動が「専門的・行政的・管理的・経営的装置」に適合的な主題や有意性に基づいて行われていることを問題にする。そして、自らを固有な場における固有な身体を持つ存在ではなく抽象的認識者にしたて、また社会成員を地域性や特殊性をもつ存在としてではなく、抽象的概念に変換してしまう思考様式こそ、支配の関係として、規定されていた。したがって、女性のための社会学とは、社会学者が社会成員とそのような支配の関係にない社会学、すなわち社会学者が自らの身体性や固有の場を消去せず、主観性や感情を排除しないような社会学、さらにいうならば、認識という「限定された」目的のみを志向するのではないような社会学こそがめざされていた。このようなスミスの論は、パターン変数を使用して記述するならば、個別的なものを普遍化してしまう思考様式への、感情中立的客観性を志向することによって社会成員への感情的・主観的関与を否定してしまう思考様式への、認識という限定的関与しか社会成員に対して行わない思考様式への、すなわち近代性への批判として、位置づけることができる。

ギリガンの論においては、そのことはより容易に見てとることができる。ギリガンが問題にするのは、普遍主義的道徳、個人志向的道徳を唯一の道徳概念として置いてしまうことである。女性たちが語る道徳言語が依拠している道徳概念は、そのような公正さにかかわる道徳、権利の道徳ではないとギリガンは言う。そして、女性たちの語る道徳言語に「責任と思いやりの道徳」を見出す。その道徳は、人間関係を維持することを指導原理とするような、文脈依存的な道徳である。パターン変数によって記述すれば、普遍主義的道徳に対して個別主義的道徳が、個人志向的道徳に対して集合体志向的道徳が対比されているのである。したがってこのギリガンの論からも、近代性に対する批判を読みとることができる。

このようなフェミニズムに内在する近代性に対する根強い批判は、ハーバーマスの論と対比することによっても見出しうる。

周知のようにハーバーマスは、人間の行為を労働と相互行為という二つの形式において把握するという基本的視点に立ち、合理性においても手段的合理性とコミュニケーション的合理性を区別する。そして、近代化過程における合理化においても、この二つの合理性による合理化過程を区別し、手段的合理化がコミュニケーション的合理化を不釣合なまでに支配することに、近代化の矛盾を見出す。そしてシステムによる生活世界の植民地化に抗するために、コミュニケーション的合理性の潜在的な力を承認するよう主張する。

このようなハーバーマスの立場からすれば、合理的討議こそ、生活世界の植民地化に反対するために擁護されるべきであり、手段的合理化による官僚制や自然破壊の進展といった近代化に反対するからといって、退行的に反近代の立場にたち、コミュニケーション的合理化の潜在的な力をも否定するべきではないのである。そして、このような「コミュニケーション的合理化」とは、ピアジェの発達心理学における自己中心的に維持されている世界観の脱中心化として、あるいはコールバーグの道徳発達理論における普遍的公正さに基づく道徳の獲得として、描かれるのである(12)。

確かにハーバーマスの生活世界の植民地化という論には、スミスの論等と呼応する面がある。先に見たように、スミスが問題としている「専門的・行政的・管理的・経営的装置」すなわち支配の装置とは、ハーバーマスのシステムに対応すると考えてよい。

けれども先に見たように、スミスやギリガンが女性の経験や女性の声を排除していると批判を向けるところのものは、他者を利用することを志向する手段的合理性であるというよりむしろ、個別的なものを普遍化する思考様式や、普遍的公正さに基づく道徳等、ハーバーマスが擁護するコミュニケーション的合理性における近代性にこそあるように思われるのだ。すなわち、スミスやギリガンは、コミュニケーションにおいて普遍性や合理性に基づいて議論がなされること自体に問題を見出しているのに、ハーバーマスはそこにこそ生活世界の植民地化への抵抗の可能性を見出しているように思える。このような対立の構図は、コールバーグに対するハーバーマスとギリガンの位置のとりかたの相違において、明瞭に見てとれる。ギリガンが批判したコールバーグの道徳発達理論を、ハーバーマスはほとんどそのまま自分の論の論拠として使用しているのである。

このスミスやギリガンとハーバーマスの相違は、まさに両者の近代性に対する位置のとりかたの相違によるものとして解釈可能である。T・マイセンヘルダーは、ハーバーマスの理性の記述には、リアリティを、知性と感情、頭と心、精神と身体などの本質的二元性として記述する傾向、またこの二元性のうち、前者を後者より優越するものとしてみる傾向があり、その点において家父長制的合理主義と共通するという。そしてこのようなハーバーマスの理性概念は、感情や情緒を欠いていると批判する。したがって、「ハーバーマスは、男性により学ばれ遂行されてきた思考法を、女性により学ばれ遂行されてきた思考法よりも、理論的実践的に優越するものとして賞揚する」のであり、家父長制的であるという(13)。このマイセンヘルダーのフェミニズムの立場からのハーバーマス批判を、手段―表出図式によって位置づけるならば、ハーバーマスの手段主義対フェミニズムの表出主義という解釈が得られよう。

また、M・ジェイは「ハーバーマスの議論は、その意図にもかかわらず、合理的再構成および討議による正統性の検証という二つのものを強調することで、客観的には、こうした活動のための資質を十分に備えた人間を重視していることになるのである。文脈に依存しない『精密コード』――そこでは正当化は討議的に評価される――と文脈に依存する『限定コード』――そこには信念に対する反省的な正当化は存在しない――という社会言語学者バジル・バーンスタインが行った周知の区別を認めるなら、二つのコードのうち前者を高く評価するというハーバーマスの姿勢が示唆するのは、ある集団を他の集団に対して特権化するという戦術であろう」(14)と述べる。グレノンは、この精密コードと限定コードという言語使用の二つのコードを、それぞれ手段主義と表出主義に対応するものとして位置づけている。

そうであれば、ハーバーマスとフェミニズムの相違を、手段—表出、近代—反近代として読むことは、可能であるように思われる。この読みを前提とするならば、マイセンヘルダーのようなフェミニズムの側からハーバーマスを家父長制的と規定するハーバーマス批判が生まれるだけでなく、ハーバーマスの側にたってフェミニズムを退行的に反近代の立場にたっていると批判するフェミニズム批判も十分ありうるだろう。ハーバーマスにとって、新しい社会運動とは、生活世界の植民地化に対する抵抗運動として定義されるのであり、フェミニズムに対する彼の高い評価は、それが普遍主義的性格を持っているという点にこそ、基づいているからである。

以上、主としてグレノンに依拠して、スミスやギリガン等のフェミニズムの知識批判を近代性批判として位置づける見解の妥当性について確認してきた。以上の作業において、スミスやギリガンの論のなかに、近代性批判と解釈できる内容が含まれること、またハーバーマスとの比較においても、コミュニケーション的合理性に基づく近代化を擁護するハーバーマスに対し、フェミニズムはむしろそのコミュニケーション的合理性の家父長制的な特質をこそ問題にしているという点において、近代性批判の側にたっていることを確認した。

しかし、このような確認作業が、フェミニズムの知識批判を近代性批判として位置づける見解にある程度妥当性があることを示すとしても、フェミニズムの知識批判を反近代主義として理解してしまってよいのだろうか。以下においては、これまでの作業をむしろ批判的に考察する形で、フェミニズムの知識批判における近代性批判の含意をより明確にすることを試みたい。

6　脱植民地化としてのフェミニズム

先に見たように、確かにフェミニズムの知識批判には根強く近代性批判が存在する。けれども、フェミニズムの近代性批判の含意を、近代主義に対立する反近代主義の賞揚として把握してしまうとするなら、フェミニズムの知識批判の意義を適切に把握することにはならないであろう。なぜなら、そのような把握においては、フリーダンの「名前のない問題」、スミスの「断層」、ギリガンの「パラドックス」といった問題に、適切な位置を与えることができないからであり、それらの問題こそフェミニズムの知識批判に連続性を与えている問題であると思われるからである。

確かにそれらの問題においては、女性の主観性や感情が無視されてきたことへの怒りも存在する。けれども、同時にそれらの問題においては、女性の経験が、専門家や科学者によって、感情的、主観的といったレッテルを貼られ、それゆえに無視されてきたことへの怒りも表明されているのだ。この二つの問題は同じではない。もし前者のみが問題とされてきたのならば、それは、表出主義的価値観に還元することもできよう。すなわち、フェミニズムは女性の経験に基づいているだけに、より表出主義的な傾向をもっている。だから普遍主義や合理性に対する拒否感が強いのだという把握をしても間違いではなかろう。

しかし、後者の問題は、このような解釈や把握を許容しない。それは、むしろ普遍主義や合理主義の観点から、その不徹底を問題にする視点だからである。すなわち、普遍主義や合理主義が約束している客観性や公正性といった価値に照らして、それらの思考様式が現実に女性の経験に対して果たしてきた役割をみた時、その偏向性や不当性（男性中心主義！）を問題化する視点であるからである。だからこそ強い怒りの感情を伴う告発がなされうるのである。そのような告発をフリーダンやスミスやギリガンに見出すからこそ、彼女らの「知識批判」が持つ社会科学への衝撃力が理解できるのである。フェミニズムは、単に普遍主義的な社会科学的理性が感情や情緒を無視することを批判しているのではなく、社会科学的理性が約束していた客観性や公正性が、結果的に女性に対しては果たされなかったことを、告発しているのである。

もしこのような読みをフェミニズムの知識批判に与えるとするなら、フェミニズムの知識批判を単に表出主義、反近代主義に基づくものと解釈してしまうことは不十分であろう。ハーバーマスは、「家父長的な抑圧に抗する戦い、あるいはまた、道徳と法においてはとうに承認済みの普遍主義的基盤に根づいている約束を果たせと迫る戦いが、フェミニズム運動に対して攻撃的運動をやりぬく推進力を与えている」(15)と述べ、他の新しい社会運動の防衛的性格に比較してフェミニズム運動の市民的・社会主義的解放運動の伝統に立った解放の潜在力に、高い評価を与えている。このようなハーバーマスのフェミニズムの把握は、確かにフェミニズムのある側面を把握しているのである。

しかし、だからといってフェミニズムを普遍性や合理性を志向する近代性の擁護者として位置づけてよいのだろうか。そのように位置づけることも、また不適切である。スミスやギリガンにおいて見たように、彼女たちの議論には、普遍主義への、またハーバーマスのコミュニケーション的合理性への、根強い不信感があるのだ。では、その不信感とは、何なのか。普遍主義あるいは合理主義の価値観に照らして、女性の経験を排除する科学あるいは道徳を告発しながら、普遍主義あるいは合理主義に対して、根強い不信感を抱くのは、矛盾以外のなにものでもないではないか。

このような矛盾を解く鍵は、言明と遂行との間に、また意図と結果との間に、主観性と実践的効果との間に、ズレがあることへの、フェミニストたちの強い感受性にあると思われる。ジェイが適切にも指摘したように、ハーバーマスの論は、「その意図にもかかわらず、……ある集団を他の集団に対して特権化する」ものである。フリーダンやスミスやギリガンの知識批判は、最初からこのズレにこそ向かいあっていたのである。すなわち、その主観性、意図、言明において何を志向するにせよ、それらは実践され遂行されねばならず、その結果、その意図とは異なる効果を持つことに、最初から向かいあっていた。女性たちが知識に対して位置づけられていた場とは、意図と結果との間にあるズレを強く意識せざるをえない場であった。言明と遂行、意図と結果、主観性と実践的効果の、幸福な一致を保証されるような場に、女性は最初からいなかったのである。女性とは知識にとって、最初から他者だったのだから。だからこそ、女性たちには、普遍性、合理性、客観性、公正性などを志向する認識や判断もまた、一定の場においてなされる具体的実践としてあるのであり、それは具体的場における具体的集団や具体的他者に対する特権化と排除を効果することを、徹底的に問題にしたのである。

スミスやギリガンが問題化したのは、意図における普遍性や合理性や客観性や公正性などの価値ではなく、そうした価値に基づく実践としてなされる発話や行為がもつ、具体的な場に対する具体的効果であった。彼女たちの普遍主義批判とは、このような効果のレヴェルにおいてなされているのであり、普遍主義に基づくとされる判断や認識が、実際に具体的な場においていかなる結果をもたらすのかを問題にしたのである。だからこそ、彼女たちは、感情的・具体的・主観的なものの養護の側にたったのだ。フェミニズムの知識批判は、確かに近代性批判としての側面をもっていた。けれどもそれは、意図あるいは価値観のレヴェルにおける近代主義批判としてよりもむしろ、それらの意図あるいは価値観に基づくとされる行為が、具体的な場にもたらす効果のレヴェルにおけるものとして、展開されているのである。

このようなフェミニズムの知識批判を表出主義あるいは反近代主義として読みといてしまうことは、何重もの意味においてその意義を覆い隠してしまうものである。すなわち、表出主義あるいは反近代主義という価値観に基づく価値観の対立としておかれることによって、問題化しようとした手段主義あるいは近代主義の遂行的矛盾に対する指摘が消されてしまう……。あるいは男性女性という具体的カテゴリーを提出して開示しようとした、実践的効果の問題が、再び表出主義あるいは手段主義といった抽象的概念の問題となってしまう……。そしてそれは再び女性の表出性というイデオロギーを強めてしまう……。女性を他者の場にとどめてしまう……(16)。

フェミニズムの知識批判とは、このような意味において、「手段主義、表出主義」あるいは「男性／女性」といった、二種類の概念対のいずれにも還元されない。グレノンのように、フェミニズムを手段―表出ジレンマの問題に還元することは誤りである。なぜなら、それはフェミニズムの知識批判が示そうとしたもっとも重要な問題を見えなくしてしまうから。けれども、フェミニズムを「男性／女性」というカテゴリーによって還元してしまうこともまた誤りである。それもまたフェミニズムの知識批判が示そうとした「男性／女性」カテゴリーを使用してなされる実践の問題を、すなわちジェンダーの社会的構成という問題を、見えなくしてしまうからである。

フェミニズムとは、男性中心主義からの脱却、すなわち男性中心主義からの脱植民地化を求める思想として、把握することができる。このような男性中心主義を手段主義、手段的精神、普遍主義、合理主義などの近代主義と同一視する時、脱植民地化としてのフェミニズムは、その対極にあるものとしての表出主義、感情性、個別主義、非合理主義などの反近代主義と同一視されることになる。けれども、フェミニズムが見出した男性中心主義とは、けっしてこのような意図あるいは価値観と同一視されるものではない。男性中心主義とは、むしろそのような意図あるいは価値観に基づく実践が、具体的歴史的過程の中で果たしてきた女性排除という効果に対して向けられている言葉なのである。であるならば、男性中心主義からの脱植民地化は、反近代主義という意図あるいは価値観に求められるべきではなく、このような女性排除という効果そのものに対する抵抗にこそ求められるべきなのだ。

7 自己決定権と自己定義権

以上、フェミニズムの知識批判の含意あるいは意義について考察した。最後に、このような考察をもとに、フェミニズムの政治言語について考察したい。

フェミニズムの政治言語は、基本的に、男性のそれを借用している。すなわち、マルクス主義やリベラリズムから、その言葉を借りている。女性階級、再生産手段の奪取、家事労働の搾取等が、マルクス主義の政治言語の読み替えであることはいうまでもなかろう。マルクス主義フェミニズムは、マルクス主義が女性問題を適切に位置づけられなかったことを批判しその論理そのものの組み替えを要求しながらも、自らの主張を構成する時には、その基本的語彙をマルクス主義に依存しているのである。

マルクス主義と並んでフェミニズムに政治言語を供給してきたのは、リベラリズムであった。リベラリズムの平等、自由、公正性、権利などの言葉は、フェミニズムの政治に対しこれまでもっとも大きな貢献をなしてきた。男女平等、産む自由、産まない自由、女性の人権など、第二波フェミニズムの政治的主張のほとんどは、このようなリベラリズムの言葉を使用してなされている。

このようなフェミニズムの政治言語は、フェミニズムに近代主義の相貌を刻印する。それだけではない。リベラリズムの権利という言葉は、第二波フェミニズムにおいては、出産や身体やセクシュアリティといった領域におけるフェミニズムの政治にも、拡張されて使用されている。「第二波フェミニズムのなかで、女性たちは、権利や個人の自立性といった言葉を、あらゆる公的制度に対する女性たちの参加拡大のため、あるいは私的かつ普遍的であるかのように思われていた家事労働やセックス等の生活領域を問題化するために、使用してきた」(17)のである。第二波フェミニズムにおいて、権利という言葉で語られてきた問題は、女性の参政権や労働権といった問題を越えて、産む・産まないに関する女性の自己決定権あるいはリプロダクティブ・ライト、性の自己決定権、女性の身体の自己使用権などにも及んでいる。このような権利という言葉のインフレ的使用は、フェミニズムに、あらゆる社会領域を権利の道徳で裁断し、人間の身体の自由な技術的改変をも許容するようなウルトラ近代主義の相貌を、与えているのだ。

けれども、これらの権利という言葉を使用して主張されるフェミニズムの政治を、近代主義あるいはウルトラ近代主義として把握してよいのだろうか。このような理解は適切なのだろうか。以下においては、先に示したフェミニズムの知識批判の考察から得られたことをもとに、そのような理解が適切ではないことを示したい。

すでにこれまで見てきたように、第二波フェミニズムの主流は近代主義よりもむしろ表出主義、反近代主義の傾向を帯びているといってよい。しかし、それにもかかわらず、ステレオタイプ化されたフェミニズム・イメージは、近代主義あるいはウルトラ近代主義として、理解されている。一体、これはなぜなのだろうか。むろんその一因が権利という言葉を使用してなされるフェミニズムの政治にあることはいうまでもない。けれども、フェミニズムが使用する権利という言葉は、男性たちが使用する権利という言葉と、同じ意味を持つのだろうか。このことは、真剣に問われてよいことだと思われる。「男性と女性は同じ言語を話していると思っていながら、実は異なる言語を話している。自己と社会関係に関する異なる経験を、同じ単語を用いてコード化している。男性と女性の道徳的語彙は、重なりあっているので、体系的な誤訳が生じる可能性があるのだ」(18)とギリガンは言う。このような「誤訳」は、フェミニズムの政治においても、生じうるのである。

ギリガンは、フェミニズム運動において、女性たちが権利という言葉によって何を言おうとしてきたのかについて、適切な記述を試みている。「責任と思いやりの道徳」に基づいて道徳を考えてきた女性たちにとっては、権利という言葉を使用して自己主張することは、まず、その道徳に反して自己の欲求を優先すること、すなわち利己主義として、理解された。自分の権利を主張することは、道徳即責任という道徳観にたつ女性たちにとって道徳に反することになるのである。結果として、権利という言葉によって展開されたフェミニズムの政治は、女性たちの道徳観に深刻な混乱を生じさせた。このような混乱が解決可能になったのは、権利という言葉を「責任と思いやりの道徳」の文脈において把握することによってであった。すなわち権利の主張を、自分自身に対して責任を持ち、自分自身に思いやりを持つこととして理解した時、それは女性の道徳判断の言葉になったのであり、権利というフェミニズムの言葉は、「責任と思いやりの道徳」における、自己犠牲という理想を、「ずっと寛やかな、絶対性の弱まったものに」かえる作用を果たしたのである。すなわち「女性たちは、権利を主張することによって、自分自身に対する責任を主張し」(19)ているのであると。

もしこのギリガンの記述が、現代フェミニズムにおける権利という言葉の使用に対しても適用可能であるのなら、フェミニズムにおける権利という言葉の氾濫を近代主義あるいはウルトラ近代主義として把握することは適切ではない。権利という言葉でフェミニズムが語っているのは、どのような状況においても不可侵なものとして置かれた権利なのではなく、自分自身に対しても他の人々と同様の責任と思いやりを持ち、他の人々とともに自分自身のことも考慮して自分で判断することを、意味しているからである。前者の権利概念においては、いかなる状況も個人の自由な決定を阻止しえないものとしての権利が含意されているのに対し、後者においては当然にも、自己と他者の状況に照らしてもっとも「責任と思いやりの道徳」にかなう判断を自ら行うこととしての権利が含意されている。したがって後者においては、他者と自己の状況に照らして「責任と思いやりの道徳」にかなわないような判断は、権利の行使ではないのである。

けれども、たとえ多くのフェミニストがこのような意味において権利という言葉を使用しているとしても、それはまた男性の世界において権利という言葉が持つ意味に即して把握されることを避けることはできない。そうであれば、このようなフェミニズムの政治言語に対し、フェミニズム内部からの批判があることも理解できる。例えば、I・ダイアモンドとL・クインビィは、権利という言葉が、身体とセクシュアリティをコントロールする権利といった主張にまで拡大され、それが現代フェミニズムのもっともラディカルな要求とみなされている現状に対し、否定的な評価を与えている。身体とセクシュアリティをコントロールする権利といった主張は、容易に規格化する社会における「規律化する権力」(20)に結びついてしまう。すなわち支配の一形態となってしまう。またそれは、非決定的世界をも、自らの支配化に置くことができると考える愚かな精神の産物である。だから、コントロールする権利といった言葉によるのではない、オルタナティブなフェミニズムが必要なのだと。そして、そのようなフェミニズムとして、ギリガンの「責任と思いやりの道徳」に見られるような、具体的な場において複雑に絡みあった倫理的問題に、答えることができるフェミニズム、コンテクスチュアル・フェミニズムを、提唱している(21)。

確かにこのような批判は、フェミニズムの政治言語が持つ危険性を指摘する点において適切である。フェミニズムの政治言語は、リベラリズムを借用するだけでは、同じ言葉を使用して異なる経験をコード化しつづけるにすぎないだろう。そうであるならば、またしても、啓蒙精神を無批判に受容する近代主義者対、啓蒙精神を否定し伝統的社会に回帰することを志向する反近代主義者という対立が生まれるだけであろう。

何が問題なのか。フェミニズムの知識批判は、女性の経験を表現する適切な言葉がないこと、経験と、経験が社会的に表現される形態との間に裂け目があることを明らかにした。それこそ、女性の経験を排除し植民地化してきた男性中心主義そのものであった。そうであるならば、フェミニズムの政治は、まず、女性の経験を表現しうる適切な語彙の形成に向かうべきであろう。第二波フェミニズムは女性の自己決定権を主張した。けれども自己決定権は、経験を表現する手段なしには、実質がない形式的権利に過ぎない。女性が自分の経験に即して、他者だけでなく自己に対しても責任を持ちつつ判断できるためには、自分の経験を表現できる語彙が必要なのである。だからこそ第二波フェミニズムの出発点において、フリーダンやミレットは、自己決定権というよりむしろ、自己定義権を問題にしたのである。むろん自己定義権とは法的権利ではない。それは社会的に共有された経験を表現する語彙と、他者の表現を尊重する人々の相互行為形式において確保される社会成員としての権利である。女性の植民地化とは、このような自己定義権が奪われていることを意味するのである(22)。

そうであるならば、リベラリズムやマルクス主義の言葉を借用してフェミニズムの政治を展開するだけでは、けっして脱植民地化は可能ではない。

注

（1） Betty Friedan, *The Feminine Mystique*, New York, 1963.（三浦冨美子訳『新しい女性の創造』大和書房、一九六五年）

（2） 目黒依子『主婦ブルース――女役割とは何か』ちくまブックス、一九八〇年、等参照。

（3） これらのスローガンや、それに基づく運動の内容については、以下の拙著を参照のこと。江原由美子『女性解放という思想』勁草書房、一九八五年、第二部。

（4） Kate Millet, *Sexual Politics*, New York, 1970.（藤枝澪子訳『性の政治学』自由国民社、一九七三年）フリーダンとミレットの共通性と相違については、以下の拙論を参照のこと。江原由美子「フェミニズムとは何か」『淳心学報』九号、現代人文科学研究所、一九九一年（『装置としての性支配』勁草書房、一九九五年、所収）

（5） Dorothy Smith, "A Sociology for Women", in Julia A. Sherman & Evelyn Torton Beck (eds.), *The Prism of sex*, Madison, 1979.（田中和子他訳『性のプリズム』勁草書房、一九八七年）

（6） スミスは、discoursという概念を、フーコーから借用したという。フーコーのdiscoursという概念は、一般に「言説」と訳されることが多く、その意味ではここでもその訳語をとるべきなのであろうが、スミスは、この概念をむしろ学者間の学問をめぐる会話に重きをおいて定義しなおしており、その意味で、田中氏の訳語である「談論」を、そのまま採用した。スミスによれば、「談論の世界」とは、特定の時空に位置する特定の参加者から抽象化された発話が、そこでなされるような会話的世界を、意味するという。

（7） relevances 関連性、妥当性とも訳される。A・シュッツの生活世界論の基本概念の一つ。生活世界においては、ある対象についてある概念で把握すること、あるいはある問いに対してある解答をすることが、暗黙に妥当であるとされている。すなわち、ある対象をある概念で把握したり、ある問いに対しある解答をすることが、「それ以上問われないこと」「自明性」として、通用している。我々の言語実践は、このような「問われることがない」地平の上になりたっている。この、「問われることがない」地平をシュッツはrelevancesという概念で把握し、コミュニケーションの成立を、概念の共有だけからではなく、relevancesの共有からも説明するべきことを論じた。シュッツのレリヴァンス論については、以下の拙著を参考のこと。江原由美子『生活世界の社会学』勁草書房、一九八五年。

（8） 以下の文献を参照のこと。Dorothy Smith, "Sociological Theory: Writing Patriarchy into Feminist texts", in Ruth Wallace (ed.), *Feminism and Sociological Theory*, New York, 1989; Dorothy Smith, *Text, Facts, Feminity: Exploring the Relations of Ruling*, London, 1990. また、このようなスミスの方法論の社会理論上の位置づけに関しては、以下の論文を参照のこと。皆川満寿美「エスノメソドロジーとマテリアリズムのあいだ——ドロシー・スミスの場合」『現代社会理論研究』2、現代社会理論研究会、一九九二年。

（9） したがって、このような観点から学問の「男性中心主義」を批判し、それを乗りこえうる学としての社会学を志向する論者のめざすべき学問の方向は、専門家・学者だけの問題関心に基づくのではない、市民に開かれた学の提唱となる。このような論を展開している論者としては、ザイドマンがいる、以下の論文を参照のこと。Steven Seidman, "Postmodern Social Theory as Narrative with a Moral Intent", in Steven Seidman & David G. Wagner (eds.), *Postmodernism & Social Theory*, Cambridge, 1992.

（10） Carol Gilligan, *In a Different Voice*, Cambridge, 1982.（岩男寿美子監訳『もうひとつの声』川島書店、一九八六年）このギリガンの研究に対する従来の日本における位置づけは、オルタナティブな道徳概念あるいは道徳発達研究という側面に強調点がおかれており、フェミニズムの

「知識批判」として位置づける観点は比較的弱かったように思う。けれども、以下に見るように、ギリガンの研究は、フェミニズムが一貫して問題化してきた、なぜ「女性の経験」「女性の声」が消されてしまうのかという問題に対する一つの解答としても、位置づけることができるのである。

(11) Lynda M. Glennon, *Women and Dualism: A Sociology of Knowledge Analysis*, New York, 1979.（坂本佳鶴恵訳『フェミニズムの知識社会学』勁草書房、一九九一年）

(12) Jürgen Habermas, *Theorie des Kommunikativen Handelns*, Frankfurt/Main, 1981.（藤澤賢一郎他訳『コミュニケイション的行為の理論』上・中・下、未来社、一九八五年・一九八六年・一九八七年）

(13) Thomas Meisenhelder, "Habermas and Feminism: The Future of Critical Therory", in Ruth A. Wallace (ed.), *op. cit.*, pp. 119-32.

(14) Martin Jay, *Marxism and Totality*, Berkeley and Los Angeles, 1984, p. 143.（荒川幾男他訳『マルクス主義と全体性』国文社、一九九三年、七六七—六八頁）

(15) Habermas, *op. cit.*（藤澤賢一郎他訳、前掲訳書、下、四一四頁）

(16) 実のところ、近代主義を手段主義と、反近代主義を表出主義と、対応させるこの図式自体、女性の経験における「近代化」過程の認識を混乱させるものである。この観点からの、フェミニズムにおける「近代主義—反近代主義問題」の考察に関しては、以下の拙論を参照のこと。江原由美子「フェミニズムとジェンダー」今田高俊・友枝敏雄編『社会学の基礎』有斐閣、一九九一年、第七章（『装置としての性支配』勁草書房、一九九五年、所収）

(17) Irene Diamond and Lee Quinby, "American Feminism and the Language of Control", in Irene Diamond and Lee Quinby (eds.), *Feminism and Foucault*, Boston, 1988, p. 193.

(18) Gilligan, *op. cit.*, p. 173.

(19) *Ibid.*, p. 129.

(20) フーコーの概念。ダイヤモンドとクインビィは、フーコーの方法論の立場から、フェミニズムにおける「コントロール」という言葉の使用について論じている。

(21) Diamond and Quinby (eds.), *op. cit.*, p. 202.

(22) フェミニズムの「知識批判」において見出された女性の二重の「消去」という問題に関連させるならば、自己定義権は、女性の生活条件や経験を顕在化し言語化するという問題に、自己決定権はこのような生活条件や経験に基づいて形成されてきた女性の判断能力を男性と同等のものとして認めよという要求に、関連する。この二つが同時に主張されているからこそ、フェミニズムの「知識批判」は、しばしば、その論において混乱が生じる。前者においては、むしろ女性の経験の特異性こそが問題となり、後者においては、そのような特異な経験をもつ女性の、男性との対等性こそが問題になるからである。

自己決定をめぐるジレンマ

1 はじめに

現在、福祉・医療・教育などの領域で、自己決定権が様々な領域で議論の焦点になっている。以下の論考は、これらの議論においてわかりにくくなっている論点の整理を行うことを目的とする。こうした整理を行うにあたって、まず自己決定権という考え方に関する私自身の立場を明確にしておくことにしよう。私は、現代日本社会において、先に挙げた領域において、自己決定権という考え方を導入することの意味は、非常に大きいと思う。したがって基本的に、自己決定権という思想の意義を高く評価する。いかなる自己決定権という思想の意義をも全く否定するような考え方は、私の評価によれば、現代日本において現実に存在する福祉・医療・教育などにおける諸問題に対して、有効な議論にはとうていなりえないと考える。

しかし他方において同時に、この思想を現実に導入する際には、慎重に配慮しないと、非常に大きな危険性も伴うであろうことも当然のことである。したがって、逆に、自己決定権を議論する際に、この思想の導入の際に生じ得る様々な困難性についての慎重な考慮と配慮を欠いた自己決定権擁護の考え方もまた、到底責任ある議論とは言えないだろうと考えている。すなわち私の立場からすれば、現在必要な自己決定権に関連する議論とは、自己決定権という思想を全面否定したり全面肯定したりする議論ではなく、自己決定権の可能性と危険性の双方を慎重に考察する議論であると判断する。以下においては、このような私自身の価値判断に基づいて、現在議論されるべき論点についての、私自身の読みときを提示することにしたい。

2　自己決定権という問題を考える際に前提とされるべきいくつかの論点について

自己決定権の問題とは、自己の問題だけでなく、周囲の人々の問題でもある

この前提を確認しておくのは、自己決定権の議論において時々この基本的前提の認識を欠いているかのような議論がなされるからである。すなわち、それは、次のような自己決定権という考え方は、個人が、他者とコミュニケーションすることもなく、自分のことについて自分だけの判断でものごとを決めるのがよいとするウルトラ個人主義の考え方であるなどの議論である。

このような自己決定権についての把握のしかたは、自己決定権という議論が必要になってくる文脈を基本的に取り違えている。すなわち、われわれが自己決定権という問題を議論する場合、基本的に、自分だけで行為できる状況に関して問題をたてるわけではない。あくびをしたいと思い、あくびをする。眠くなり寝る。これらのことは、われわれが日常生活においてごく普通に行っていることである。あくびをしたくなった時あくびをするのは自己決定権である、眠くなった時寝るのは自己決定権であるなどの議論をする人はまずいない。なぜなら、これらのことは、自己決定権などという概念を持ち出すまでもなく、我々は当たり前のこととして行っているからである。むろん非常に特異な状況においては、あくびをしたい時にあくびをするのは自己決定権であるなどの議論が適切な状況もありうるだろう。ではそれはどのような状況か。おそらくそれはあくびをすることが社会的に禁止されていたり、あるいはひとりではあくびをすることができず他者の手を借りなければあくびができないような状況である。

自己決定権が問題になるのは、一定の行為を自由意思に基づいて行うことが、社会的に禁止されるなどして困難になっていたり、自己の力のみではその行為を行うことができず、他者の援助が不可欠になってしまうような状況においてである。このような状況においては、ある行為者の自由意思に基づく行為の意思決定を実現する際に、周囲の人間あるいは社会が、その意思決定をどのように扱うのかということが、行為の実現／非実現にとって、決定的な力を持ってしまう。だからこそ自己決定権という問題が、重要な問題となるのである。

したがって社会問題としての自己決定権の問題とは、単に個人が自分自身に関連することについて自分で決定することの是非をめぐる問題なのではなく、むしろ、そうした自己決定を周囲の人々がどのように扱うのかということをめぐる問題である。問題が前提としている状況は、ある人の行為の実現に際して他者が必然的に関与してしまうという複雑な状況である。ある人の意思決定を尊重しようがしまいが、その人の行為の実現に対して周囲の人々が必然的に影響を与えてしまうという状況を前提として、問題が立てられているのである。したがって、自己決定権の問題とは、単に自分で決定することの是非という問題なのではなく、むしろ周囲の人々がその人の意思決定をどこまで尊重するべきなのかという問題なのである。だから問題は、単に自己決定なのではなく、自己決定権（周囲の人々がある個人の決定権を認めその決定を尊重する義務を負うかどうか）の問題なのである。

この意味において自己決定権の問題を形式的に記述するならば、自己決定権を認めるということは、ある人が自己決定に基づいて行為決定を行う場合、周囲の人々には本人の意思決定を尊重する義務が発生するということを認めるということであり、逆に自己決定権を否定するとは、他者に影響を与える判断を行うに際して、本人の自己決定に基づく意志決定を尊重する必要はないと主張することになる。こうした形式的記述においては、自己決定権の是非を論じられないことは明確である。たとえ他者の意思決定を尊重する義務が生じる場合があることを認めるとしても、常に他者の意思決定を尊重することは不可能だということもまた明らかであり（例えば、他者が飛び下り自殺したいといっている場合、我々はその意思決定を尊重するという理由で他者の命を救わないという意思決定を行うことが常に正当化されるとは思えない）、逆に他者の意思決定を尊重する義務は発生しないと判断する人々のほとんどが、「常に尊重しないと言っているわけではない、たとえ本人の自由意思であっても、尊重すべきではない意思決定もありうるということを主張しているだけだ」と主張するに決まっているからである（だからこそ私は、自己決定権をめぐる議論において自己決定権を全面否定したり全面肯定したりする議論は無意味だと思う。議論されるべきなのは、一体どのような場合に我々は他者の意思決定を尊重するという義務を負うのか、あるいは逆に、どのような場合には他者の意思決定に反する判断を行うべきなのかということなのである）。

しかしいずれにせよ、自己決定権という問題が議論されるのであれば、それは、単に自分のことを自分の判断で行うことの是非という問題なのではなく、周囲の人々が他者の意思決定を尊重するべきなのかどうかをめぐる問題である。もし尊重する義務を負うのであれば、行為の実現を阻む障害を取り除き援助するべきであろう。その場合いかなる援助が可能なのか。どこまで援助するべきなのか。本人に損害を与える可能性がある場合はどうか。あるいは表明された本人の意思を、本当に本人の最終的な意思決定と認識すべきなのかどうか。詐欺・情報不足など意思決定を歪める社会的条件が存在する場合には、ある他者の意思決定を自己決定と判断することは、逆に当人の自己決定権を尊重することに反してしまうかもしれない。自己決定権という問題を考えるとは、こうした様々な問題を考えることである。それらの判断の問題こそが、自己決定権という問題なのである。

ある決定が自己決定と言えるための条件は、ある決定に際して本人が充分情報を理解し、強制がない状況において、判断することである

前項において私は、自己決定権という問題は主要には周囲の人々が他者の意思決定を尊重するべきなのかどうかという問題であると述べた。この問題に対する判断のしかたは大きく二つある。一つは、その意思決定が本人の自己決定と言えるかどうかという問題、二つ目は、それが本人の自己決定であることを認めた上で、その是非を判断するという問題である。本稿では、主要に前者の問題を扱うことにする。

ある決定が自己決定と言えるためには、その決定が一定の条件に適合していなければならない。その条件を本稿では「理解」と「強制がない」という二条件に求めることにする。

まず理解なしには、ある人の決定は自己決定ではない。ある人は、途に迷って分かれ道でそのいずれについてもどこにいくのか全くわからないままに一方を選んで歩いていくかもしれない。それもまた、その個人の選択である。しかし自己決定権の問題において議論されている自己決定とは、こうした籤引きに近いような選択のことではない。当人の自己決定を尊重する義務を周囲の者が負うとすれば、それはある人の幸福にとって何がよいかを判断することができるのは本人自身であるという言明の持つ一定の妥当性をわれわれが認めるからである。したがって、本人が全く状況を理解しないままにくだした決定は、われわれが尊重するべき自己決定とはなりえない。同じ意味において、不十分な情報や間違った情報に基づく決定も、自己決定にはなりえない。

再度確認しておこう。むろんこれらの決定も、本人の決定（選択）であることは疑いえない。決定を帰属させるとすれば、それはまさに本人にしか求められないということになろう。しかし、たとえそうであっても、それは周囲の人々が尊重するべき義務を負う自己決定ではない。当の決定が、理解という条件なしに行われた決定であるのならば、周囲の人々がなすべきことは、その決定をそのまま尊重することではなく、理解という条件が成立するように、正確な情報の提示などの援助を申し出ることである。

第二に必要な条件は「強制がない」ことである。脅迫下でなされた意思決定は、自己決定ではない。むろんいかなる脅迫下でも選択はありうる。署名すれば苦痛を与えないと脅されて署名を行うとしたとしても、それは本人が苦痛を避けようとして選択したことである。しかしそのような場合われわれは、署名が自由意思でなされたとは考えない。周囲の人々に尊重する義務を発生させる自己決定があるとすれば、それは自由意思でなされた「自己決定」であることは明白である。脅迫その他の強制がないことは、自己決定と言えるための基本的条件である。強制になりうるのは、何も明白な強制行為だけではない。見捨てられてしまうのではないかという不安感の存在、意見を言うことさえ困難であるような権威主義的な上下関係、圧倒的な力や知識の差などが存在する状況での一方向への強力な示唆（誘導）は、その場では脅迫の行為が存在しない場合においても、本人にとっては、心理的脅迫と感じられる場合がある。自己決定と言えるための条件は、脅迫的強制的ではない状況において、心理的脅迫を受けることなく、本人が決定を下すことである。

自己決定と言えるためには最低この二つの条件を満たす必要がある。したがって、自己決定権を認めるとしても、ある人の決定が自己決定の条件を満たしていない場合は、われわれはむしろそれを自己決定として認めるべきではない。本人が状況をよく理解することなく行った決定や強制的にさせられた決定をそのまま本人の自己決定としてしまうことは、本人が情報を充分得て状況を充分理解した上で再度自由意思で判断する機会を奪うという意味において、むしろ自己決定権を侵害することになってしまうだろう。

3　自己決定権をめぐる議論の錯綜

自己決定と言えるための条件における本人に関連する要因と周囲の人々に関連する要因

先述した自己決定権という問題を構成する二つの前提について、私は基本的に妥当な前提であると考えている。しかしこの二つの前提のみに基づいたとしても、自己決定権をめぐる議論は非常に錯綜してしまうと考えられる。以下では、こうした錯綜がどのようにして生じるのかということに関する私の読みときを提示することにする。

先述した議論に従えば、自己決定権の問題とは、自己決定する本人をめぐる問題であるとともに、自己決定を尊重するという義務を負う周囲の人々をめぐる問題であった。すなわち、ある状況において自己決定権が尊重されたと言えるためには、充分な理解と強制排除という条件のもとで本人が自己決定するとともに、その自己決定を周囲の人々が尊重する義務を負い本人の自己決定を尊重するように行為しなければならない。すなわち本人と周囲の人々の二重のこうした行為連鎖のみが、自己決定権を現実のものとするのである。しかもこのことは、充分な理解や強制排除という自己決定を成立させる条件それ自体においても妥当する。

充分な理解という条件を考えてみよう。ある決定が充分な理解に基づく決定なのかどうかを判断するには、自己の側の要因と周囲の人々の側の要因をともに考える必要がある。ある決定が故意に情報が隠されたまま行われるとすれば、その決定はここでいう自己決定とは言えないということを先に述べた。しかし情報が隠されているかどうかを本人が判断することは非常に難しい。現在手持ちの情報が充分な情報かどうかは、情報全体の総量を知っている場合には明確であるが、何が知り得る知識の総量なのかということ自体、充分な知識なしには判断しえないことだからである。

一般に自己決定権が問題になる状況においては、知識の量において、当事者間に非常に大きな相違があることが一般的である。脳死問題にしても、不妊治療問題にしても、医師と患者の間には知識の量として圧倒的な相違がある。患者の側からすれば、現在自分の知っていることが、決定を下す上で充分な知識なのかどうかということ自体わからないことが、一般的である。したがって、少なくともこうした医療場面におけるインフォームド・コンセントの議論においては、医師の側に充分な情報提示を行う義務が課せられてくる。すなわち、医師の側には、本人が請求しない場合においても、決定を下すのに必要な情報については、情報開示を行う義務がある。すなわち、逆に言えば、ある決定が自己決定と言えるのかどうかということには、周囲の人々が一定の義務に基づいて行為したかどうかということも、一つの要因として関与する。

けれども周囲の人々がきちんと義務を果たしさえすれば、それで充分な理解が達成されると言えるわけではない。たとえ情報が提示されたとしても、それが難しい専門用語ばかりの分厚い冊子を渡すという方法でなされたとすれば、医学的知識をそれほど持たない患者にとっては、全く意味不明ということも生じ得る。本人の身体的精神的状態が非常に悪い状況において、いかに充分な情報を提示されたとしても、それを本人がどれだけ理解したと言えるかどうか、疑問である。また、本人に決定の重要性についての認識がない場合には、どれほど情報を提示されても本人がその情報を分析することなく決定を行ってしまうということも生じ得る。

これらの例は理解という条件の達成にとっては、本人がどれだけ情報を理解したかどうかという要因を顧慮する必要性を示している。すなわち、充分な理解という条件が達成されたといえるためには、単に周囲の人々が一定の義務を果たしさえすればそれで充分と言えるわけではなく、本人がどの程度理解して決定したのかということを顧慮する必要性がどうしてもあるということである。

強制排除という条件についても同様のことが考えられる。強制がないという条件の達成のためには、周囲の人々が強制となりうる状況を排除する義務を負う必要がある。明確な強制や脅迫を行わないことは当然としても、本人に自分で決めてよいのだという認識を明確に与えないまま行う示唆や情報操作は、それ自体誘導に通じうる。また自己決定権に関連する問題においては、当事者間に権力の不均等が存在するのが一般的である。年齢・性別・社会的地位・権威その他の権力の不均等性を生じさせうる可能性については、それが本人の意思決定に対して持つ影響力をなるべく減少させるように努力する必要があろう。

しかし、周囲の人々がこのような義務を履行したとしてもそれでも、場合によっては強制は生じ得る。長期にわたる精神的脅迫や心理的侵害を被った者は、いかにその場において強制がない状況を形成したとしても、長期にわたるその影響を払拭しえない場合もありうると考えられる。こうしたことを考慮することなく、その場において強制がない状況においてなされた決定はすべて自己決定だとしてしまうことは、場合によっては非常に危険な判断となってしまうであろう。

こうした考察は、自己決定と言えるための条件自体においてすでに、本人に関連する要因と、周囲の人々に関連する要因が複雑に関連しあっていることを明らかにする。本人がどのような条件にあるのかということと、周囲の人々がどのように行為するのかということが、それぞれ相互に条件を形成しあうことになる。自己決定ということ自体、このような本人と周囲の人々の一定の行為連鎖によってのみ、成立しうるのである。

しかしまさにそのことが、自己決定権の議論を錯綜させることになる。すなわちある人が行った決定を常に自己決定として認めるわけにはいかない場合があるということをわれわれは見てきたわけだが、ある人の決定についてそれを自己決定とは認めない場合があるということ自体、自己決定権を否定するものだと批判する判断もまた、なしうるからである。

すなわちある人の決定を自己決定として認めないということは、本人の判断能力（理解能力、あるいは自律的決定能力）を否定することになるという判断もなしうる。実際、ある決定が自己決定と言えるかどうかを考察する場合には、周囲の人々の行為だけでなく、本人に関連する要因もまたわれわれは顧慮しないわけにはいかないということを見てきたわけであり、したがって、明確に情報隠匿や強制が存在する場合ではなく、本人に関連する要因に疑問がある場合にそれを自己決定とは認めないという場合には、その判断は、基本的に本人の自己決定能力を疑問視することに議論が酷似してしまうことになる。ある人の自己決定能力を否定することは、その人の自己決定権を否定することにも通じる。

むろんある状況において本人の判断能力を疑うということは、その個人の自己決定能力自体を認めないこととイコールではない。充分に自己決定能力があると認められる人でも一定の条件下における決定に関して「自己決定能力」が行使されない場合は多々起こり得る。したがって、ある決定を自己決定として認めないという判断をすることは、その個人の自己決定能力を否定することとは別のことである。しかし現実の問題としては、この二つのことが酷似してしまうことは避けられない。

しかも、一回一回における周囲の人々のそうした判断は再び、本人の判断能力の形成に影響を与える。長年強制的な状況下でしか行為できなかった人は、自己決定に必要な情報収拾能力・分析力・判断力を形成する上では不利となる。したがって周囲の人々は、その人のある決定を本人の自己決定として尊重することには、躊躇してしまう場合が生じるであろう。しかし、まさに自己決定を尊重されないということが、本人の自己決定の動機づけを形成する上ではマイナスとなってしまうであろう。

しかしだからと言って、自己決定と言える条件がないような決定を本人の自己決定としてしまうことは、非常に危険なことでもある。自己決定と言える条件がない場合にそれを自己決定としては認めないのは、本人の自己決定機会を確保するという自己決定権を尊重する立場からなされるべき判断である。しかし、まさにそのことが、本人の自己決定への動機づけを形成する上ではマイナスになってしまったり、あるいは極言すれば本人の自己決定能力を否定するという自己決定権を否定する行為にも解釈しうるということが、自己決定権の議論を錯綜させてしまうのである。

様々なジレンマ

以下においては、先述した枠組に基づいて、現実に生じ得る議論の錯綜の可能性を、いくつか提示しておくことにしよう。

まず第一に、充分な理解と強制排除（自律的意思決定）という自己決定と言えるための二つの条件の間に生じ得る、解釈の相違に基づく議論の錯綜について記述してみよう。充分な理解という条件を達成するためには、充分な情報を得た上で本人が決定することが重要である。しかし先に述べたように、今手持ちの情報が決定を下す上で充分な情報なのかどうかということを判断することは、なかなか困難なことである。ある人がもう充分な情報を得たと判断して決定したとする。しかし、その情報は、他の人の視点からすれば、決定的に重要な情報を欠いており、とうてい充分な情報とは言えないとする。

その他者の視点からすれば、その本人の決定が自己決定となりうるためには、本人の決定に介入しより多くの情報収集の必要性を指摘したりさらなる情報提供を行ったりする必要があると判断されることになる。しかし、そのような指摘を行ったり情報提供を行うことは、本人が下したもう充分な情報を得たという判断を否定することであり、本人の決定に介入することであるという解釈も可能であろう。本人がもう充分だと考えているのに、他者がおせっかいにも情報の不充分性を指摘し、一定の方向への情報収集の必要性を指摘することは、本人の自律的意思決定を侵害し、誘導など一種の強制に通じるという解釈も可能である。充分な理解という条件を実現するために、周囲の人々が情報提供などの介入を行うことは、解釈のしかたによっては、自律的意思決定というもう一つの自己決定の条件を否定することにも解釈されうる。

第二に、充分な理解をめぐる錯綜が生じ得る。ある決定が充分な理解の上での決定でなければ、周囲の人々はその決定を自己決定として認めるべきではない場合があることは先述した通りである。自己決定として認めることは、自己決定権を前提とする限りその決定が現実のものとなることであり、不充分な情報のもとでの決定が現実のものとなってしまうと本人の利害を侵害する場合もあるからである。しかし、一体どこまで理解すれば充分な理解と言えるのだろうか。現実的には、この判断は難しい。周囲の人々が、本人の決定を常に充分な理解のもとでの決定ではないとみなしつづけることは、本人の自己決定能力を否定するものと解釈される可能性がある。

第三に、強制排除（自律的意思決定）をめぐる錯綜が生じ得る。ある人の決定が強制力が行使された状況下での決定と判断される場合には、周囲の人々は、その決定を自己決定とみなすべきではない。しかし強制力を広く解釈すれば、強制力はかなり広く社会に存在しているのであり、したがってかなりの決定に関して強制力の行使の可能性を疑うこともできてしまう。そうであれば、この条件を悪用しようとすれば、ほとんどの決定を自己決定ではないと否定する根拠ともなしうる。また自己決定を阻害する強制力の介入を否定していくことは、決定がなされる場に周囲の人々が積極的に介入していくこととも解釈されうる。そうした介入自体が自己決定の条件である自律的意思決定を阻害するという解釈も可能であろう。逆に自律的意思決定を尊重しようとするあまり、強制力の行使されている状況に関して有効な介入がなされないまま、決定がなされてしまう場合も生じ得るだろう。

本稿では、自己決定権と自己決定についての基本的な前提から、自己決定権に関連する議論の錯綜のうち、自己決定と言える条件に関連するジレンマについて、予備的な考察を行った。こうしたジレンマは、具体的な問題をめぐる解釈の相違として、自己決定権に関連する議論を錯綜させていると思う。むろんこれらのジレンマは、理論的な問題であるというよりもむしろ、現実の解釈をめぐる問題にすぎない。しかし、現実に自己決定権を確立していこうとする場合には、こうした解釈の相違は、非常に大きな判断の違いをもたらす。

具体的な問題においては、個々の具体的な条件にしたがって、慎重に解釈が選択されるべきである。たとえある決定が自己決定だと認められるとしても、その場合においても、その決定が常に尊重されるべきであるかどうかは、また別の問題である。本人あるいは他者の利害によっては、自己決定を否定しうる場合もあるだろう。しかし、それはまた別の議論としたい。

III

第III部には、セクシュアル・ハラスメントに関する論考を収録した。雇用機会均等法の改正以来、セクシュアル・ハラスメントという問題に対する制度的対応は進みつつあるが、その問題に対する認識も深まってきているとはとうてい思えない現状も、明らかになってきている。ここに収録した三本の論考は、セクシュアル・ハラスメントという問題がどういう問題なのかということを、問題の背後にある社会規範の配置に焦点を当てることで、少しでも明らかにしようとする試みである。

「セクシュアル・ハラスメントの社会問題化」という論考は、「性行為への意思」の解釈をめぐる性規範のダブル・スタンダードに焦点を当てている。「〈アカハラ〉を解決困難にする大学社会の構造的体質」は、「学問・教育の自由」や「業績主義」などの大学社会の社会規範配置が、アカハラ（学問・教育における性差別）問題やセクシュアル・ハラスメント問題において、問題の解決を阻害するように作動するその様相に、焦点を当てている。

「キャンパスにはびこるジェンダー・ハラスメント」は、大学における「学問至上主義」とジェンダー（性別や性差についての固定観念）が、相互にからみあいつつ、「良心的な」教員をもアカハラ行為に追い込んでいく様相に、焦点を当てている。

セクシュアル・ハラスメントの社会問題化

——性規範との関連で——

1　はじめに

以下においては、セクシュアル・ハラスメントの社会問題化に関し、その問題の解決という観点とはやや異なる観点から考察してみたい。すなわち、セクシュアル・ハラスメントの被害者の救済や加害者への告発といった直接的文脈を離れて、より広く「性に関わる男女の相互行為」という文脈から、セクシュアル・ハラスメントの社会問題化の意義を考察してみたい。

性に関わる男女の相互行為において、従来指摘されているもっとも重要な問題は、性規範のダブル・スタンダードである。すなわち、性行為あるいは性的意味あいを持つ行為に関わる規範は、行為者が属する性的カテゴリーによってその内容が異なるという指摘である。ある性行為が許容されているかどうか、あるいはある性行為を行った個人に対しどのような制裁が課せられるのかといったことは、行為者の性別カテゴリーによって、どの社会においても異なっていることが多い。たとえば未婚者の性関係や既婚者の婚姻外性交などは、行為者が男性の場合より許容され、行為者が女性の場合男性よりも強い否定的な制裁が課せられる場合が多い。性規範のダブル・スタンダードとは、このような事態をいう。

本稿において取り上げてみたい問題は、セクシュアル・ハラスメントの社会問題化がこのような性規範のありように対していかなる意味を持つのかということである。結論を先どりすれば、セクシュアル・ハラスメントの社会問題化は、性規範のダブル・スタンダードにおけるもっとも重要な問題、すなわち性行為における「合意／強制」に関する従来の解釈装置を変革する可能性を持つと私は考える。セクシュアル・ハラスメントの社会問題化は、その意味において、女性の労働権を確保する戦略としてだけではなく、女性の性的自由、性的自己決定権を確保するための戦略としても、重要な意味を持つ。

2　解釈装置としての規範

とはいえ、このようなことを言いうるためには、いくつかのステップが必要である。まずもっとも重要な準備作業は、「規範」とは何かということについての従来の考え方を、修正することである。

従来、規範とは個人に刻印された行動傾向のようなものとして、把握されてきた。すなわち、個人は社会化の過程において、当該社会に共有された価値や規範を内面化し、その結果その価値や規範に適合的な行為を欲するようになる。個人にしなければならないことをしたいようにしむけることの社会化こそ、社会統合を可能にするもっとも重要な社会過程であり、その結果人々は当該社会の規範に適合的な行為を行い、社会は安定すると、考えられてきたのである。

けれども、本稿では規範を、このようなものとしてではなく、別の相のもとに把握したい。すなわち、個人に内面化された行動傾向のようなものではなく、個人がそれを用いて、自己あるいは他者の行為を解釈し、状況を理解可能なものにする（すなわち、「報告可能」であり、自己の行為戦略を決定可能なものにする）ところの何ものかとして、把握したい。このような意味において把握された規範を、「解釈装置としての規範」と呼ぶことにする。

この含意を性規範に即してより明確にすると、以下のようになる。仮に当該社会において婚姻外性交禁止という規範があったとする。規範を個人に内面化された行動傾向のようなものとして把握するとすれば、個人は婚姻外性交をしないということを、自らの欲求性向として持つことになる。むろんこのような欲求性向とは対立する欲求を個人が持つこともあるが、そもそもそのような欲求は規範の内面化によって回避されることが多く、また仮にそのような規範に反した欲求を持ったとしてもそれは個人の内面に葛藤を引き起こしてしまう。しかも、他の人々からのサンクションも当然予想されることによって、共有された規範に違反するような行為を行うことは最小限に抑えられるということになるというのが、この立場からの説明になるだろう。

けれども、規範を「解釈装置としての規範」として把握するとすれば、婚姻外性交禁止といった規範にこれとはまったく別の記述を与えることが可能である。すなわち、個人の欲求や行動傾向にではなく、人々の相互行為実践にこそ、この「規範」のありかが求められるのである。人々は、この規範を参照しつつ、他者の行為の意味を解釈し、状況を定義し、自らの行為戦略を決定する。規範とは、このような人々の作業において参照される知識である。

この「解釈装置としての規範」という考え方からすれば、規範は、人々の欲求や意図を直接規定しない。いや、むしろ、「解釈装置としての規範」といった考え方が関心を持つのは、このような行為者自身が本当に持っているとされる欲求や意図ではないといった方がよいだろう。確かに人々はさまざまな欲求や意図を持っているかもしれない。しかし、欲求や意図とは、また、社会的相互行為における他者の行為の理解において、社会的に「構成」されるものでもある。「解釈装置としての規範」という分析視角が問題にするのは、規範と人々自身が持っている欲求や意図との関係ではなく、規範と、他者の行為理解において構成される欲求や意図との関係である。規範とは、他者の行為の意味を理解するうえで必要な他者の欲求や意図の解釈という作業に不可欠の、知識なのである。

たとえば、男性既婚者が女性に突然「今夜一緒に泊らないか」と発話したとする。そのような発話を女性は侮辱と感じ、怒りを表明するかもしれない。その侮辱という解釈や怒りの表明という行為戦略の決定を可能にしているのが、規範なのである。その男性行為者の発話は、性的誘いとして解釈されるだろう。男性が既婚者であるということ、また突然の性的誘いでありなんら釈明を伴っていないということなどの事柄が、性交と結婚を重ねあわせそれ以外の性交を禁止する婚姻外性交禁止の規範と対照される。そのとき、結婚(可能性)の不在あるいはその不在への釈明の不在が問題視されるのであり、そのような問題の構成が、男性行為者の内面に、なんらかの意図あるいは意思を帰属させる。すなわち、その男性はその女性に対しほかの女性には行わないような例外的な扱いをしているという解釈がなされ、そのような例外的な扱いをしてかまわない存在としてその女性をみなしているという男性の悪意が構成され、侮辱という解釈が成り立つのである。このように、婚姻外性交禁止という知識は、他者の行為の解釈装置として作動し、他者の行為の意味を理解可能にしている。このような知識こそ、規範であると考えるのである。

もし、規範をこのようなものとして把握するとすれば、そのような規範の効果は、規範が直接に規定あるいは禁止する行為の範囲を越えて、実に広範な範囲に及ぶことになる。たとえば、婚姻外性交禁止という規範の効果は、婚姻外性交という行為の範囲を越えて、あらゆる男女の相互行為に及ぶ。性行為や性的意味あいを持つ行為が一定の条件のもとでは侮辱として解釈されるという可能性を持つならば、行為者はその可能性に配慮しつつ行為戦略を立てることになるからである。このような規範の把握においては、個人が婚姻外性交を回避しているかどうか、あるいはそのような欲求そのものを抑圧されているかどうかということは、その規範の存在とは無関係となる。婚姻外性交を行う個人がいかに多かろうと、またそのような欲求がいかに普遍的に存在しようと、人々の行為解釈装置において、また自らの行為戦略の決定において、その知識が参照される限り、規範は存在することになるのである。

私は、性規範のダブル・スタンダードという事態は、このような規範の把握によってより明確に認識することができると考える。それは、直接男性と女性に異なる行動傾向をもたらすものとして存在しているのではなく、人々の解釈装置として、存在している。婚姻外性交に関する性規範のダブルスタンダードに即して言えば、男性の性行為により許容的であるという含意は、男性により多く婚姻外性交という行為が見出せるということでも、男性により多くのその「欲求」があるということでもない。異性愛を前提とすれば、性行為が男女両性によってのみ可能になる以上、そのようなことは考え難い(1)。そうではなく、それは「婚姻外性交」という行為に対し人々が行う解釈が、男女いずれのカテゴリーに属しているかによって、異なっているという事態を意味している。

すなわち、男性により許容的であるという含意は、男性の場合そのような行為がその個人の人格の評価において女性に対してよりも否定的な効果をもたらさないということにあることは、私たちの日常的直感において明白である。そのことはすなわち、人々の他者の行為理解において、他者の意図や欲求の解釈が、男女という性別カテゴリーの相違により、異なっているということを意味する。すなわち、性規範のダブル・スタンダードとは、人々が性に関する他者の行為やできごとの意味を解釈し、社会的現実を構成していく装置として存在しているのである。

3 合意／強制の解釈装置におけるダブル・スタンダード

性規範のダブル・スタンダードにおいて、もっとも興味深い問題は、性行為への意思に関する解釈装置である。

性行為への意思の有無という問題は、成人男女の性行為に対する社会的規制が緩和され、個人の自由意思と両性の合意にまかされるようになった今日では、かつてよりも、性規範との関わりにおいて、その重要性をましている。今日においては、かつて存在した姦通罪などの法規範が撤廃されたり、また性に対する意識がより解放されるなど、成人男女間での性愛に対する社会的規制は、緩和されてきている。それに伴って、性に関わる犯罪、あるいは社会的規範の侵犯の中で、女性の意思に反した性交の強制、すなわち強姦が、もっとも重大なものとして、意識化されるようになってきた。印象論的な言い方をすれば、今日における性犯罪（あるいは社会的規範の侵犯）は、成人男女間においては、その男女の属性（性別・既婚・未婚など）や行為・内容などから見えるものによってただちに判定されうることは少なくなりつつあり、強制か否か、すなわち女性の意思に反した性行為であったかどうかという問題を介して決定されることが多くなってきているのである。ここに、性行為への意思の存在いかんが、一つの焦点となってしまう理由がある。

けれども、すでに述べたように、本稿においては、意図あるいは意思を、個人の内面に実体的に存在するものとして扱うわけではない。本稿が問題にする意図あるいは意思とは、人々が相互行為的実践によって、規範を参照しつつ、その状況において「構成」していくそれである。性行為への意思という問題は、このような解釈装置の作動を認識するためには、特に有効なテーマであると考えられる。なぜなら、性的領域における行為は、礼儀上の理由などによって、その意図や意思を行為者自身表明しにくくなっているのであり、したがって、性行為への意思の存在という問題は、男女にその意思や意図を帰属させる解釈装置の作動によるものであることが、他の問題よりも容易に見ることができるからである。

奇妙なことに、性行為への意思を男女に帰属させる私たちの解釈装置は、決定的に性差別的、性別関与的である。つまり、男性であるか女性であるかによって、その個人に「性行為への意思」があったかどうかという解釈が異なるのである。以下、私たちの社会においてかなり一般的に存在すると思われるこのような解釈装置を挙げてみよう。

(1) 性行為への意思を自立的に持つことができるのは男性であり、女性の意思は男性の意思への同意／不同意としてのみ存在する。

(1)′ 男性は性行為を強制することはできるが、強制されない。女性は性行為を強制されうるが、強制することはできない。

(2) 男性の性行為への意思は、女性の振舞いにより喚起される。女性は男性を誘惑・挑発できる。

(2)′ 男性の振舞いは、女性を誘惑・挑発しない。女性が男性の性行為への意思に同意したときは、誘惑・挑発のせいにすることはできず、それは女性にその意思があったとみなされる。

(3) 男性の性行為への意思は、言語的に表明されなくても、その存在は自明である。すなわち、男性が女性を性行為可能な状況に導いた場合、あるいは男女がそのような状況にあった場合、男性の側に性行為への意思があったとみなされる。なかったという男性の言明は、信用されない。

(3)′ 女性の性行為への意思は、言語的に表明されなくても、抵抗しないことによってあったとみなされうる。なかったという女性の言明は、抵抗したという行為によってのみ信用される。

上の記述は、実際の男女の性的行動にかかわる意図の記述ではないことを再度確認しておこう。実際には、女性が自立的に性行為への意思を持ち積極的にアプローチすることは充分ありうると思われる。また女性による男性への性行為の強制もありうるだろう（秘密をばらすといった脅迫によってなど）。また男性が身体的振舞いによって女性を挑発したり誘惑することも実際にあるかもしれない。しかし、そのような男女の性行動の多様な可能性にもかかわらず、私たちはめったにそのような性行為への意思を解釈しない。仮にそのような行為解釈が存在したとしても（男性が女性を「強姦罪」で訴えるなど）、われわれはそのような解釈が妥当であるとはなかなか認めない（日本の刑法においては強姦とは女性に対してのみなされる犯罪であることが明記されている)。上に挙げたのは、そのようなわれわれが、通常、他者あるいは自己の性行為に関して妥当であると裁定あるいは選択する「解釈」を産出するであろう解釈装置である。

むろんこのような解釈装置が生み出す解釈に反するような行為が提起されることも、またそのような解釈が裁定あるいは選択される場合もありうるだろう。しかしその場合においても、上に挙げた解釈装置が作動していると考えられる。すなわちそのような場合においても、この解釈装置は、論証すべき論点が何であるのかを、あらかじめ規定している。男性が自分は強姦されたと訴えたい場合には、その訴えを妥当であると認められるためには、暴行・脅迫がどの程度差迫ったものであったのかを説得的に論証しなければならないし、また女性の挑発、誘惑が抵抗できないほどのものであったことを論証しなければならない。このような論証の構成を必然化するものこそ、このような解釈装置なのである。

私は、私たちが他者たちの性行為に対して与えるところの性行為への意思に関する解釈は、このような解釈装置によって、個人の内面についての了解を経由することなく、ほぼ自動的に産出されていると考える。すなわち一般に性行為への意思とは「個人に内面についての了解」に基づいて構成されてはおらず、(ましてや個人の内面そのものなのではなく)、このような「解釈装置」によって行為者に割り当てられているのである。

ではなぜ、性行為への意思を行為者に割り当てることが社会的に重要なのだろうか。それは当然にも「責任」という問題に関連している。本人にその意思がある場合とない場合では、そこにおいて責任があるのは誰か、誰が何を請求できるか、何を請求できないかといった問題に対する判断が異なってくる。私たちの社会においては、意思、意図は行為が選択されたものであることを含意する。選択は責任を伴う。このような問題に解答を与えるうえで不可欠なのが、意思、意図の行為者への割り当てなのである。

したがって、性行為への意思を男女の行為者に割り当てる解釈装置は、以下の二重の意味においてまさに規範であるといってよい。すなわち、それは、実際にありうる行為者の行為、あるいは行為の意思、意図の多様性に抗して、社会的に認められる行為者の意思、意図の解釈を限定するものであるという意味において、抗事実的であり、この意味においてまさに「規範」である。また、その行為者の「責任」を確定するうえで不可欠な構成素となっているという意味においても、規範である。

性規範のダブル・スタンダードという事態は、単に性行為に対する外的評価基準が男女で異なっているということを意味しているのではない。それは、性行為と行為者の意思あるいは意図（という内面）を関連づける解釈装置が、男女で異なっているという事態を意味する。性規範とは、行為を外的に規定する規範なのではなく、行為者の意思あるいは意図（という内面）そのものに言及する規範である。性規範の逸脱は、行為者の内面の汚名化を伴いがちである。したがって、もし性規範のダブル・スタンダードが男女において性行為への意思あるいは意図を別様に割り当てるという事態を含むならば、たとえ男女の性行為に対して同じ対外的評価基準を適用するようにしたとしても、ダブル・スタンダードは解消されない。自らの内面とは異なる意思あるいは意図を割り当てられ、それゆえに汚名化された行為者の怒りは、単に外的な評価基準によって逸脱者とされた者の怒りよりも、より深いものと思われる。

4　女性はどのように「性行為を強要された」と言えるのか

上に挙げた解釈装置を使用して応用問題を解いてみよう。このような、行為者に性行為への意思を割り当てる解釈装置は、男女それぞれの行為者に、同様の解けない問題を課す。すなわち、それは性行為への意思がなかったと言うことはどのようにして可能なのかという問題である。(3)あるいは(3)′は、男女ともに、その「意思がなかった」という言明が妥当であると裁定されにくい状況があることを示している。

男性においては、そのような意思あるいは意図の存在は自明であるとされ、その不在は性行為可能であるような状況を作らないということによってのみ証明される。女性においては、自立的に性行為への意思あるいは意図を持つことはなく、男性の意思に同意／不同意を示すことがその意思とみなされる。けれどもその意思の不在は、抵抗することによってのみ証明される。男女いずれにおいても、本人の言明は実際の行為に比較してその信用度が低いと評価されがちである。けれども、実際の行為の意味は、「解釈」によっていかようにも変わりうるのではなかろうか。したがって、行為者にとって、どのようにしたら性行為への意思はなかったと言えるのかという問題は、自分では解くことができない問題として、現出する。

私は、セクシュアル・ハラスメントの社会問題化に際し、さまざまに示された懸念のほとんどは、この二つの解けない問題をめぐっての議論であったのではないかと考えている。男性の側の懸念のほとんどは、性的含意はないのにあるように誤解されたらどのようにしてその誤解を解くことができるのかという問題に集中し、女性の側の懸念のほとんどは、男性から自分が望んでいない性的含意を持つ行為がなされたら、どのようにしてそれを望んでいなかったということができるのかという問題に集中した。それぞれの問いは、男女それぞれにとって解くことができない、理不尽な問題としてあることから、これらの懸念はあたかもそれぞれ異性の陰謀や悪意を仮定するかのような文脈において議論されがちであり、男女の非和解的な対立を示すものであるかのように解釈されがちであった。けれども、私は、このような懸念は、他性の内面に実体的に存在する陰謀や悪意に関連づけられるべきものではなく、性規範（あるいはそのダブル・スタンダードという事態）のはらむ問題として位置づけられるべきものであると考える。

本稿においては、女性の側の視点から、女性はどのようにしたら性行為への意思がなかったと言えるのかという問題を考えてみよう。この問いは、私たちの社会における性交に関する二つの大きな社会的規範配置のなかで、解かれるべき問題として立ち現れる。すなわち、強姦の禁止という規範と、女性の婚姻外性交の禁止という規範である。前者は、刑法に明記された法規範であり、後者は女性の婚姻外性交一般を、女性の意思のあるなしにかかわりなく女性にとっての恥辱と考えるような観念の存在に示される社会通念上の規範である。女性は、このような社会規範の配置のなかで、そのときそのときにおいて、自己の戦略を決定するという問題に直面することになる。

したがって、女性が意思に反した性行為を強要されたと思う場合、強要した男性に告訴などの手段をとるかどうかということが、すでに一つの決定すべき選択になってしまう。すなわち、上に挙げたような社会的規範配置は、婚姻外においては、女性が強要されたと訴えることができるためには、当の女性にとって恥辱とされているできごとを、女性自身が告白しなければならないというジレンマを成立させてしまう(2)。法規範において強姦が禁止されているにもかかわらず、女性の意思に反した性行為の強要、すなわち女性の性的自由や性的自己決定権の侵害を、問題化せざるをえない一つの文脈が、このような社会的規範の配置にあることは、明瞭である。

けれども、仮に女性がこのようなジレンマを乗り越えて、男性を告訴しようと決心した場合においても、その訴えを成立させるためには、もう一つハードルがある。それが、先に挙げた性行為を強要されたと言うことはどのようにして可能になるのかという問いである。この問いは、前節において呈示した性行為への意思を社会成員に割り当てる解釈装置の、(2)と(3)′に関連している。

先に挙げた解釈装置において、(1)′は、性行為の強制というできごとを、男性により女性に対してなされる行為としてのみ、解釈させる。この解釈装置が性差別的であることは論をまたない。男性からすれば、女性は、自分にはその意思がなかったと言うだけで、男性の行為を犯罪として告発できる力を持っていると感じられるだろう。それはまさに理不尽なことに感じられるだろう。女性は男女関係においてどのように無理を言っても告発されない。他方男性の方は、女性が強引に泊まりに来たとしても、告発を受けかねない。

けれども、一見男性に不利に見える(1)′のような解釈装置は、女性の自立的な性行為への意思を認めず、女性の性行為への意思を男性への同意としてのみ構成する(1)の解釈装置により成立させられているのである。そして、この(1)の解釈装置を「補強」する(2)や(3)′の解釈装置によって、(1)′のような男性に不利な解釈装置の作動は、ほぼ完全に抑制されてしまうのである。

(2)は、男性が性行為への意思を持った場合、女性にそれを喚起してしまうような振舞いがなかったか詮索することを正当化する。そのような振舞いが発見できた場合には、その女性の振舞いは、男性に対する誘惑・挑発という意思・意図として、すなわち、女性の性行為への意思として、解釈されることになる。このことは、その女性の性行為への意思がなかったという言明を割り引きする効果を持つ。したがって、この解釈装置は、女性の男性への告発可能性を著しく低下させる機能を果たすのだ。このことは、女性の性行為への意思がなかったといえるための条件を著しく限定する。服装や外見、しぐさ、行動、発言のなかに、男性を誘惑・挑発したことを示す女性の意思・意図が捜索される。過去の女性の品行や婚姻歴のなかに、男性を誘惑・挑発する女性の内面が捜索される。これらすべてが、意思はなかったという女性の言明の効力を低下させるために動員されうるのである。女性が過去にその男性に同意を与えていれば（性行為を強要したのがかつての恋人や夫であれば）、女性の意思がなかったという言明の効力は、ほとんどなくなってしまうのだ(3)。

女性の側からすれば、この(2)の解釈装置は、まさに理不尽である。この装置は、男性の性行為への意思に対する責任を女性に負わせてしまう。男性が勝手にその意志をもったからといって、どうして女性が非難されなくてはならないのか。私たちは他者の意思や意図についての責任を問われないことを当然のことと考えている。このような責任が問われるのは、親の子に対する監督責任など、非常に限定された場合のみである（職場の上下関係が親子関係の擬制のもとになりたっている日本社会においてはこのような責任のとりかたが職場にも染み出していることがある）。それなのに、男女関係においては、あたかも男性の性行為への意思に対する責任が女性にあるかのような解釈が、成立してしまうのだ。

この解釈装置はまた、女性の側に一度でも同意と解釈される振舞いが存在すれば、その女性は同意したとみなしうるという判断をも、正当化する。仮に誘惑や挑発として解釈されうるような振舞いをしたとしても、その女性が後に性行為を拒否することは十分ありうるだろう。けれども、この(2)の解釈装置は、このような解釈を否定してしまう。すなわち、女性がある時点で性行為への同意として解釈されうる振舞いをしたとすれば、それは他の時点の同意しなかったという言明の効力をなくしてしまうことが、当然であると考えられているのである。部屋に入れた、一緒に食事をした、一緒にドライブに行ったなどの事柄が、女性の同意の証拠として採用される。そして、「一度同意しておきながら後にその意思がなかったなどと言うその女性の方にも、「問題がある」などの判断がなされる……。もしこのような判断が妥当なものとして通用しているとするならば、それは要するに、女性はどの時点であれ同意を与えたならば、それを後から撤回することはできないと規定していることと、同じである。

もしそのような女性の同意についての解釈が通用しているとするならば、それは、女性の性行為への同意を、あたかも自由の放棄であるかのようにみなすことにつながってしまう。一度同意したなら後から撤回できないということは、同意の後は女性は同意という自分の決定を維持するかどうかということに関する自分の意思や判断力を「放棄」しているとみなしてよいということと、同じである。そこにおいては、女性の同意は、自己の身体に対する権利の放棄、男性の意思への服従と、等しいものとして理解されているのである。だからこそ、一度放棄しておきながら後からそれを撤回することはできないという判断が正当化されるのである(4)。

ある時点において女性が性行為への意思をもったとしても、そこからただちに、その女性がその男性に対して自らの自由を放棄し男性の意のままになることに同意したということはできない。その女性は、その男性との間で、自分の望むような性行為を行いうると考えたゆえに、性行為への意思を持ったのかもしれない。したがって、ある時点においてその意思があったとしても、男性のその後の行為や発話から、自分が望むのとは異なる性行為が予想された場合には、当然その女性の意思は変わりうるのである。けれども、(1)の解釈装置は、女性が男性と同様自立的な性行為への意思を持つことを認めない。女性の意思はあたかも自らの自由の放棄を意味する男性の意思への同意、すなわち服従と同一のものと考えられてしまうのである。

(3)′の解釈装置は、女性が性行為への意思はなかったという言明をした場合、それを確認できるような「抵抗」という振舞いの存在を捜索することを正当化する。逆に言えば、抵抗が証明できない場合には、女性のそのような言明を割り引きしてかまわないと判断することを、正当化する。

この装置もまた、女性の男性への告発の可能性を著しく制限する。性に関わるできごとは、多くの場合、二人きりの状況で生じるので、第三者の証言を得られる可能性は非常に少ない。女性のその意思がなかったという証言が信用されなければ、抵抗したという証言もまた、信用される可能性は低い。女性の言葉以外で抵抗を証明しうるような証拠は、脅迫の事実が証明される場合（男性が銃を保持していたことが証明される場合など）、あるいは抵抗の結果女性が身体的な傷害を被りその事実が証明される場合でもなければ、なかなか見出されないだろう。仮に、そのような証明ができない場合はすべて女性の言明は信用されないとするならば、女性が告発できるためには、男性の脅迫に屈せず抵抗して身体的な傷害を自らの身に被ることが必要条件になってしまう。極言するならば、女性の抵抗は、女性が抵抗してその結果死んでしまったり、回復困難なほどの傷害を被る場合のみ、曇りなく証明され、そうでない場合はすべて何ほどかの疑わしさをはらむことになってしまう。

女性の側からするならば、(3)′の解釈装置は、女性を次のようなジレンマに追い込むものである。すなわち、(3)′は、男性から性行為を強要された女性を、男性から著しい不利益を与えられることを覚悟で将来における自分の告発可能性を保持するために脅迫に屈せず抵抗するか、あるいは、抵抗を放棄し男性からの脅迫に屈することで将来の自分の告発可能条件を悪くすることを選択するか、というジレンマに追い込むのである。もし抵抗を放棄し脅迫に屈するならば、(3)′の解釈装置によって女性にも性行為への意思があったという解釈がなされ、女性がその男性を告発することは困難になってしまうかもしれない。けれども、とことん抵抗してしまうと、殺されてしまうかもしれないのだ。殺される可能性を避けようとすれば、抵抗を放棄して同意を装ったほうが良い。けれども同意を装うとするならば、それはまさに同意として、すなわち女性の性行為への意思として解釈されてしまうかもしれないのである。

男性による女性の強姦が法的に禁止されているにもかかわらず、女性の性的自由が脅かされてきたのは、このような性行為への意思に関する解釈装置（ダブル・スタンダード）が維持されてきた結果でもある。このような解釈装置は、女性の告発可能性を著しく制限してきた。最後に、このような性規範のありかたに対して、セクシュアル・ハラスメントの社会問題化がどのような意義を持つかについて考察してみよう。

5　セクシュアル・ハラスメントの社会問題化は何をしていることになるのか

以上、「解釈装置としての規範」としてある私たちの社会の性規範の様相を記述してきた。ここから、最初においた問い、すなわちセクシュアル・ハラスメントの社会問題化は性規範のダブル・スタンダードに対してどのような効果を持つのかという問いを、考えてみることにしよう。

女性の性的自由や性的自己決定権は、暴力によって脅かされてきた。けれども、暴力だけがそれを脅かしてきたのではない。暴行を受けたことを女性の恥辱と位置づけたり、女性についてのみ厳しい性道徳を求める性規範のダブル・スタンダードも、女性の性的自由や性的自己決定権を脅かしてきた。むろん女性に男性とは異なった性行動を規範として要求する考え方は、次第に弱くなってきている。しかし、だからといって性規範のダブル・スタンダードという事態がなくなったわけではない。それは、私たちの社会の性行為への意思や意図を解釈する解釈装置として、いまだ大きく存在している。そして、3節で考察したように、このような解釈装置としての規範も、女性の告発可能性を著しく限定することで、性的自由や性的自己決定権を脅かしてきたのである。

セクシュアル・ハラスメントの社会問題化は、このような解釈装置としてある性規範のダブル・スタンダードに対して、女性の労働権という全く別の枠組みから挑戦したと言うことができるだろう。その問題提起は、以下の点において、画期的であった。

(1)職場における男性からのセクシュアル・ハラスメントを、性差別問題・労働問題として位置づけることによって、性行為に関わる社会通念的な解釈装置の作動を抑制し、女性の告発可能性を広げたこと

(2)そのことによって、男性が性行為への意思を持ったとしても、それを喚起したはずの女性の振

舞いを詮索することが正当化されない状況もあることを、明確にしたこと

(3)女性への強制、脅迫の存在を、女性への身体的な傷害以外の証拠によって、証明しうる場合（人事権等の職場の権力関係が存在する場合など）があることを明確にしたこと。

これらのことはすべて、女性の性行為への意思を、男性への同意／不同意としてのみ存在するものとみなし、しかもその意思を結果的に男性に服従したかどうかによって判断するような、従来の解釈装置に風穴をあけることに寄与した。それは、女性の性行為への意思の自立性、すなわち、男性への同意／不同意としてのみ存在するのでも、また服従／抵抗という振舞いによってのみ証明されるのでもない意思の存在を社会的に承認することに寄与したのである(6)。

女性の性行為への意思の自立性を社会的に承認することは、女性の性的自由、性的自己決定権の確立のうえで、決定的な重要性を持っていると私は思う。なぜなら、それは、人々の性に関するできごとについての解釈装置に変更を加え、できごとの構成を決定的に変様するからである。女性の性行為への意思の自立性が承認されるならば、服従という女性の振舞いが、強制という男性の行為の構成要件を消去するものとして解釈されることは、なくなるだろう。

セクシュアル・ハラスメント事件においては、昇進などの約束を条件に性行為を強要する男性の上司の行為は、たとえその強要に女性が屈し性行為に同意を与えた場合においても、違法であることが明らかにされた(7)。このようなできごとについての解釈（事件への裁定）は、たとえそれが労働の場という限定的な領域においてのみ言えることであっても、女性の性行為への意思を同意した

という振舞いとは自立的に存在するものとして解釈することを、正当化する。そして、このような事件の裁定についての報道は、人々の解釈装置そのものに変更を与え、人々のとりうる行為戦略の可能性を大きく変様するのである。

すなわち、セクシュアル・ハラスメントの社会問題化は、私たちの社会における性行為への意思に関する（性差別的な）行為解釈装置に、変更を加えたのである。その社会問題化は、できごとに対して別な解釈を与えうる新しい文脈を提起した。このような別の文脈の提起は、直接的なセクシュアル・ハラスメント問題に関わるできごとの範囲を越えて、さまざまな性に関わるできごとにも影響を与えるのである。

注

（1）女性には男性のような婚姻外性交への欲求がなくそのような行為を行うことも少ないという認識は、婚姻外性交を行う女性が普通の女性ではなく特殊な女性であるという認識を生んできた。すなわちその相手になる女性は、一人の男性とだけではなく多くの男性と性行為を行っているかのような認識である。このような認識が、女性の婚姻外性交に対する汚名化をもたらしてきたのである。

（2）逆に女性が婚姻内において性行為を強要された場合には、そのような女性の訴えは無視されてきた。すなわち、そこにおいては、婚姻を、女性が男性に対して自らの身体に対する無制限の権利を与えることに対する同意として、すなわちあたかも自由の放棄として位置づけるような解釈が、当然のものとして行われてきたのであり、女性が「婚姻内」においても性行為を拒否できるという考え方は否定されてきた。したがって、女性は、婚姻外においても婚姻内においても、性行為の強要を告発することが困難な状況に置かれてきたのである。

（3）ジョーン・スミスは、イギリスにおける一九八〇年代の婦女暴行事件の判決において、いかに多く「女性の側にも落度があった」という解釈がなされているかを紹介している（Smith, Joan, Faber & Faber, 1989, *Mythogines* 鈴木晶訳『男はみんな女が嫌い』筑摩書房、一九九一年）。

（4）女性の同意を、自己の身体への権利の放棄と同一視するこのような解釈の存在が、婚姻内におけるレイプを認めないという判断や、売春婦の人権を認めない判断をもたらしている。このことに関しては、日本社会学会一九九三年度大会における川畑智子氏の発表から示唆を受けた。

（5）先述したジョーン・スミスの書物には、一九八二年の強姦事件における被害者の「乱暴されるのが怖かったから男のいいなりになった」という証言に対し、デビッド・ワイルド判事が判決として、「女性のノーはかならずしもノーの意味ではない。問題はたんにノーと言ったかどうかということだけではない。その女性がどんな言い方をしたのか、どういう言い方をしたのか、どんな態度でそれを明確に示したのか、それが問題である。もし望まないのなら、脚をしっかり閉じておけばよい。そうすれば、無理じいされた時に傷あとが残るはずである」と述べていることが、紹介されている（邦訳書、一二頁）。

（6）ここでは、セクシュアル・ハラスメントの社会問題化を主題化するためにこのような記述を与えているが、できごとに別の記述を与えることも可能である。すなわち、セクシュアル・ハラスメントの社会問題化は、女性の性行為への意思の自立性を承認する全体的な動きに関連したできごとであるという記述である。どのような記述を行うにせよ、セクシュアル・ハラスメントの社会問題化は、婚姻内の強姦を認めたり、強姦の加害者側の挑発されたからといった弁明を認めない動向と関連していることは、明らかであるように思われる。

（7） ビンソン裁判。山本美知子、一九九二年、「裁判を通じてみるセクシュアル・ハラスメント」日本太平洋資料ネットワーク編『日米のセクシュアル・ハラスメント——現状レポートと対策』ウイメンズ・ブックス12、新水社、参照。

〈アカハラ〉を解決困難にする大学社会の構造体質

1　大学は男性支配の社会

大学社会も、他の社会領域と同じく、性差別に満ちている。大学社会の構成員のうち重要な意思決定に関わる管理職や教員は、圧倒的に男性によって占められており、女性は学生や大学院生・非常勤職員など、相対的に地位が低い構成員に多い。このように、大学社会は、他の社会領域と同じく男性支配の社会である。このような社会においては当然にも様々な性差別事件が起きる。けれども一般に大学社会は、他の社会と異なり、正義や良識が貫徹している社会であると思われがちである。したがって、被害者の性差別という訴えは、「まさか大学教員ともあろう人がそんなことするわけがない」とか「良識の府である大学においてそんなことが起きるわけがない」などと、なかなか受け止めてもらえない。〈アカハラ〉(1)という大学内の性差別の特質は、それを生み出す特有の社会構造とともに、事件が生じた場合にその解決を困難にする特有の社会構造にあると言って良いだろう。したがって以下においては、大学社会の社会構造の特徴を、被害者にとって〈アカハラ〉事件を深刻なものにしてしまう、〈アカハラ〉事件を解決困難にしている大学の構造体質に焦点を当てて論じてみたい。

〈アカハラ〉問題は、どう考えても解決が困難であるように思える。いやそれどころか、自分が被害者になった場合、一体自分に声を上げられる勇気があるかどうかすら、おぼつかない……。大学社会に学生時代を含めて二五年暮らしているが、その長い年月の上での実感として、私はそう感じる。

2 大学組織と研究者集団の二重性
——加害者が行使しうる権力の二重性——

どうしてなのだろう。この実感を何とか分析しようと、いろいろ考えてみた。タコツボと言われる狭い研究室世界の相互無干渉的林立、ほとんどの資源配分・役割配分が順番によってなされるエセ平等主義と、採用・昇進人事におけるタテマエとしての業績主義の共存、業績による権威と社会的地位・名声による権威主義の混合、事なかれ主義や先例主義や既得権の横行などなど、私の実感の根拠となしうるような大学組織の構造的特質は様々に思いつく。けれども、これらのこと（それらのうちの一部については次節で触れることにする）以上に大きな理由は、大学社会が大学組織からのみ成立しているのではないということになるのではないかと、私は考えるようになった。おそらくこのことをきちんと把握しておかないと、〈アカハラ〉被害者の厳しい状況について想像することすら難しいのではないか。

このことを論じる前にまず最初に明確にしておきたいことは、キャンパス・セクシュアル・ハラスメントや〈アカハラ〉といった問題においては、日本における一般企業におけるセクハラとはやや違った特質があるということである。一般に日本の企業では、直接の上司が部下についての人事権を持っているわけではない。このことから、日本におけるセクハラはいわゆる対価型セクハラ（仕事上メリットを与える、あるいは逆にデメリットを与える等を条件として、関係を迫る等の嫌がらせのこと）は少なく、むしろ地位利用型（上司の言うことには逆らえないといった部下の心情を利用して関係を迫る等の嫌がらせのこと）が多いと言われてきた。

けれども、このことは、キャンパス・セクシュアル・ハラスメントや〈アカハラ〉には当てはまらない。なぜなら、一般企業における人事考課に当たる大学における成績評価・業績評価においては、一般の授業の単位認定は当然として、卒業論文や修士論文の合否判定や新規採用人事・昇進人事に至るまで、教員個人の裁量の余地が各段に大きいからである。たとえば一般の授業単位の認定であれば、この学生には絶対単位を与えたくないと教員が考えたとすれば、その教員の主観がそのまま実現してしまう可能性がかなり高い。この意味において日本における大学は、一般企業の職場とはやや異なる特質を持っている。

けれども、この教員個人の裁量の余地の大きさという問題をさらに厄介にしてしまう大学の特質がある。それが大学社会の二重性ということである。

大学社会は、一つの大学の組織からのみ成立しているのではない。大学組織の背後には複数の大学組織にまたがる特定の専門領域の研究者集団がある。この研究者集団は、学会や同窓会組織や研究者ネットワークなどの混合から成立しており、同じ専門領域に関心を持つ研究者によって構成されている。ここでいう集団とは、加入規則や退会規則を持つ（メンバーとメンバー以外の者を明確に分かつ境界を持つ）フォーマルな集団だけを意味しているのではなく、単に相互に知人関係にある人々の集合をも意味している。けれども、このインフォーマルな「集団」は、互いに業績を認知しその評価を共有している（評価が一致していない場合もあるが、その場合でも、相互に情報交換することによってどんな評価がなされているかという知識は、かなり共有している）だけでなく、最近の研究動向や研究活動、大学組織での活動、健康状態、履歴・経歴・生活史、はては家族歴に至るまで、相互に知り合っている。

この集団に所属するメンバーがこのように豊富な個人情報を互いに分けもっているのは、この集団への平均所属期間が学校集団・職場集団など他の集団に比較して非常に長いためである。むろん企業におけるインフォーマル集団（同期入社仲間など）も、平均所属期間は数十年に及び、かなり長い。けれども、企業におけるインフォーマル集団の多くが、企業の枠を越えることは少なく、メンバーの多くは企業からの退職によってこの集団に所属することをやめるのに比較して、研究者集団は大学組織の枠をこえており、メンバーのほとんどは大学退職後もこの集団に所属しつづける。

このような集団は社会学でいうところのアソシエーションよりもコミュニティに近く、しかも少なくとも日本の文系の研究者集団は、ムラに非常に近い性格を持っている。確かにメンバーは出生と同時にこのムラに所属するわけではないが、一度加入するとほとんど死ぬまで所属しつづける。したがってメンバーは大抵の場合、青春時代や大学院時代の行状、結婚のいきさつ、子どものことまで他のメンバーに知られることになり、そのメンバーが著名な研究者の場合は、研究者集団においても好んでそうした時期の逸話が繰り返し語られるのである。これらの逸話は世代が異なる研究者にも昔話のように語り伝えられる。若い世代の研究者は、著書でしか知らなかった著名な学者の、誰も知らないような個人的逸話を上の世代の研究者集団からおしえてもらうことによって、その著名な学者に親近感を覚えられるようになるのであり、自分がその著名な学者と同じ研究者集団に所属していることを自覚するのである。

この研究者集団は、研究者相互のコミュニケーションや情報交換の上で、メンバーにとって非常に有益である。大学の採用人事における候補者えらび、研究プロジェクトの推進に必要な有能な研究者の選定、編書における執筆分担者の選定、シンポジウムなどの参加者・報告者の選定などに当たって、メンバーはこの研究者集団における人間関係を相互に利用する。研究者の多くは、専門外の領域についてまでフォローしているわけではないから、何かそうした知識が必要になった場合、すでにある研究者集団における人間関係に頼りがちになる。したがって、このインフォーマルな研究者集団における評判や評価は、現実には、メンバーに対してかなり大きな意味を持つことになる。

大学社会とは、大学組織とこのような研究者集団が重なりあった二重の世界である。それゆえに、被害者と同じ専門領域における有力研究者から〈アカハラ〉を受けた場合、被害者は加害者の影響力から逃れうる可能性がほとんどなくなってしまうのである。被害者が大学組織から離れること自体大変な決意がいるが、たとえそれをなし得たとしても、その専門領域で研究者になるという志望そのものを変えないかぎり、〈アカハラ〉加害者は被害者に影響力を行使しつづけることができる。なぜなら、〈アカハラ〉を行った加害者と被害者は、大抵の場合、同じ研究者集団に所属しつづけるしかなく、いかなる研究生活を送るとしても、加害者の影響力から完全に逃れることはできないからである。

たとえば、加害者の（被害者が女性であるがゆえに行った）不当な要求（セクシュアル・ハラスメントの場合、不当な評価を受け入れるように要求する場合など、多様な場合がある）を受け入れることは、〈アカハラ〉被害者を窮地におとしこむ。しかし、加害者の要求を明確に拒んだとしても、それは加害者による（罪の意識を持っている場合は被害者による告発を非常におそれているがゆえに、罪の意識すらない場合には完全に性差別的意識を内面化してしまっているゆえに）被害者についての悪意ある評価の流布を招く可能性がある。当然にも〈アカハラ〉事件においては、加害者が研究者集団の古参かつ有力メンバーであり、被害者は新規のメンバー（あるいは参加希望者）である場合が多い。

加害者による悪意ある評価を被害者が否定したとしても、古参で有力なメンバーと、新規のメンバーと、一体どちらがより信用されやすいだろうか。古参メンバーである加害者は、数十年来の知人を大勢研究者集団に持っているのだから、加害者による悪意ある評価を容易に研究者集団に流すことができるだろう。さらに、加害者も他の有力メンバーもほとんど男性であり、無意識に女性に対する性差別的偏見を共有しているとなれば、女性である新規メンバーに対する男性有力メンバーの悪意ある評価を容易に受け入れてしまうだろう。被害者が未だ研究者として業績を十分に評価されておらず、論文審査や採用人事において高い評価を得たいと考えているとすれば、〈アカハラ〉加害者が研究者集団にむけて被害者の低い評価や悪評を流すかもしれないという可能性は、被害者にほとんど恐怖に近い感情を引き起こすだろう。人についての悪評は、長い間ムラの人々に記憶され、何か事があるごとに噴出してくる。同じように研究者集団における悪評も、たとえ下火になったとしても長く記憶され、将来の人事や業績判定において噴出してくるかもしれないのだから。

そのような悪評が真実ではなく、加害者にも被害者に対してそのような悪評を流すに足る動機があることを研究者集団に明らかにするためには、それが〈アカハラ〉であることを証明するしかない。しかし〈アカハラ〉事件を公にすることは、事件を揉み消そうとする加害者によるさらなる攻撃の可能性を予想させる。〈アカハラ〉被害を公にすることは、被害者をさらに窮地に追い込んでしまう可能性すらある。要求を拒否し〈アカハラ〉被害を公にしても、もしその真実性が研究者集団によって認められなければ、被害者はあたかも悪意によって加害者に不当な非難を加えたかのように理解されてしまい、ムラ的な研究者集団において、決定的な悪評に付き纏われることになる。

〈アカハラ〉被害者は、このようにたとえ大学組織を離れたとしても研究者志望である限り、要求を受け入れても拒否しても、〈アカハラ〉被害を公にしてもしなくても、自らの研究者志望という目的を実現不可能にするような影響力を加害者が行使しうる力を持っていることも認知せざるをえない。だからこそ、被害者にとって加害者は、被害者をいかようにも料理しうる絶対的な力を持っているように感じられるのである。

では、その専門領域で研究者になるという志望を変えればよいのか。確かに志望を変えれば研究者集団に所属する必要もなく、そこでの評価や噂をおそれる必要もない（それでも権威や地位を持つ人間から悪意を持たれるかもしれないというおそれはかなりのストレスとなる）。けれども誰でもわかるように、専門領域を変えることは非常に難しい。研究者志望者は、すでにその志望を確立する時には、かなりのコストを支払ってしまっていることが普通である。企業への就職の断念や退職、長い時間をかけた大学院入試のための勉強、論文を書くために費やした年月、資料集めに使った費用。志望を変えることは、被害者が支払ったこれらのコストの回収を断念することを要求するのであり、簡単になしうることではない。何よりも残酷なのは、被害者が見出した学問の価値を、〈アカハラ〉のような卑劣な行為で断念しなければならないということである。このような無念さを抱えて被害者はシニシズムに陥らずにして生きていくことができるだろうか。

私には、それは大変困難であるように思える。

3　支援者を得にくくさせる大学組織の構造体質

このように大学社会においては、被害者と加害者は単に組織上で上下関係にあるだけではなく、一つのムラ社会に生きていることが普通である。このことが、被害者に行使しうる加害者の権力を非常に強大なものにしている。しかし問題の解決を困難にしているのは、このようなインフォーマルな権力の存在だけではない。大学組織は、被害者の訴えを受け止めにくい構造体質を持っている。そのことが、被害者の状況を悪化させていることも、確かである。

日本の大学組織は、他の日本企業などの組織と違う以下のような特徴を持っている。

日本企業においては、部下の人事権を部長・課長などの直接の上司が持つことは少ないが、大学組織においては、人事は実質的に研究室などの組織単位で行っており、教授など上位の者が直属の組織成員に対して持つ影響力は非常に大きい。むろん研究室内の人事は研究室の総意に基づくということを原則としている研究室が多いことは、事実である。教授の地位にある研究者の多くが、研究室構成員の意見をよく取り入れる良識溢れる人格の持ち主であることも、否定しない。けれども、それでも教授の意見は、研究室において非常に大きな影響力を持つ。研究教育組織は、基本的に学術上の専門分野に従って構成されており、空いたポストに誰を採用するか、誰を昇進させるかなどの決定は、適格者についての専門的知識に基づいた判断ができる者しかなしえない。このような判断において、権威者である上位者が行使しうる影響力は非常に大きく、少なくとも教授が明確に反対している人事を強行することは非常に困難であると言うことはできる。

また逆に、少なくとも国公立大学においては学部長・総長などの管理職や教授会などの議決機関も、研究室の意思決定については口を挟みにくい。実際多くの学校において、口を挟まないということが不文律になっている。研究室が決定した人事を教授会その他においてひっくり返すということは、東大教養学部における「中沢問題」（中沢新一氏の採用が教授会において否決されたという事件）などにおいて明らかなように、大変異例のことである。

逆に言えば、国公立大学組織においては、個々の研究室にとってその上位者に当たる大学の管理職は、教授など研究室の上位者が研究室内の問題について行う決定に関して影響力を行使しうる条件を、ほとんど持たないと言ってよい。昇進はほとんど年功によって自動的に行われ、管理職の多くは選挙によって決定されるに過ぎず、配転・転勤も本人の希望によるもの以外には、ほとんどない。研究室予算も前年どおりの慣行に従って配分されるのが普通であり、本人の業績判定は管理職ではなく専門的な研究者集団によってなされるのが普通である。したがってせいぜいのところ、学部長・総長などが裁量を発揮しうるのは、改組要求の大学内順位づけの決定など研究室運営の一部に過ぎず、それさえ気にしなければ管理職の指導や要請を無視しうるのである。

むろん多くの教授は、研究室内の構成員の意見によく耳を貸し、大学管理職の指導や要望に従う努力も重ねている。しかし研究室内において小天皇のように振る舞う教授も皆無というわけではない。大学組織の問題性とは、このような者に対して、下の人間も上の人間も、ほとんど有効な介入をなしえないということにある。彼は下からも上からもほとんど介入されることなく、思うがままに自分が所属する組織を運営しうるのである。大学という組織は、組織成員が良識によって行動することでやっと何とか維持されているのであり、良識を持たない成員に対しては管理能力を欠いているのである。むろんこのような大学組織の構造体質を、学問の自由や研究室の自治という観点から評価することもできる。けれどもこのような体質は、研究室内の社会関係の上では、閉塞性をもたらしうるのである。

さらにこのような構造体質は、単に小天皇や独裁者を抑えられないという点において問題があるだけではない。このような独裁者がいない場合においても、むしろ決定的な問題を生み出してしまう。すなわち明確な命令権がなく、相互の話し合いによってのみ様々な問題を解決しうるような大学社会の構造体質、かなり対等かつ平等である大学教員が相互に話しあい、良識によって問題解決を図るというような一見民主的に見える大学社会の組織構造は、逆説的に他の教員の裁量の範囲内の問題に他の教員が口を挟まないという問題ある行動様式を生み出してしまう。今口を挟んだら、いつか必ず何らかの形でしっぺ返しをくらう。他の研究室の問題に介入しないだけでなく、他の教員の研究や教育にも介入しない。なるべく人間関係をこわさないよう大事にならないように、円満に物事を処理する。

まさにそのような教員の良識こそが、大学組織において被害者を孤立させてしまう。他の教員の指導や業務命令にけちをつけるようなことはなるべく避けたいというのが良識ある大学教員の本音であり、火中の栗を拾うようなことはできればしたくないのである。

しかも多くの大学組織は、予算不足・人員不足に苦しんでいる。どの研究室の研究教育が成果を挙げているのかを評価する一般的基準を持たず、予算配分や人員配分の見直しが行われないまま、研究機器の高度化や国際化などによって、研究室の雑務は増大の一途を辿っている。財政難により予算・人員は頭打ちになり、多くの研究室が人員不足・予算不足に悩んでいる。人員不足に対応するために、大学は様々な形で非常勤職員を採用し、実質的な戦力として研究室運営を担ってもらっている。だが、彼らの労働条件は非常に劣悪である。予算不足に悩む研究者の中には、企業などからの委託研究や、様々な形で募集される特別研究費を期待する者も多く、それらのお金を持ってきてくれる有力教授をありがたがる風潮も生まれている。この費用は非常勤職員を雇用するためにも使用されており（科学研究費による研究補佐員の雇用など）、非常勤職員を増大させる結果となる。

すなわち日本の大学組織は、経営体としての性格が弱いため、少ない公式資源を効率的に配分するための見直しが行われることがあまりなく、一部の研究室ではポスト不足が慢性化し非常勤職員頼みの運営が行われており、他方において特別予算頼みの運営が行われている。このような状況は、非常勤職員という不安定な雇用形態において労働せざるを得ない者たちの労働条件を悪化させるとともに、研究室の上位者（教授など）の裁量の余地を増大させ、研究室内の人間関係を複雑にしているのである。

これらのことは大学組織における権力関係に、大きな影響を与える結果となる。先に述べたように、一般に大学内における教員（教官）は相互に対等であり、それぞれが考えるところの研究教育を行うことができるようになっているが、そのことは同時に、他の教員の研究教育には口を挟まないという不文律を招きがちになる。同じ大学に組織上所属していても、専門領域が異なる他の教官の研究教育に対して意見することは越権行為であるように感じてしまうのが、大学教員の常である。意見したとしても解決の手段がなく、その教官を避けることができるような人事異動もないとすれば、なるべくそんなことはしたくないのである。ましてや意見すべき対象である教員が有力教授であり、様々な資源を調達することに長けているとすれば、その教員からなされるであろう資源配分という恩恵を考えて、越権行為を抑制してしまう。

けれどもこのことは、学生や院生など指導を受ける立場から見れば、指導教官の自分への権力を絶対的であるかのように感じてしまう原因となる。自分と指導教官との間にトラブルがあった場合、そのトラブルを他の教官に話すことで解決できないとすればどうしたらよいのか。他の教官に話してもなかなか解決に動いてくれず、教官との人間関係をうまくやっていくためのアドバイスを受けるのが関の山であるとすれば、一体誰に支援を頼んだら、訴えたらよいのか。教員以外の職員に訴えたとしても、大学職員は教員の専門的な研究教育上の判断にはなかなか介入しにくく、学生や院生に訴えたとしても、学生・院生も同じ弱い立場であり、彼ら自身の立場を悪くするような訴えにはなかなか協力しにくいことは、被害者にもよくわかっている。そうだとすれば、誰に訴えたらよいのか。支援者を得にくいことによって、被害者はますます孤立感を強めてしまう。加害者と同等の力を持つ他の教員が動いてくれないことにはどうしようもないのに、その教員が動いてくれないのでは、絶望的な気持ちになったとしても不思議ではない。

さらに〈アカハラ〉を考える上で指摘せざるをえないのが、大学における女性教員の数の少なさであり、他方において非常勤職員には圧倒的に女性が多いという事実である。大学教員における女性割合は、一九九三年でも九・九％に過ぎない。それも助手や専任講師に多く、教授職の女性は、男性を含めた全教授のうち五・三％である（一九九二年）。国立大学ではさらに少なく二・八％に過ぎない。東京大学や京都大学など旧帝大系の大学においては、この比率はさらに下がる。このような状況の中で、助手や非常勤職員の女性がセクシュアル・ハラスメントを受けたとしても、相談を持ちかけるべき上位の教員の中に同性の者が一人もいないといった状況が、一般化しているのである。同性の教員であればまだ相談しやすいのに、異性の教員しかいない状況の中で、被害を訴えて事件を公にしても、どれだけ教員から支援を得られるかおぼつかない……。被害者がそう感じてもしかたがないような状況が、あるのである。

非常勤職員や助手など、職員の場合も同じである。被害者が声を上げにくい構造体質、声を上げた被害者が支援者を得にくい構造体質を、大学社会は持っている。〈アカハラ〉事件の解決困難性は、こんな大学社会の構造体質に根を持っていると思う。

（1）ここでは〈アカハラ〉という言葉を上野千鶴子氏に従って広く「研究教育上の性差別」という意味で使用している。したがってこの語には、昇進差別・入学試験での差別等の他に、セクシュアル・ハラスメントも含む（上野千鶴子編『キャンパス性差別事情』三省堂、一九九七年、一〜六頁）。

キャンパスにはびこるジェンダー・ハラスメント

改正雇用機会均等法の施行以来、様々な自治体や企業においてセクシュアル・ハラスメント問題に対する対応策の整備が進んでいる。大学も例外ではない。一九九三年に発覚し世間の注目を集めた京都大学矢野事件以来、大学におけるセクシュアル・ハラスメント事件が次々と生じた。この状況を受けてどこの大学もセクシュアル・ハラスメント問題の発生に戦々恐々とし、啓発・研修・相談窓口の設置・ガイドラインの作成などを急ピッチに進めている。こうした状況は、一見セクシュアル・ハラスメント問題に対する理解が深まった証であるようにも思える。しかし、本当にそうなのだろうかという疑問も生じてしまう。

ある会議で年配の男性の企業経営者の方とセクシュアル・ハラスメント問題について話す機会があった。「いや、本当にけしからんですよ。セクハラなんてやる男は厳罰に処すべきですよ。『即刻クビ』くらいに厳しい罰則を作って対処すべきです。そうすればセクハラなんてなくなります。甘いからそんなことをやるんですから」。一見セクシュアル・ハラスメント問題に理解がありそうな彼の激烈な言葉を聞きながら、私はどこかおかしいなという感じを拭えないでいた。なぜならセクシュアル・ハラスメント問題には、判断が難しい様々な問題が含まれており、それらの問題に対して「即刻クビ」などの厳罰によって対処することによってはとうてい解決を得られそうにないばかりでなく、構成員の理解を得られそうにもないからである。おそらく彼は、セクシュアル・ハラスメント問題を刑法犯罪である「暴行・強制猥褻」に限定して把握しているのだろう。だから「厳罰」という発想になったのだろう。

けれども、実際のセクシュアル・ハラスメント問題は、こうした性暴力問題に限定されるのではなく、様々な意味でのグレーゾーンを含んでいる。「酒の席での暗黙のお酌の強要」「女性の生き方についての様々な言及・評価」「お茶くみ・ゴミ捨て・清掃などの仕事の強要」などである。これらのハラスメント行為を行う者の動機においては多くの場合、性的意図を明確に見出すことはできない。したがってこれらのハラスメント行為がセクシュアル・ハラスメントと言えるのかどうかについては、微妙なところではある。だからグレーゾーンなのである。

しかしこうしたグレーゾーンの言動こそが、性差別的な職場の実態と相まって、セクシュアル・ハラスメントの土壌を作り上げているということは、すでに様々な啓発書が指摘するところである。セクシュアル・ハラスメント問題に本当に対処するためには、一部の不届きな男を厳罰に処すだけではだめであり、職場に蔓延するグレーゾーンにあたる行為（あるいはその背景にある意識や職場の性差別的構造）をなくしていかなければならないのだ。「いやねぇ、やはり女の人は職場の宝ですよ。女の人に笑顔でお茶をいれてもらうと心が和む。そういう大事な女性に対して不届きな行為に及ぶ野郎は『即刻クビ』ですよ」。先述の経営者のこうした言葉からは、そうした問題意識を感じることはとうていできなかった。

1　女が勉強してどうするの

グレーゾーンにあたる言動とは何であろうか。そこには固定的な性役割意識に基づく言動（女性は結婚した方がいい・女に学問ができるわけがない・子どもを預けてまで母親が働くべきではないなどの言葉、あるいはお茶くみやお酌の強要、女性のみへのゴミ捨て・清掃などの割り当てなど）や、女の子意識（お酒の席で女性を資源のように男性に割り当てる・職場や研究室の花扱いする・女性だからと軽く見るなど）が見出しうる。これらは、いわゆる「ジェンダー」に基づく言動である。したがって本稿では、グレーゾーンにあたる言動を「ジェンダー・ハラスメント」という言葉で表したい。セクシュアル・ハラスメント問題の根っこには、ジェンダー・ハラスメント問題があるのであり、その問題にきちんと対処しなければセクシュアル・ハラスメントを防止することも困難なのである。

しかし、今進みつつある大学におけるセクシュアル・ハラスメント問題に対する防止対策の整備において、ジェンダー・ハラスメント問題への対策の合意はあるのだろうか。勤務先の大学においてセクシュアル・ハラスメントに関するアンケート調査（都立大学調査、研究代表者浅倉むつ子教授、一九九七年）を行っていた時、多くの同僚の先生方から、励ましの言葉とともに「セクハラが一件でもあったら大学の名誉に傷がついてしまう」という心配の言葉もいただいた。そのことを思い起こすと、大学におけるセクシュアル・ハラスメント問題に対する理解は、先述した経営者の方とそれほど違いがないのではないかとも思えてくる。

つまり、今大学においてセクシュアル・ハラスメント問題に対する理解が進んでいるように見えるけれども、それは大学の名誉にかかわるような破廉恥事件としてのセクシュアル・ハラスメント行為に対する対処の問題としてであり、その背景にあるグレーゾーン問題に対する認識はあまり強くないのではないかという疑念が生じてしまうのである。実際、アンケート調査においても、「女が勉強してどうするの」などジェンダー・ハラスメントにあたる言動を、セクシュアル・ハラスメントと認識する度合いは性的経験の有無を聞くなどの言動に比較して低かった。また、ガイドライン策定にあたって学内意見を聞いた時も、「性別分業に関する項目をセクシュアル・ハラスメントに入れるのは、学問の自由・思想信条の自由に反する」などの意見が寄せられた。すなわち大学内におけるセクシュアル・ハラスメント問題における合意は、大学の名誉に傷をつけるような問題を生じさせないように防止するという点についてはかなり確立しているといえるけれども、ジェンダー・ハラスメント問題に関しては、それほど合意があるわけではないように思うのである。

2　女性院生に与える深刻な不安

女性院生・女性教員に対するアンケート調査やヒアリングから浮かび上がってきたのは、このジェンダー・ハラスメントにあたる言動が大学内に広くはびこっており、それが研究者の卵である女性院生に深刻な不安を与えているということであった。勤務先大学のアンケート調査に寄せられた自由記入欄の回答の一部を要約して紹介する（都立大学の名誉のために付け加えておくとすれば、以下のアンケートは女性の研究歴において経験したことを他大学での経験を含めて聞いているので、以下の経験がすべて都立大学内だけの出来事というわけではない。また、他大学においても同様のことがあることもかなり確かなことであり、以下に述べる都立大学のアンケート内容が特に都立大学固有の特異なものであるとは思っていない）。

- 博士課程への進学は女は不利と院生仲間から聞いた（女性院生）。
- 噂では、ある助教授は「就職の世話が大変だから女は博士にはとらない」と言っているという。その助教授は学部の女子学生には成績評価が甘いので有名。一部の女子にのみ「〜チャン」と「チャン」づけで呼ぶ（女性院生）。
- 女性が少ない分野の研究室なので、コップ洗いや酒の席のお酌などは当然のように要求される（女性院生）。
- 研究について男性院生と差別されている。自分のやっている研究について「君のやっていることは無駄だ」と言われている（女性院生）。

・教師から結婚を勧められた。どう考えればいいのか分からない。学問をしてもしかたがないということか（女性院生）。
・教授に結婚することを告げたら、「勉強したいと言っておきながら、結婚もするつもりか」と不機嫌そうに言われた（女性院生）。
・自分の所属する研究室では女性は助手になれないという噂が流れている。教授から結婚した方がいいとしつこく言われた（女性院生）。
・酒の席で教授から「女が院に入ってどうするのか。学位をとるつもりもないのに、女に院に入られると迷惑だ」と言われた（女性院生）。
・某教授は、「女子は進学しても就職がないし世話もしない」と言っている。彼は女性院生についてはお嬢さん扱い（女性院生）。
・女子学生が研究室のお茶くみをやっている（女性院生）。
・自分の研究室では、助手ポストにつくのは、既婚男性・未婚男性・未婚女性・既婚女性の順。就職したいなら結婚しない方がいいと、結婚した先輩の院生の女性に言われた（女性院生）。
・学部生の時、指導教員に大学院進学の相談に行ったら、「だから女は困る。専業主婦になるのが格好悪いと思っているのか」と延々と説教された。悔しかった（女性院生）。
これらのアンケートからは、かなり多くの女性院生が、学問を続けられるのか、あるいは就職できるのかといったことに、かなりの不安を感じていることが伝わってくる。そしてそうした不安は、「女は博士課程に入るうえで不利」「女性は助手にはなれない」「女性院生には就職の世話をしない」といった噂やそれを裏づけるような教員の言動によって引き起こされているのである。ヒアリング調査においても、同様の不安が何人かの女性院生から表明された。

ある女性院生は、「軽いセクハラぐらい気にしないようにしようと思えば我慢できます。一番不安なのは、進学できるのか、就職できるのかということです。女性を『女の子扱い』したり軽く見るような先生の発言も、『結婚した方がいい』といった個人の生き方に介入するような発言も、それ自体が問題というよりも、そうした言動の裏に先生の『女が学問してもしかたがない』といった考え方を勘ぐってしまうからこそ、重大に思えるし、ショックだし、気になってしまうんです」と述べた。

このアンケート調査は男性も含む教員・院生全員を対象にしたので（回収率は二六％と低い）、こうした女性院生の不安を確認するような教員側からの回答も、多く寄せられた。女性教員からは、就職や研究における様々な差別の経験が語られた。

- 大学院入試の時の面接で、女は結婚した方がいいと言われた（女性教員）。
- 助手時代、男性の助手がアルバイトをつけてもらって研究している間、女性だからということで、図書整理などをやらされた（女性教員）。

・研究室の男性教員は揃って「女子学生は出来が悪い。女は駄目だ」と言ってまわっていた（女性教員）。

・昇進が非常に遅れた。同期の男性が教授になる年齢になっても、助手のままだった（女性教員）。

こうした女性教員の経験は、性差別が社会全体に行き渡っていた一〇年前～三〇年前の経験も含まれているから、しかたがない側面もあるかもしれない。けれども、それはけっして単に過去の出来事なのではない。「ある男性教員は、同僚である自分のことを引き合いに出して、『あの～先生ですら、保育園からお迎えの連絡が入るのだから、女性は研究職にはつかない方がいい。女性には家庭責任・子育て責任があるのだから、研究職とは両立しない』と、女子学生に言っている。そうした考え方を前面に出すため、実際女性の院生には全く就職の世話をしようとはしない」（女性教員）という例もある。

女性教員が珍しくなくなってきた今でもまだこうした考え方は根強く残っているのであり、育児や家庭責任に追われる女性教員を引き合いに出しながら若い学部の女子学生や女性院生に女性の生き方を説く男性教員もいるのである。男性教員からも、こうしたジェンダー・ハラスメントが蔓延する状況を裏づけるような回答が寄せられた。「就職では既婚男性・独身男性・独身女性・既婚女性の順に優遇されるのは事実。育児休暇をとりにくいのも問題」（男性教員）。

3　性的分業を前提とした学問観

なぜこうした言動が大学に蔓延しているのであろうか。女性は博士課程に入れないといった差別的言動も善意に解釈すれば理解できないわけではない。実際、大学の教職に女性がつくのは、男性に比較して難しい。それは学部卒の女子学生の就職難と全く同じ問題である。違うのは大学院の場合、教員が就職の世話をするということが学部卒の場合よりも多いということである。分野によっては公募による就職よりも、教員の世話による就職の方が一般的な場合もある。しかもそうした就職口のほとんどは他大学への就職であるから、教員が望む通りになるわけではない。たとえ女性院生が良い候補者だと教員が考えたとしても、他大学が男性候補者を希望してくるかもしれない。

したがって、院生の就職により強い責任感を感じている教員ほど売れ口が少ない女性を院に入れることを無責任と感じてしまうのかもしれない。そうした無責任なことをするよりも、はじめから女性を入れない方がその女性のためであると考えるのかもしれない。助手に採用する場合、既婚男性がもっとも有利といったことも、男には家計責任がある、結婚したのに無収入ではさぞつらかろうと思うからこそそのことなのかもしれない。ある男性教員は、主婦の院生に長時間の実験を含むような研究をどこまで要求していいのか真剣に悩むという。「要求すればかえって困るのではないか。かといって男性院生には要求していることだから女性だからといって要求しないのは差別になってしまうのではないか」。いずれも、学生・院生のことを親身に考えるからこその言動であり悩みなのだと考えられなくもない。

けれどもこうした言動に、すべてを打ち込んでこそ学問といった学問観が影響を与えていることもまた、確かなことである。おそらく多くの男性研究者はそうした考え方に基づいて家庭のことをすべて妻に任せてきたのであろう。そうしてこそ成り立った自分の研究生活を振り返る時、結婚して子どもを持った女性がどれだけ研究に打ち込めるものかという疑念を感じてしまうのだろう。

しかしそう感じてしまうことこそに性別分業に関連するジェンダーがすでに色濃く表れている。女性は家事・育児責任があるから、全力で学問を行うことはできない。男性院生はたとえ結婚したとしても家庭責任はない。だからどれだけ要求してもいい。男性は家計責任があるのだからうんと研究させて早く就職させてやろう。でも女性が結婚すれば、家事・育児責任があるのだから、学問に全力をもって打ち込むことはできない。しかも彼女の生活の面倒を見るべきなのは夫なのだから、彼女を早く就職させる必要はない。だから女性には甘くしてやろう。しかし学問に全力をもって打ち込めない中途半端な女性が多く入ってくるのは迷惑だ……。

男女共同参画社会などの言葉で今まさに問題になっているのは、そうした考え方自体である。なぜ結婚したとたん、女性だけが自由に時間を使えない存在になってしまうと思うのか。男性だって結婚すれば家庭責任が生じるのは当然のことであり、子育て責任だって生じるはずである。この考え方を前提にすれば、学問に全力を注げる者だけが研究者になれるという学問観では、世話すべき身寄りを持たない者のみが研究者になれるということになるだろう。けれどもそういう主張は聞いたことがない。なのにすべてを打ち込んでこそ学問という学問観が大手を振ってまかり通っているのは、性別分業を前提としていると考えざるをえない。

大学におけるジェンダー・ハラスメントは、こうした学問観そのものにも関連性を持っている。女性院生から結婚を告げられたら不機嫌になってしまった教授。主婦の院生に研究をどこまで要求すべきか迷う先生。彼らは、結婚した女性が家事・育児を担うことを当然のように前提としている。だからこそ、せっかく苦労して院に入れたのにと裏切られたように感じるのであり、男性と同様に研究を要求したらかえって困るのではないかと悩むのである。彼らは結婚した男性にも同様に感じるのであろうか。感じないとすれば、まさにそうした感じ方が、ジェンダー・ハラスメントを生み出しているのであり、たとえ個々の教員には女性院生に対する悪意はないとしても、それは、「女性は博士課程には入れない」「既婚の女性院生は就職において不利」などの女性院生の深刻な不安を生み出しているのである。

こうした学問観を否定することは難しい。かつてある放送局の長時間労働に関連する番組に出たことがある。長時間労働・深夜労働がどれだけ労働者の健康や家庭生活を破壊しているかということを告発する内容であった。放送後、ディレクターの男性に、当の放送局での労働のありかたを聞いたところ、長時間労働や深夜労働はあたりまえという回答であった。そうした問題を告発している番組を作る人間たち自身がそういう労働のありかたでいいのかと問うと、「いや、クリエーティブな仕事はしかたがないですよ。やはり内容が重要なわけですから」という回答がかえってきた。大学における問題もこうした問題に似ている。

大学でも研究の内容・出来こそがすべて。けれど、その内容はしばしばその研究に注いだ努力によって評価される。だからこそ、どれだけ研究に精力を注げるかということが問題になり、すべてを打ち込めてこその学問という学問観を否定することが困難になる。研究者であれば、男女を問わずこうした価値観を否定しにくい。実際、女性上司から保育園のお迎えその他において嫌みを言われつづけているという女性教員の訴えもあった。育児休業・保育園のお迎えなどが、労働時間の問題だけではなく、研究・教育内容の評価にも結びつく。だから様々な家庭責任を負っている者ほど、かえってすべてを打ち込んでこそ学問という価値観を否定することが困難になる。現実にそうできてない者こそ、少なくともそういう価値観を持っていることだけは明確に印象づけておかないと、研究者としての適性がないといった評価を受けかねない。だから誰もがこの価値観を表立って否定できなくなってしまうのだ。

4　閉鎖された場所での激烈な競争

ここまで、大学におけるジェンダー・ハラスメントという問題をできる限り善意に理解しようとしてきた。それは教員が院生のことを親身になって考えるからこそ生じる問題なのかもしれない。

あるいはそれは、学問に対する熱い思いが生み出してしまう問題なのかもしれない。しかし、たとえ仮にそうだとしても、ジェンダー・ハラスメントが女性院生の深刻な不安を生み出していること、しかもそれは単に不安だけではなく、実際の研究・教育上の性差別（アカデミック・ハラスメント）を生み出している可能性が高いということはかなり確実に言うことができる。

それだけではない。こうしたジェンダー・ハラスメントは、男性同僚や男性院生たちの不満の原因ともなり、女性教員や女性院生に対するセクシュアル・ハラスメントを含む個人的な嫌がらせ行為の温床、あるいはセクシュアル・ハラスメント問題への理解を拒む温床ともなっている。

こうした状況を理解するには、まず大学という場が閉鎖的な場でありながら、内部において激烈な競争が行われている場であることを把握しておくべきだろう。都立大学のアンケート調査においてもっとも印象的なことの一つは、男性から、女性だけでなく男性も深刻なハラスメントにあっているという訴えが、多く寄せられたことである。

・教員とのトラブルが原因で、すでに数人が院を退学している（男性院生）。
・研究室内に差別と贔屓《ひいき》が蔓延。一緒に食事にいっても、贔屓にしている院生だけにおごる教員もいる（男性院生）。
・指導教員との人間関係が難しい。自分も不当な扱いを受けた（男性院生）。
・最も深刻なのは、異性間よりも男性間のいじめ・嫌がらせ。教員の人間性をチェックしてほしい（男性教員）。

・大学の自治・学問の自由の名のもとに、許されている密室性・恣意性こそが、原因（男性教員）。

セクシュアル・ハラスメント問題が、大学内に蔓延する嫌がらせ行為全体に対する防止対策を作る一つのきっかけとなってほしいと訴える男性院生もいた。男性院生や男性教員もまた、様々な人間関係に悩み、嫌がらせ行為に苦しんでいる。けれど、今の大学にはそうした問題に対処する体制はない。そのことが、嫌がらせ行為に悩む男性院生や男性教員の強い不満を形づくっている。

こうした不満を持つ男性たちの中には、セクシュアル・ハラスメント問題に対して共感的な者も多い。けれども他方において、かなりの数の男性がなぜ女性だけセクハラだ、性差別だといって訴えることができるのかというような不満や疑念を感じている。そうした男性たちの多くは女性は甘えていると感じるのである。

・男も女からセクハラを受けている。なぜ男性の問題は明るみに出ないのか考えるべき（男性院生）。

・それはセクハラですよと言われること自体がセクハラだと思う（男性院生）。

女性もセクシュアル・ハラスメントを受けているかもしれないけれど、男性だって様々な嫌がらせを受けている。なのになぜ女性だけが、高飛車に「それはセクハラです」なんて訴えることができるのか。そうできること自体「甘え」なのではないか。「アカハラ・セクハラは世間のありよう。ある程度、我慢すべき」（男性院生）。

こうした感じ方は、けっして男性だけのものではない。女性からもまた「女性に対する差別やセクハラだけを問題にすべきではない」という意見が、多数寄せられた。伊田久美子氏は「女性は甘えているのか」という論文（渡辺和子・女性学教育ネットワーク編著『キャンパス・セクシュアル・ハラスメント――調査・分析・対策』啓文社、一九九七年）の中で、関西地区の大学や大学院におけるセクシュアル・ハラスメントや研究・教育上の性差別に関する調査において、特に成功者である女性から「女は甘えている」という意見が多く寄せられたと指摘している。「女性だから損をなさっていると言う前に、努力なさってくださいませ」「こんなアンケートを行うこと自体が甘えではないでしょうか」……（同書、三〇八頁）。

5　差別意識を生み出す不公平な扱い

なぜ多くの女性が「女は甘えている」と言うのだろうか。私はそうした言動はおそらく、私たちのアンケート調査に対して多くの男性たちが表明したような、女性だから損をしていると考えること自体甘えであるなどの感じ方を強く意識した言動なのではないかと、推測する。男性たちのそうした感じ方を意識するからこそ、女だから甘えているとは思われたくないのである。そうでなくても女だから甘えていると思われているのに、差別されているなんて言ったら「甘え」を自ら認めるようなものなのだ。だからこそ（成功した）女性たちは、自らにも厳しいということをことさら強調するような言動を行うことになる。それが女でも甘えていないということを示すための唯一の方法であるのだから。

こうした男女の女は甘えているという感じ方の背後には、大学に蔓延するジェンダー・ハラスメントがある。

・女性の方が有利な差別を受けている。女はトクしている（男性院生）
・自分の研究室では女子の方が優遇されている。セクハラなんてない（男性院生）。

女子学生の成績評価に甘い先生。女性院生をお嬢さん扱いする先生。主婦の院生にどこまで研究を要求していいのか悩む先生。女子学生だけにお客さんからのお菓子をあげる先生。女子はトクしているという男性院生の実感の根拠が何であるのかはわからない。けれども教員の中に、男女でこのような区別した扱いをする先生方がいることは、確かなことである。このような一見すると女性に有利な扱いが、他面においては就職や進学における深刻な性差別や日常的なジェンダー・ハラスメントとも結びついていることについては認識しないまま、男性たちの多くは女はトクと思ってしまう。そうした不満感が女は甘えているという意識に結びつき、セクハラなんてないという認識になってしまう。「院で勉強していると、就職もしないで結婚してしまえばそれですむ女性の方が有利だと強く思う」（男性院生）。それなのにさらに文句まで言いたい放題の女たち……。だから女性は甘えきっているというふうに感じられるのではないか。

こうした意識は、女性に対する差別意識をも生み出す。アンケート調査やヒアリング調査において明らかになったもう一つのことは、大学の男性の中に強い女性蔑視意識を持つ者が少なからずいるということである。

・院の先輩に強い女性蔑視意識を持っている男性がいて、研究室で女は馬鹿だ、研究能力がないと常に大声で言っている。その先輩は教師からの受けはとても良い（女性院生）。

・院生仲間では不快なことはしょっちゅう。男性院生も教員の態度をまねて、女性院生を見下す態度に出る（女性院生）。

公平でない扱いは、様々な不満を生み出す。その温床の中にこそ差別意識やハラスメントも育つのである。だからこそジェンダー・ハラスメントがどれだけ根強いものであっても、やはり問題にしなければいけないと強く思う。

そのためにはまず、大学当局が、教育・研究や人事・業績評価において性差別などの不当な差別を行うことはけっしてないということを明確に宣言し、その方針に基づいて大学構成員に対する意識啓発活動を行っていく必要があるだろう。セクシュアル・ハラスメント防止協定の中に、ジェンダー・ハラスメントにに関連する問題をも含ませることも、一つの方法である。

むろん問題の根源には、大学研究室の閉鎖性という問題がある。ジェンダー・ハラスメント問題だけでなく、研究や業績評価や人事評価に関して不当な扱いを受けたと思う研究者が、そのことを訴えることができる場があっていい。各分野や大学の枠を超えたそうした場があれば、閉鎖性もかなり改善されるだろう。

IV

第IV部には、家族や教育に関わる論考を収録した。

「家族のコミュニケーション」は、情報化が家族のコミュニケーションに与えている影響を、「空間としての家」と「家族」とを区別することによって、描き出そうとした試みである。

「家族の危機」は、現代家族を論じた書物の書評である。

「男子校高校生の性差意識」では、「男女平等教育」の空白域になりがちな男子校の高校生に焦点を当てて、共学・別学の影響は男子においてこそ大きいということを論じたものである。

家族のコミュニケーション

――情報化社会の中で――

1　はじめに

ある家庭の居間の休日の午後。テレビのスポーツ番組を見ている夫。料理雑誌をみながら夕食の献立を考えている妻。イヤホンで音楽を聞きながらファッション雑誌をめくっている高校生の姉。マンガに熱中している小学生の弟。日本中どこにでもある家族団欒の風景である。けれどつい数十年前まではけっしてなかった風景でもある。

本稿の主題は、現代の家族のコミュニケーションを情報化との関わりの中で描きだすことである。情報化は、家族間のコミュニケーションに一体何をもたらしているのだろうか。以下、憶見をおそれず、いくつかの示唆的な事実を論じてみたいと考える。

2　家族間コミュニケーションの現状

夫婦間コミュニケーション——女性で低いコミュニケーション満足度

しかし、そうは言ってもまず家族間コミュニケーションの現状について、外形的ではあれある程度把握しておくのが筋というものだろう。現代日本社会における家族間コミュニケーションは、どのようなものだろうか。家族間コミュニケーションを夫婦間コミュニケーションと親子間コミュニケーションに分け、既存の調査データからそれぞれおおまかな様相を記述してみたい。

図1は、結婚した男女がそれぞれどの程度夫婦間のコミュニケーションに満足しているのかを年齢別に示した図である(1)。図1によれば、夫婦間のコミュニケーションに関する満足度は、どの年齢でも、男性が女性よりも高くなっており、女性は男性よりも不満感が強いことがわかる。年齢別では、男性は二〇代から四〇代まで満足度が低下しているがその低下の程度はゆるやかなのに対して、女性は同じような傾向ではあるが、より満足度の低下が大きい。三〇歳～四九歳の結婚している女性の約二割は、夫婦間のコミュニケーションについて不満であると回答している。

夫のいる女性を対象とした別の調査の同様の問に対する結果(2)においても、選択肢が違うので直接の比較はできないが、夫婦間コミュニケーションに対する満足度は、二〇代前半を最大として徐々に低下し、三〇代後半に底に達する。その後やや満足度は回復する傾向がある。コミュニケー

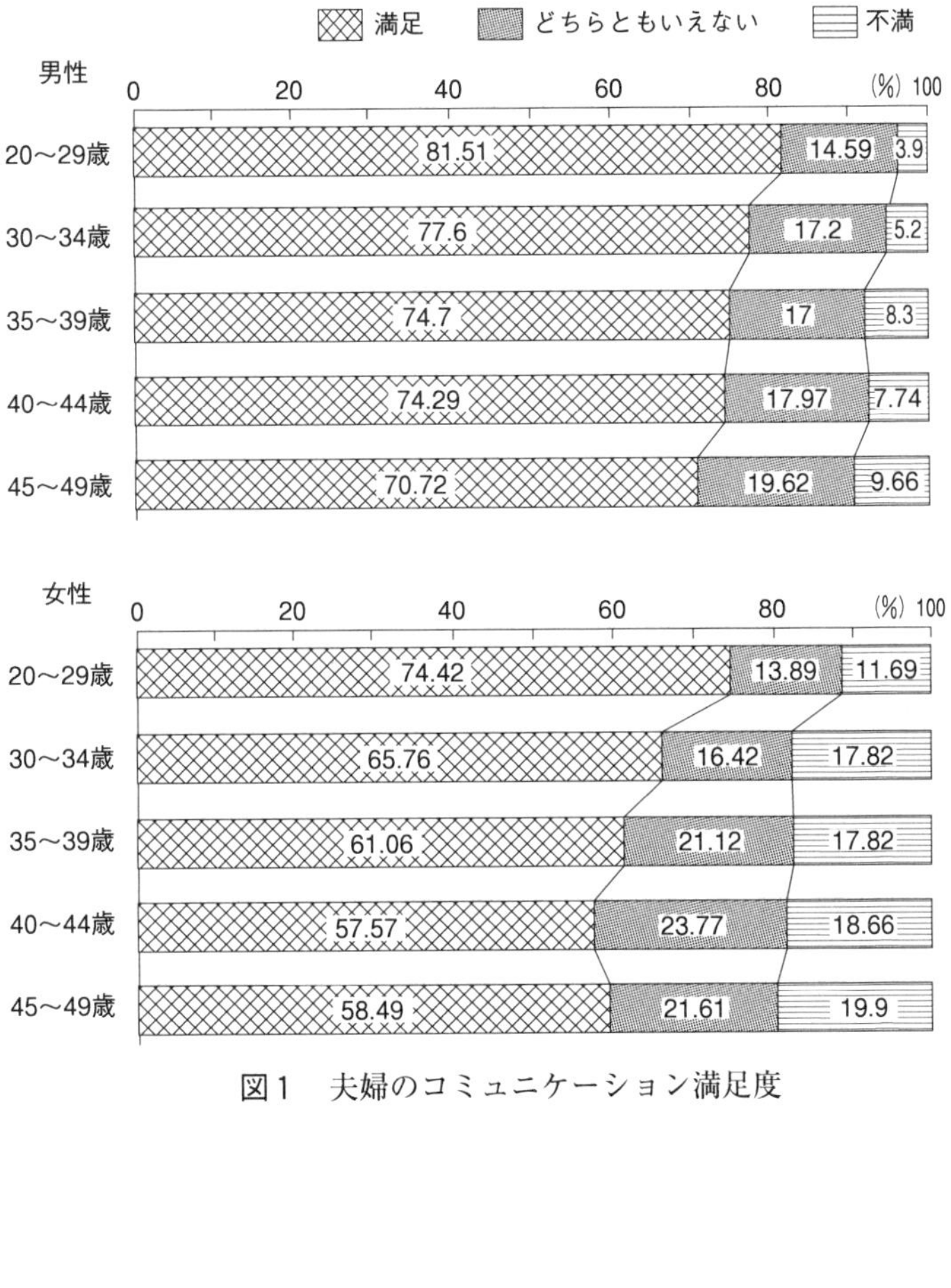
満足
どちらともいえない
不満
男性
0
20
40
60
80
(%) 100
20～29歳
81.51
14.59
3.9
30～34歳
77.6
17.2
5.2
35～39歳
74.7
17
8.3
40～44歳
74.29
17.97
7.74
45～49歳
70.72
19.62
9.66
女性
0
20
40
60
80
(%) 100
20～29歳
74.42
13.89
11.69
30～34歳
65.76
16.42
17.82
35～39歳
61.06
21.12
17.82
40～44歳
57.57
23.77
18.66
45～49歳
58.49
21.61
19.9

図1　夫婦のコミュニケーション満足度

ションに対して不満と回答する人（女性）の比率も、三〇歳代でやや不満・非常に不満をあわせて約二割と、図1の結果とほぼ一致している。

これらの調査結果から読み取れる日本の夫婦像は次のようなものだろう。新婚期の夫婦間には密接なコミュニケーションが存在し満足度も高いが、結婚後しばらくたつと満足度は低下する。男性よりも女性の不満が高い。働きざかり・子育て期の三〇代〜四〇代を底にして、その後夫婦間のコミュニケーション満足度はやや回復する。

この満足度は、子どもの有無や年齢とどのような関連性を持っているのだろうか。図1と同じ調査でコミュニケーション満足度を子どもの有無別にみると、男性では子どもなし層で満足している者が八二・二％、子どもあり層で七三・一％と、子どもあり層で低くなる。女性ではこの差は一層顕著となり、子どもなし層では満足している八〇・三％と男性にほぼひとしいのに比較して、子どもあり層では満足している人五九・三％とかなり低くなってしまう。先に挙げた厚生省人口問題研究所の調査結果でも子どもの年齢別でみてみると、子どもなしの夫婦のコミュニケーション満足度がもっとも高く、ついで一歳未満が高い。三歳未満・六歳未満・一二歳未満においてやや不満が多くなり子どもが成長し別居している場合にはやや満足度が高くなっている。子どもの有無や子どもの年齢は、夫婦それぞれの年齢・世代・結婚年数と重なっているので、子どもを持つことが夫婦間コミュニケーション満足度を悪化させるとここから言うことはできないとしても、子どもがある夫婦の方が夫婦間のコミュニケーションに対する満足度が低いことは明らかである。

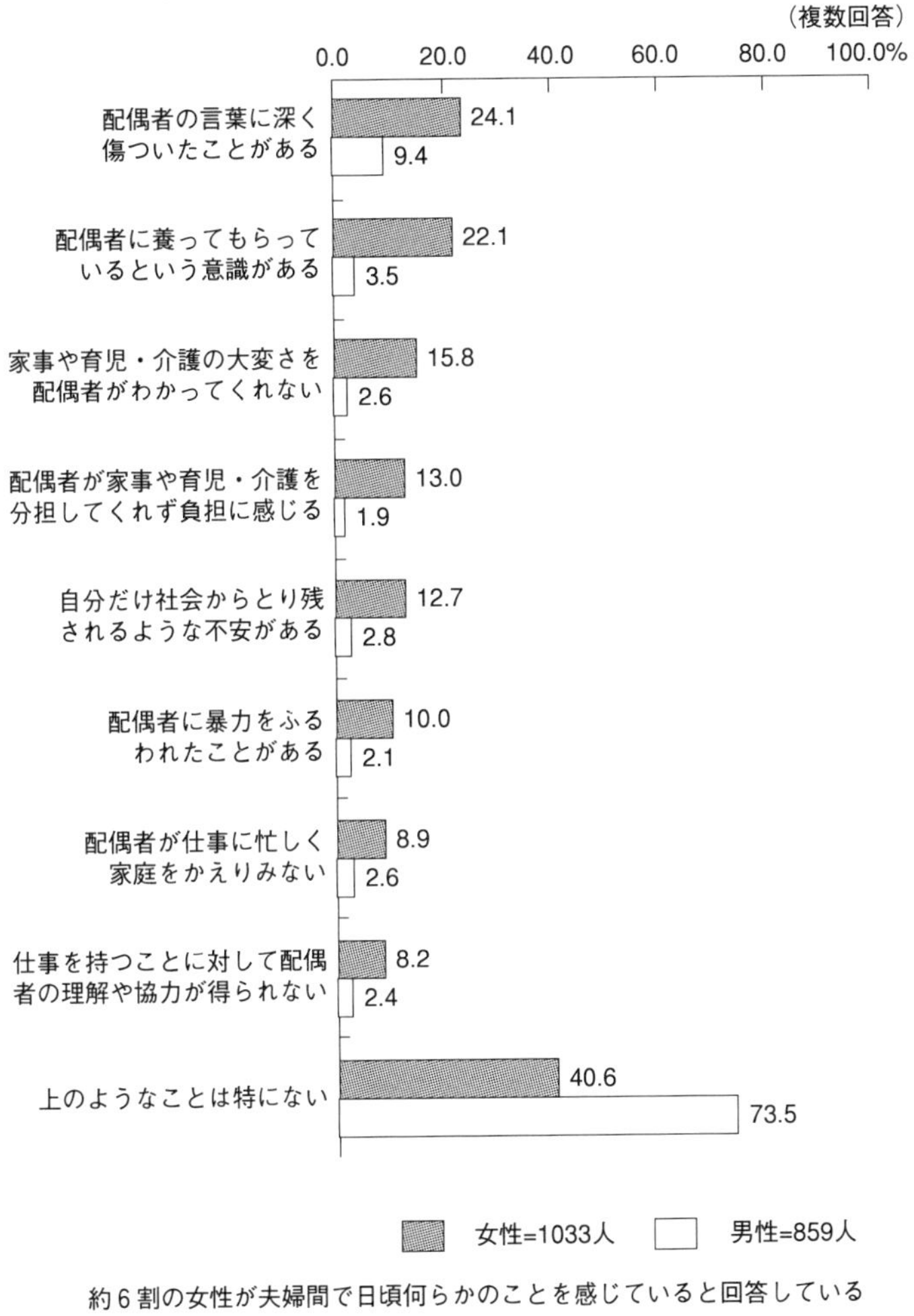

約6割の女性が夫婦間で日頃何らかのことを感じていると回答している

図2　夫婦間で日頃感じていること

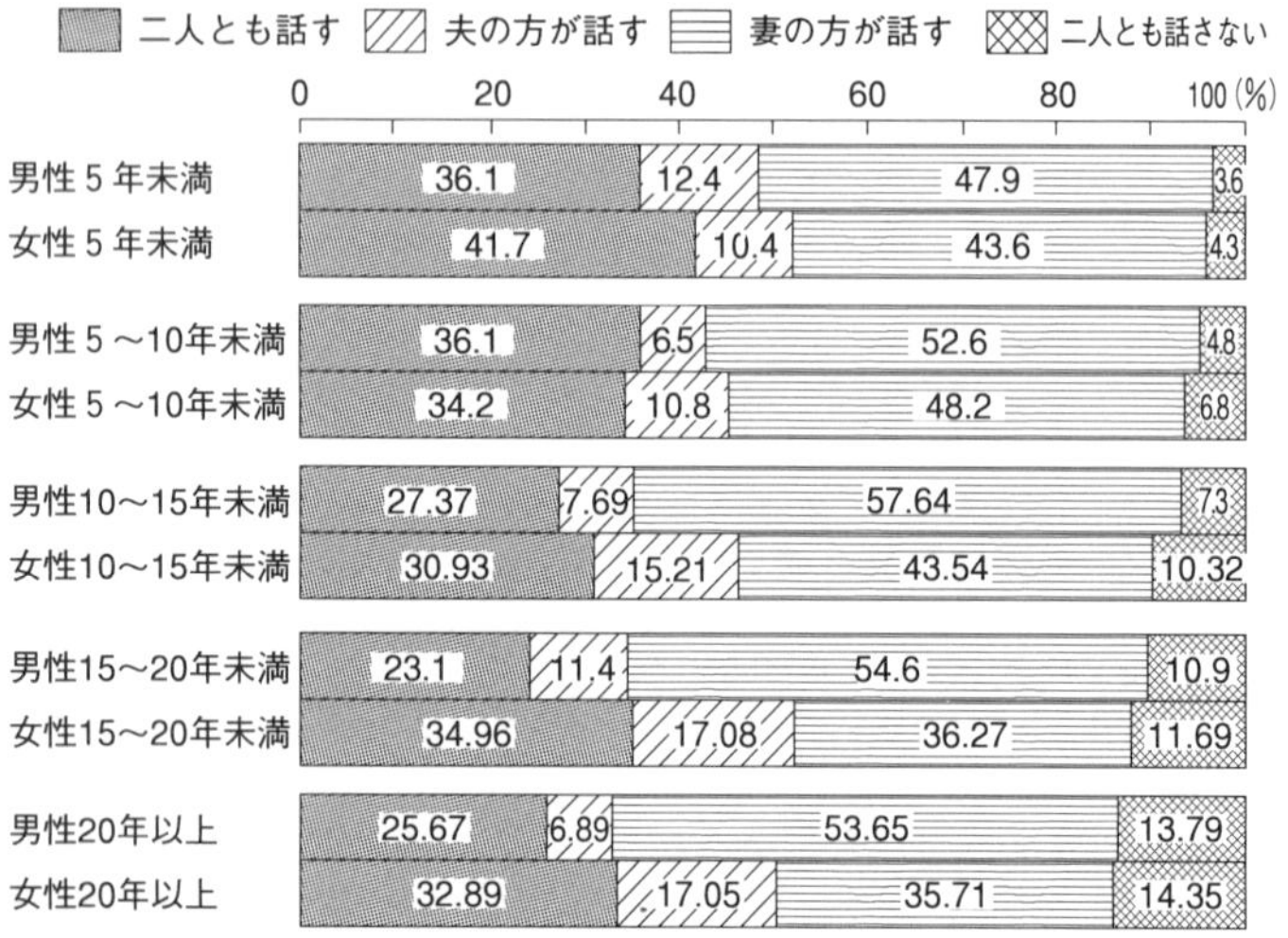

図3　結婚年数別夫婦会話形態

次に満足度とは逆に、夫婦間のコミュニケーションにおける問題を考察してみよう。図2は、神奈川県民の有配偶女性を対象とした「夫婦間で日頃感じていること」という質問項目に対する回答結果(3)である。図2によれば、女性の約六割は、夫婦間のコミュニケーションについて、なんらかの問題を感じている。特に「配偶者の言葉に深く傷ついたことがある」という回答は、有配偶女性の約四分の一が選択しており、男性の倍にのぼっている。「配偶者に暴力をふるわれたことがある」という回答も、有配偶女性の一割が選択している。

では、このような評価の背景にある実際の夫婦のコミュニケーションはどのようなものなのだろうか。図3は、結婚年数別にみた夫婦の会話コミュニケーションについての男女の認知を示している(4)。図3から、(a)男女ともにど

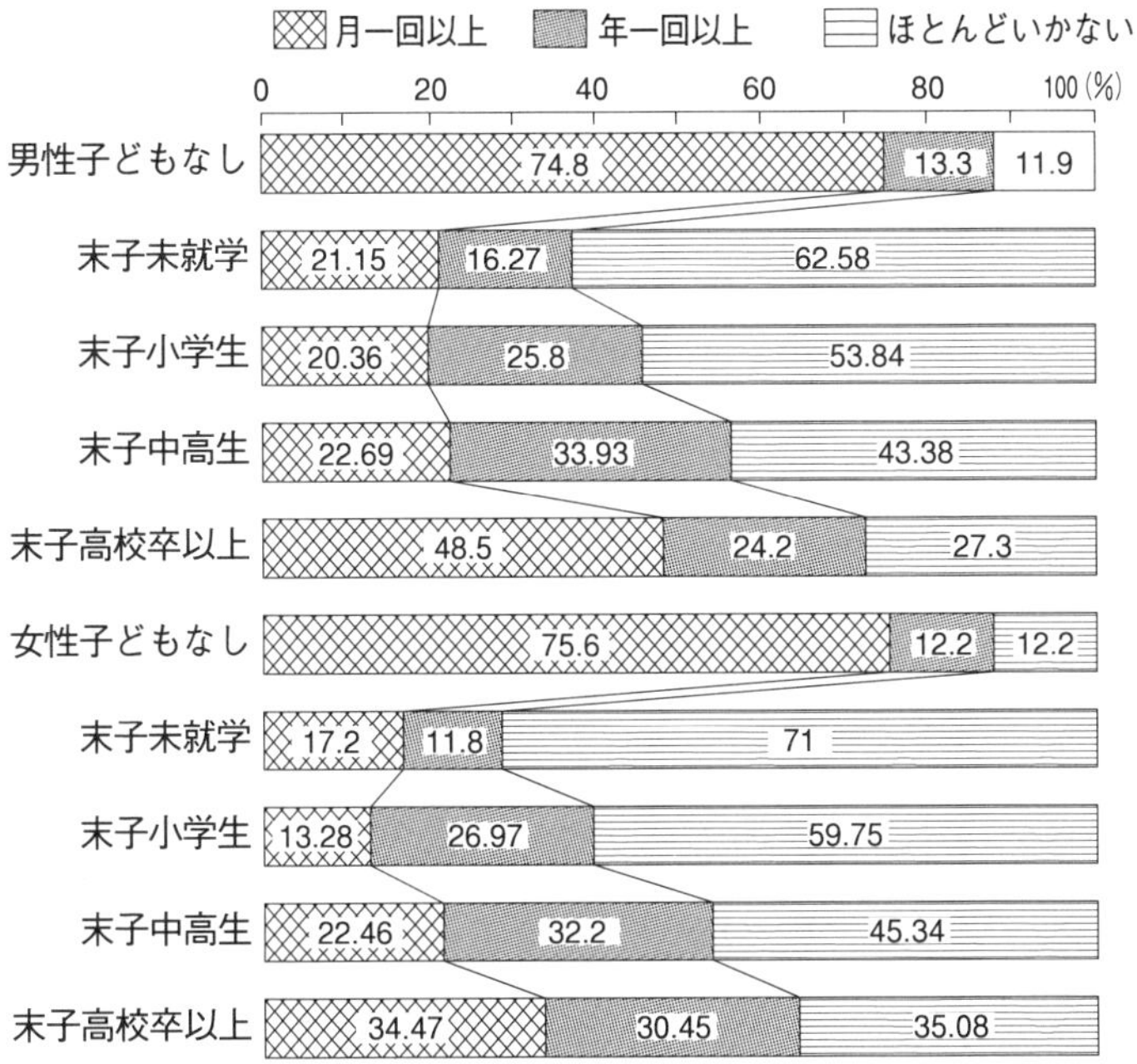

図４　夫婦二人で外食

の結婚年数でも、「妻の方がよく話す」という割合が高い、（b）「二人とも話す」と認知している人の割合は、ややでこぼこがあるものの、結婚年数とともに低下し、「二人とも話さない」夫婦の割合は逆に高くなることが読み取れる。（a）の結果を先のコミュニケーション満足度と重ねてみれば、妻はしきりに夫に話しかけるが夫はあまり話をしないので不満を持ち、夫はあまり話をしないがそもそも夫婦間のコミュニケーションの必要性を感じていないので不満がない状態が現代日本の典型的な夫婦の会話のありようであるように思われる。しかも興味深いことに、夫婦の結婚年数が高くなるにしたがって、男女とも互いに「相手の方がより多く話す」と認知している割合が高くなり、男女間の会話のありかたに対する認知の差異が非常に大きくなっている。たとえば一五〜二〇年の男性では「妻の方がよく話す」と認知している人は五四・六％いるのに対し、同じ結婚一五〜二〇年の女性では「妻の方がよく話す」と認知している人は三六・三％にすぎない。この認知のズレについてはさまざまな解釈のしかたがあろうが、一つの解釈のしかたは、結婚年数が長くなるにつれ「二人で話し合っている」という実感が得られにくい夫婦間の会話のありかたが多くなっているというものだろう。この解釈に従えば、上述した（b）の結果とも両立するように思う。

では買い物、外食、観劇など夫婦二人でする行動の頻度はどうだろうか。これらの行動頻度は、子どもがいない夫婦では非常に高いのに対し、末子が未就学児のライフステージにおいては、非常に減少してしまう（図4参照）(5)。ベビーシッターが社会的に定着しておらず、夫婦二人で外出しにくい日本社会においては当然の結果であろうが、子育て期にある夫婦における夫婦二人でする行動の減少は、あまりにも極端である。

親子間コミュニケーションの現状

親子のコミュニケーションのありかたは子どもの年齢によって非常に大きく異なり、夫婦間コミュニケーションの場合のように、会話などのコミュニケーション行動に限定して把握するのが困難

表1　子どもと一緒に過ごす時間（平均）

（時間）

		日本	韓国	タイ	アメリカ	イギリス	スウェーデン
父親	0－3歳	3.80	4.12	7.17	5.35	6.45	4.20
	4－6歳	3.40	3.65	5.99	5.06	4.12	3.74
	7－9歳	3.02	3.50	5.08	4.45	3.58	3.43
	10－12歳	3.07	2.93	4.83	4.55	3.59	3.10
母親	0－3歳	11.61	11.66	10.45	9.96	11.40	9.02
	4－6歳	7.40	9.20	7.35	8.21	6.65	6.23
	7－9歳	5.53	5.87	5.85	5.90	4.98	4.92
	10－12歳	4.90	4.72	5.30	5.74	4.94	4.79
	有職の母親	5.46	5.94	7.15	6.68	6.60	5.92
	無職の母親	9.52	9.05	10.21	9.22	8.23	8.35

［親の性別・子どもの年齢別，母親の就労の有無別］

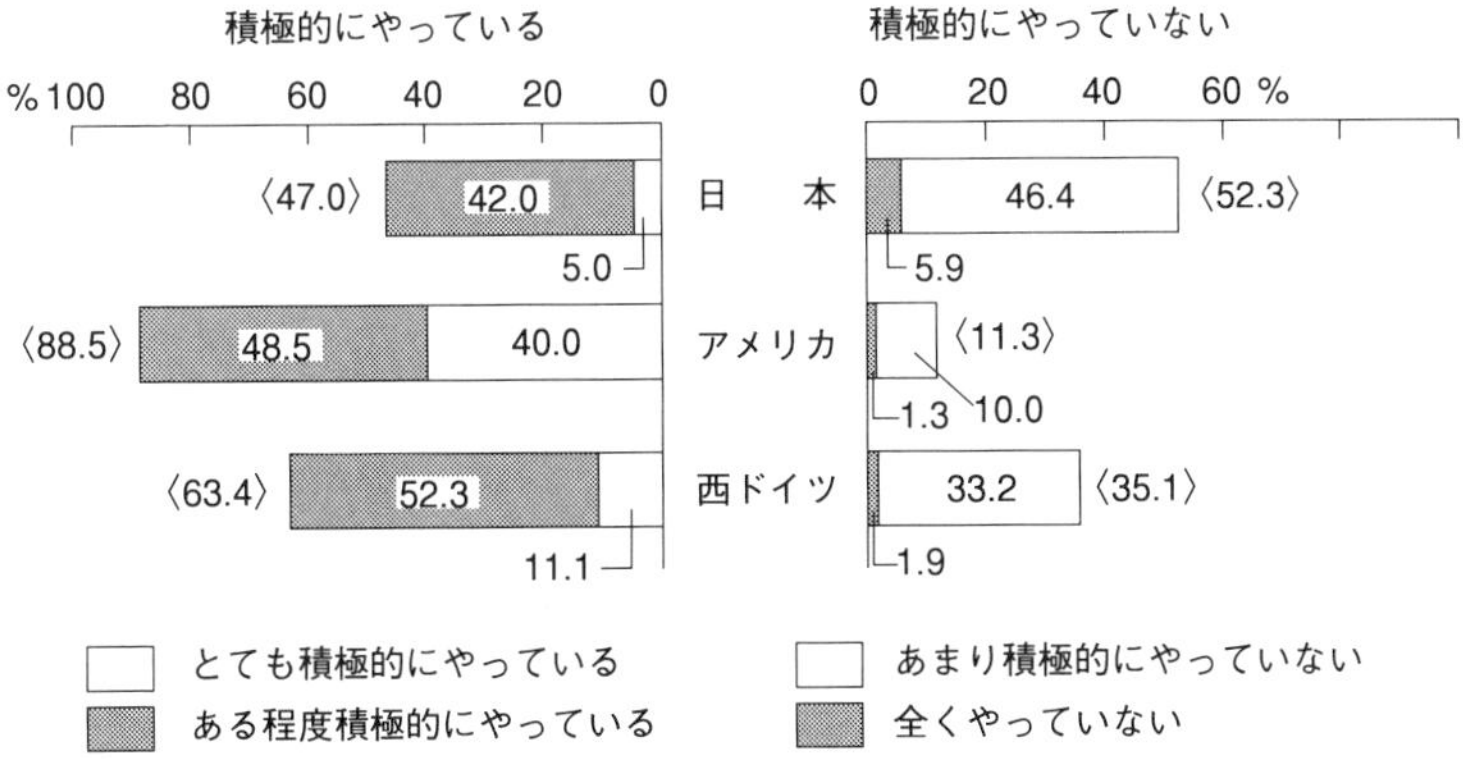

図5　父親が子どもの相手を積極的にしているか否か

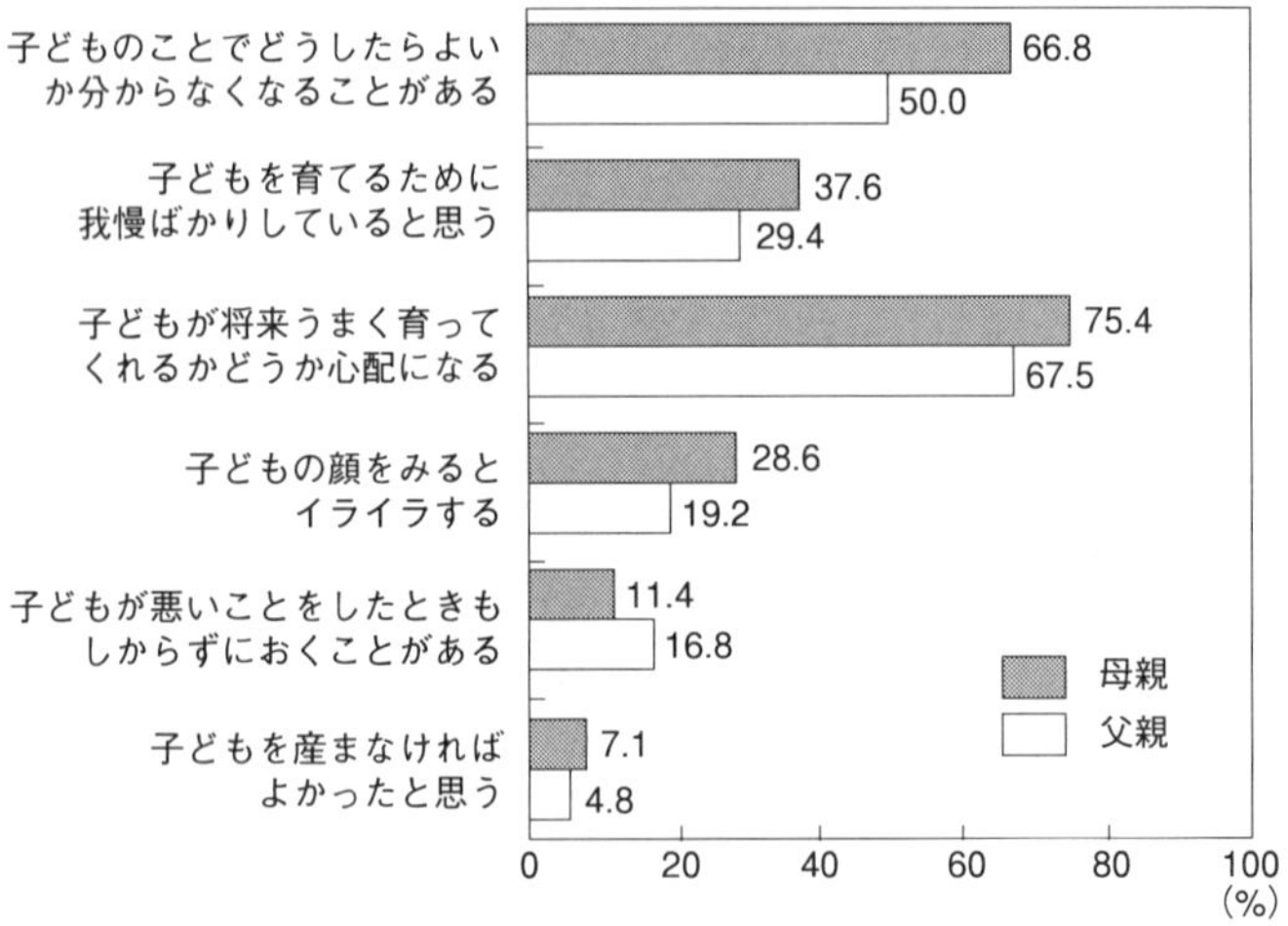

（注）1．調査対象は15歳以下の子どもをもつ親。
2．肯定解答は「よくある」「ときどきある」の合計。
資料：東京都社会福祉基礎調査―東京の子どもと家庭―（福祉局　平成5年）

図6　子育ての不安定

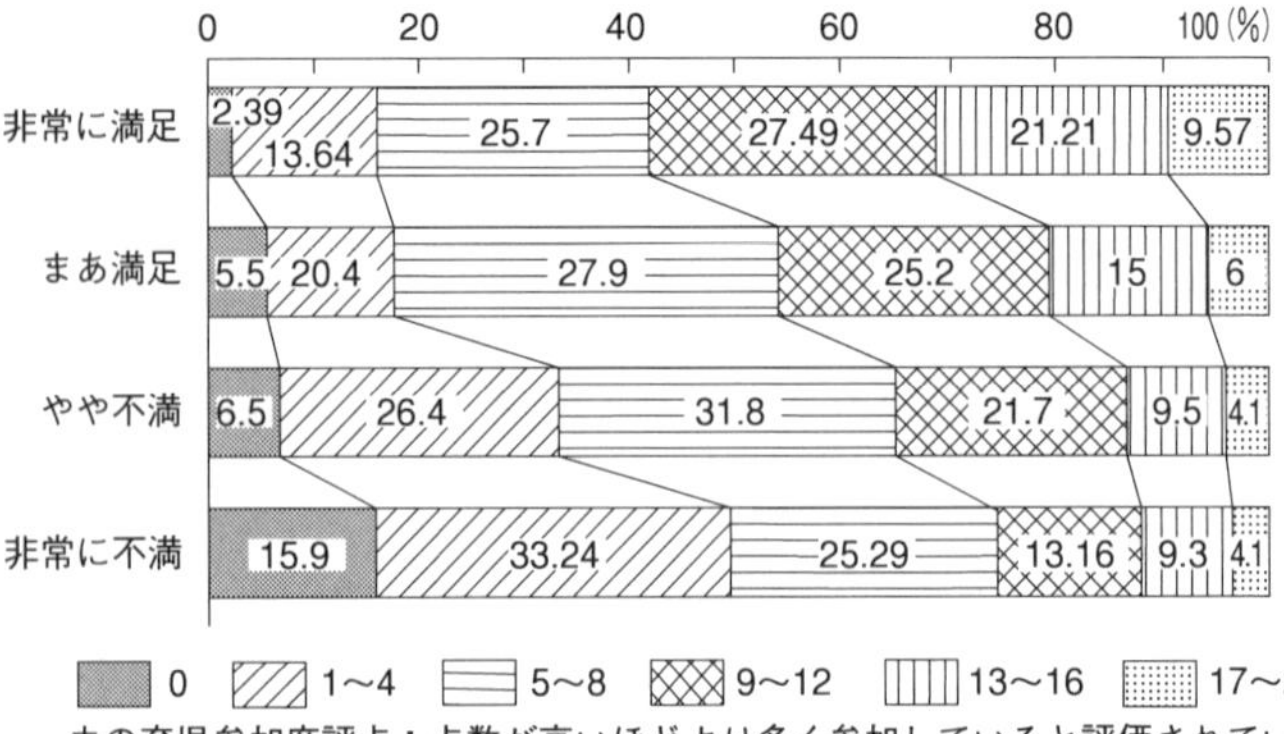

夫の育児参加度評点：点数が高いほどより多く参加していると評価されている。

図7　夫婦のコミュニケーションと夫の育児参加

である。したがって親子のコミュニケーションについては、まず一緒にすごす時間で考察する。

表1は、一二歳以下の子を持つ日本の親がどのくらい子どもと一緒に過ごす時間を持っているかを示す国際比較調査の結果である(6)。この表から、日本の親が「子どもと一緒に過ごす時間」は、母親に関しては他の国々とそれほど大きな違いがないが、父親については他の国々よりかなり短いということができる。「子どもの相手を積極的にしているかどうか」についての父親の認知をみても(図5)(7)、日本の父親には「積極的にやっている」と認知している者は全体の半数に過ぎない。また子どもと接触する行動の項目も日本の父親はもっとも少ない。

しかし、日本の父親はこのように短い時間しか子どもと接触していないにもかかわらず、子育てへの不安感は少ない。図6は、東京都の一五歳以下の子どもを持つ男女を対象に子育てに対する不安や迷いを聞いた調査の結果(8)であるが、母親の方が父親よりも子育てについての不安や迷いをより多く感じていることがわかる。特に、「子どものことでどうしたらよいのか分からなくなることがある」と回答した母親は、父親よりも一五%以上多く約三分の二にのぼっており、日常的に子どもに長い時間接している母親の方がより強く育児不安を感じている。このように父親が子どもと接する時間が短いのに育児不安を母親ほど感じない背景には、父親の側に育児は女性の仕事という性別役割分担意識があることが推測される。

図7は、妻の側からみた夫の育児参加度が夫婦間のコミュニケーション満足度にどの程度影響をあたえているかを示している(9)。この図7によれば、夫婦間のコミュニケーションについて満足

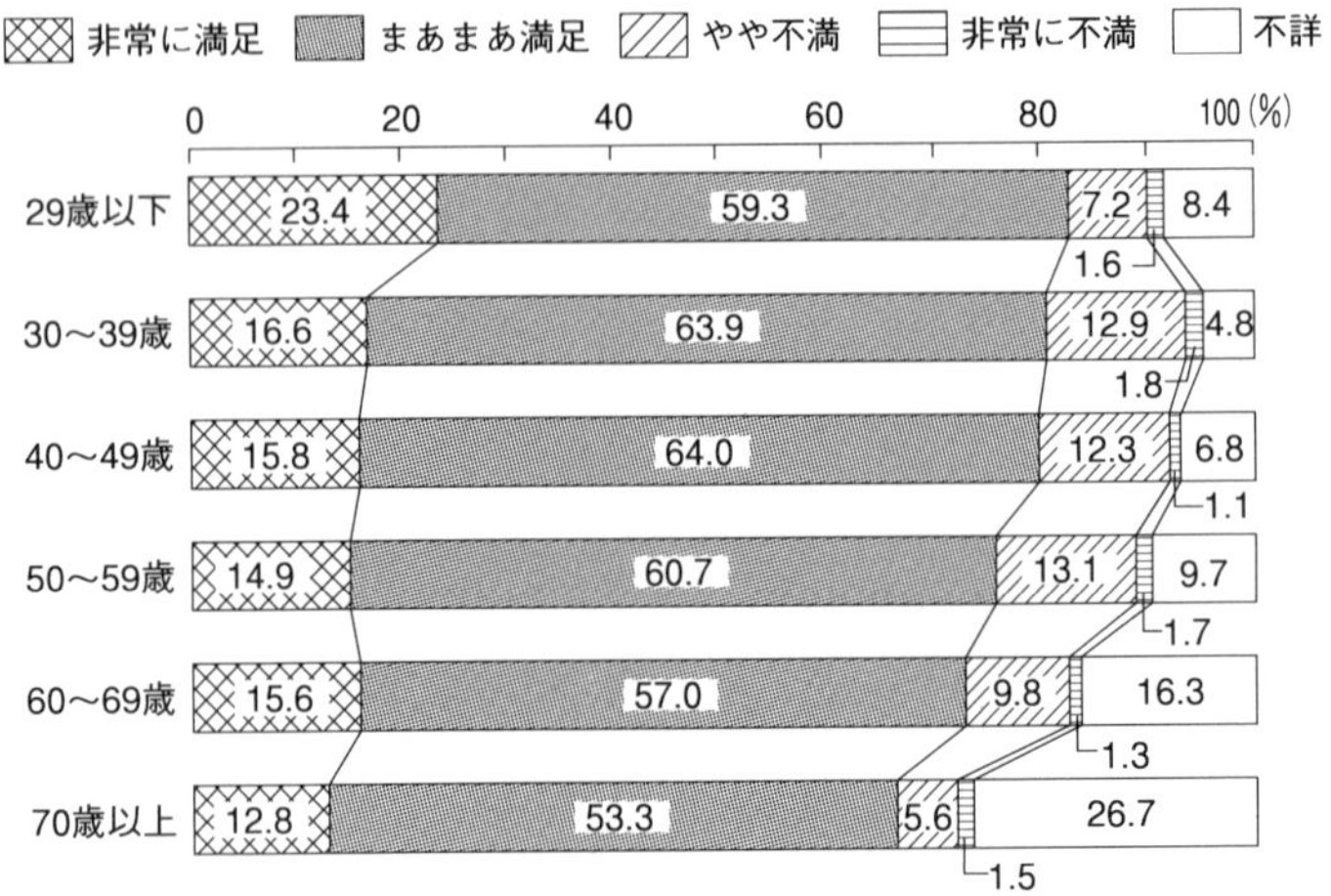

図8　妻の年齢別にみた家族生活の満足度（親子間のコミュニケーション）

度が高い妻は夫の育児参加についてもより高い評価をしており、逆に、夫婦間のコミュニケーションについて満足度が低い妻は、夫の育児参加について低い評価をしていることがわかる。夫の育児参加は、夫婦間コミュニケーションにも影響を与えているのである。

では、このような親子のコミュニケーションの現状について、女性はどのように感じているのだろうか。図8は、図2や図7と同じ厚生省人口問題研究所の調査における親子間のコミュニケーションに対する有配偶女性の満足度である(10)。図8においてみられるように、「まあ満足」がいずれの層でも六割を越えているが、「非常に満足」という回答に着眼すると二〇代から三〇代にかけて、かなり大きく減少している。この結果は、夫婦間コミュニケーションへの満足度とかなり類似の結果を示している。三〇代という、子どもが幼児期～小学生期にあたると考えられるこの時期に、夫婦間コミュニケーション満足度も親子間コミュニケーション満足度も低くなっているのである。

3　情報化が家族のコミュニケーションに及ぼす影響

前節においては、現代日本社会における家族間コミュニケーションの様相について概観した。けれども現代の家族空間には、新聞・雑誌・テレビ・ラジオ・電話・パソコン通信・ビデオ・CDなどのコミュニケーションメディアが大量に入り込んでいる。本節においては、情報化が現代の家族のコミュニケーションに与えている影響について、思いつくままいくつか指摘することにしよう。

まずこの課題を論じる上で必要な概念の整理をしておこう。第一に必要な整理は、空間としての家と家族との区別である。家族とは本稿では簡単に、人々が家族として考えている人々の集まりと、定義しておこう。前節においては、家族間コミュニケーションとして夫婦間コミュニケーションと親子間コミュニケーションを挙げたが、これは人々が家族と定義する人間関係の代表的な例として挙げたのであり、家族は当然この二つの関係以外の関係も含んでいる。多くの家族は、一緒に居住している。その居住場所（家）を本稿では家庭空間と呼ぶことにしよう。

現代生活において家族は家庭空間に常に一緒にいるわけではない。家族成員はそれぞれかなりの時間家庭空間を離れる。学校・職場・デパート・バイト先などさまざまな空間に出かけ、またもどるのである。また、単身赴任や大学進学などに伴う家族成員の別居も生じうる。けれども、多くの場合家庭空間から離れた家族成員に対しても、家族という定義は維持される。その場合、家族間コミュニケーションは家庭空間から離れて成立することになる。他方、家庭空間においては、家族間コミュニケーション以外のコミュニケーションが充満している。家庭空間にとびかっているコミュニケーションは、家族間コミュニケーションよりも、家族成員と家族外の人や組織とのコミュニケーション（家族外コミュニケーションとよぶことにしよう）の方が多い。妻が電話で友人と話している場合やテレビをみる場合などである。家庭空間は、家族外コミュニケーションが案外多く生じる場なのである。したがって家族のコミュニケーションを論じる上で家族と家庭空間を区別することは、不可欠である。

次に、家族外コミュニケーションという概念をより明確にするために、その二つの形をみておこう。家族外コミュニケーションの一つのありかたは、先にみたように、テレビ・ラジオ・新聞・雑誌などのマス・メディア接触である。大量に一方的に送られてくるマス・メディアは、テレビなど受信装置の設置といった理由や、新聞などの宅配といった理由によって、家庭空間がその接触の場となることが多い。他方、家族外コミュニケーションのもう一つのありかたは、受信だけでなく発信も伴う双方向性のコミュニケーションである。郵便・電話・FAX・パソコン通信・インターネットなどによって、家族成員は、家庭空間にいながら、家族成員以外の他者とコミュニケーションすることができる。それらのコミュニケーション手段や機器は、単に家族外コミュニケーションに

表2　社会生活の社会的局面と情報行動

ⅠA	テレビや新聞，折込の商品情報，政治・経済・社会・文化的ニュース，天気予報，家族・友人との事務連絡，学校や塾，仕事などについて
ⅠB	テレビのアニメ，ドラマ，スポーツ観戦，カラオケ，TVゲーム，アフター5や週末のレジャーについて，団欒のおしゃべり
ⅠC	海外旅行や長期休暇の過ごし方，近親の慶弔や病気・事故・災害などについて
ⅡA	企画，売上データ・在庫管理などのほか，取引先や顧客との業務上の情報の伝達や交換，作業現場でのさまざまな命令，打ち合わせ，道路交通情報，校内・クラス内の連絡，講義
ⅡB	昨晩の野球の結果，テレビドラマの展開，アフター5や週末の約束，好きなゲームや玩具についての情報交換
ⅡC	会社の創立○○周年企画，緊急会議，学校での運動会や遠足，避難訓練
ⅢA	自治会の話し合い・連絡，市町村の行政サービス，広報，近所の人との情報交換
ⅢB	主婦のゴシップ・愚痴話，老人会でのよもやま話，遊び友だちとのやりとり，カラオケ
ⅢC	お祭り，イベント，避難訓練，緊急会議，緊急事態での情報

利用できるだけでなく、家庭空間を離れた家族成員との間の家族間コミュニケーションに利用することもできる。

さらに、家族間コミュニケーションにせよ家族外コミュニケーションにせよ、その内容は非常に広範なものを含んでいる。須賀は、社会生活を家庭（Ⅰ）／職場・学校（Ⅱ）／地域（Ⅲ）の三場面と、俗（仕事・学習）（A）／遊（日常的遊び・余暇）（B）／聖（脱日常的事柄）（C）というコミュニケーションの三つの異なる機能の軸をクロスさせて計9局面における情報行動を表2のように整理している(11)。ここで須賀が指摘しているように、家族間コミュニケーションだけをとりあげても、そのコミュニケーションは、俗（予定の伝達、家事の指示など）／遊（団欒など）／聖（慶弔など）など、多様な性格のものを含んでいる。

本稿では情報化という言葉を、コミュニケーション手段やコミュニケーション機器の発展・普及という意味で使用することにしよう。この意味における情報化は、受信／発信／記録という（過去においては人間の身体機能や脳機能に限定されていた）コミュニケーション機能の可能性範囲を、圧倒的に拡大させた。コミュニケーションが人間の身体機能や脳機能に限定されていた時代においては、コミュニケーションは時間的空間的に「今ここ」という限定を伴った。文字・印刷術・放送メディア・電子機器などの技術の進歩は、この人間のコミュニケーションの時間的空間的限定を少しずつ拡大してきたのであり、その拡大は二〇世紀において急速に加速された。

では、この意味での情報化は、家族のコミュニケーションにどのような変化を与えているのだろうか。以下においてはこの変化の様相を、（1）家庭空間の変化、（2）家族間コミュニケーションの変化、という二つの局面に着眼して論じることにする。

家庭空間の変化——家族外コミュニケーションの優越化

家族は多くの場合、居住空間を共有している。家族関係が個人に対して持つ最も大きな意義は、居住空間の共有、すなわち共在にあるといっても過言ではなかろう。共在という条件は、情報化があまり進展していなかった時代においては必然的に、家族間コミュニケーションを、家族外コミュニケーションよりも、頻度においてより多く密度においてより濃いものにしていた。しかしこの家族の共在の意義は、共有する居住空間すなわち家庭空間の情報化によって、大きく変化しつつある

表 3　社会生活と情報機器・手段のかかわり

受信系	新聞　本　雑誌　CD　レコード　ヘッドフォンステレオ　レーザーディスク　テレビ　CATV　衛星放送　ラジオ　ポケベル　電話　FAX　携帯電話　PHS　携帯情報端末　パソコン　郵便
発信系	電話　FAX　携帯電話　PHS　携帯情報端末　パソコン　郵便（ビデオ・カメラ）
記録系	ワープロ　コピー機　ビデオデッキ　テープレコーダー　ビデオ・カメラ　カメラ　パソコン　電子手帳　郵便

ここで携帯情報端末とは通信機能を備えた電子手帳のことをいう．

表 4　1000世帯当たり主要耐久消費財の所有数量（世帯主の年齢階級別）

	カラーテレビ	電子レンジ	CDラジオカセット	コードレス電話機	ビデオテープレコーダー	ワードプロセッサー	パーソナルコンピューター	カラオケ装置	テレビゲーム機
全　体	2215	946	874	462	951	490	190	151	593
30歳未満	1482	928	569	573	979	361	133	25	693
30―39 歳	1809	959	678	494	1030	466	200	72	733
40―49 歳	2270	950	1077	473	953	561	228	136	867
50―59 歳	2528	960	1063	493	1045	580	229	192	507
60―69 歳	2389	942	698	404	865	401	115	242	238
70歳以上	2091	855	549	272	558	228	71	151	146

総務庁統計局『平成 6 年　全国消費実態調査報告第 3 巻　主要耐久消費財，貯蓄・負債編』大蔵省印刷局，1996年，172-176頁

表5　1日のマスメディア接触の時間量（平日／全員平均時間）［時：分］

	テレビ	ラジオ	新聞	雑誌・マンガ	本	CD・テープ	ビデオ
国民全体	3：36	2：29	0：45	0：54	1：09	1：26	1：28
男10―15歳	2：22	1：11	0：23	0：53	0：47	1：12	0：55
16―19歳	2：34	1：22	0：27	1：03	1：22	1：34	1：25
20代	2：51	2：02	0：33	1：07	1：26	1：44	1：39
30代	2：51	2：56	0：36	0：52	1：15	1：40	1：32
40代	2：58	2：44	0：44	0：50	1：07	1：18	1：38
50代	3：14	2：41	0：55	0：44	1：14	1：19	1：32
60代	4：34	2：54	1：04	1：00	1：20	1：31	1：38
70歳以上	5：20	2：12	1：10	1：09	1：37	1：03	1：55
女10―15歳	2：18	0：54	0：25	0：54	0：41	1：09	1：04
16―19歳	2：33	1：17	0：25	1：02	0：56	1：28	1：27
20代	3：17	1：54	0：27	0：54	1：05	1：24	1：30
30代	3：29	2：12	0：32	0：46	1：05	1：13	1：28
40代	3：41	2：39	0：37	0：41	1：07	1：28	1：23
50代	4：17	2：52	0：42	0：48	0：57	1：28	1：28
60代	4：56	2：55	0：50	0：46	1：12	1：29	1：22
70歳以上	5：23	2：26	1：00	1：05	1：13	1：22	1：25

ＮＨＫ放送文化研究所『日本人の生活時間・1995』ＮＨＫ出版，1996年，209，215-230頁

のではなかろうか。

　では現在、家庭空間にはどのようなコミュニケーション手段やコミュニケーション機器が入り込んでいるのだろうか。須賀は、家庭に入り込んでいる「情報機器・手段」を、受信系／発信系／記録系に分けて表3のようにまとめている(12)。それらは実際にどの程度普及しているのだろうか。表4(13)は、世帯主の年齢別に主要耐久消費財が一〇〇〇世帯あたりどの程度普及しているかを示している。カラーテレビは各世帯二台を越え、ＣＤラジオカセットは約九割、ビデオは九割を越え、ワープロは五割程度、パソコンは二割程度、テレビゲーム機は六割となっている。

では、これらの手段や機器の普及は、家庭空間におけるコミュニケーションにどんな影響を与えているのだろうか。以下、二点指摘してみよう。

(a)家庭空間における家族外コミュニケーションの家族間コミュニケーションに対する優越化

表5は、日本人の年代別平均マス・メディア接触時間を示している(14)。この表における日本人の平均的マス・メディア接触時間を単純に総計してみると、一日一一時間を超える！

むろんこれらの時間は、ながら視聴を含んでいるのであろう。特にラジオや音楽テープ、マンガや雑誌などは、自動車運転中や電車の中など移動しながら接する場合が多いと考えられる。けれども、テレビや新聞への接触は、家庭空間が一番多いのではないか。そうであればそれは当然家族間コミュニケーションの時間を食いつぶすことになる。働き盛りの男性は家庭滞在時間が非常に短い。その短い家庭滞在時間においても、テレビや新聞などのマス・メディア接触が総計三時間を越えるとすれば、家族間コミュニケーションへの圧迫は避けられない。マス・メディア接触だけではない。電話やパソコン通信やFAXなど、さまざまな手段や機器によって、他の人々からの連絡が入る。特に電話は、家族間コミュニケーションに割り込むことができる力をもっている。少なくとも時間総数でみる限り、家庭空間において優越しているのは、家族間コミュニケーションよりも家族外コミュニケーションである。

(b)コミュニケーション回路の複数化

こうした時間量でみた「家庭空間」における家族外コミュニケーションの優越化以上に問題なの

が、家庭空間におけるコミュニケーション回路の複数化・複雑化である。従来対面的状況においては、人は、対面する他者にまず最大限の注意を払いその他者に向けてコミュニケーションを行ってきた。現代でも礼儀を重んじる場においては、基本的に、対面する他者に対して最大限の注意を払うという規範が維持されていると思われる。しかし、こうした堅苦しい礼儀の場ではない家庭空間においては、家族成員は互いに対面していたとしても、マス・メディア接触や電話など家族外成員とのコミュニケーションを優先するのが、普通になっているのではないだろうか。

したがって、複数の家族成員が家庭空間にいる場合は、家族間コミュニケーションと家族外コミュニケーションが同時平行的に行われていることが多いのではなかろうか。成員のそれぞれが別な家族外コミュニケーションを行いながら対面している場合などにおいては、そこには非常に多くのコミュニケーション回路が同時に存在することになる。したがって共在していても、相手が別のコミュニケーション回路にいる場合には、その人とコミュニケーションできないという待ちの時間が格段に増大することを意味する。逆に言えば、相手がその場にいてもいないかのように振る舞うという作法が家庭空間で確立してしまう可能性がある。

このことは、対面的コミュニケーションのルールを身につけつつある家族成員にとって、成人以上に大きな影響を与えている可能性がある。家庭空間に常に声や呼び掛けが流れていて、しかもその多くがマス・メディアであったり家族成員の家族外コミュニケーションであったりして対応する必要性がないものである場合には、たとえ他者と場を共有していてもまず相手がいないかのように

表6 休日，自宅でくつろぐとき，何をするか（%）

	合計(実数)	何も使わない	映像を見る	音を聞く	文字を読む	会話やゲーム
合計	100.0(1185)	11.5	54.1	15.2	12.7	6.6
中学生	100.0(　82)	6.1	40.2	29.3	11.0	13.4
高校生	100.0(　65)	7.7	38.5	36.9	7.7	9.2
大学生ほか	100.0(　79)	7.6	34.2	29.1	13.9	13.9
20代	100.0(155)	5.8	53.5	20.0	8.4	12.3
30代	100.0(207)	4.8	67.6	8.2	13.5	5.8
40代	100.0(234)	11.5	56.0	12.8	13.7	6.0
50代	100.0(184)	18.5	57.6	8.2	14.7	1.1
60歳以上	100.0(178)	22.5	53.9	8.4	14.0	1.1

ソニー・プロダクツ・ライフスタイル研究所『メディアライフ　データブック95・日本編』1995年，317頁

振る舞うことが、まず身につけるべき作法となってしまうかもしれない。家庭空間は、今もなお、社会成員がコミュニケーションの作法など、基本的なコミュニケーションのしかたを学ぶ場である。その家庭空間における家族外コミュニケーションの優越化とコミュニケーション回路の複数化・複雑化は、単に家族間コミュニケーションに影響を与えるだけでなく、対面的コミュニケーションのすべてに、影響を与えているのかもしれない。

家族間コミュニケーションの変化

では、情報化は家族間コミュニケーションにどのような変化を与えているのだろうか。以下ではまず、家庭空間における家族間コミュニケーションと家庭空間外の家族間コミュニケーションに分けて論じ、その後、情報化への適応度の世代間ギャップに着目して考察してみよう。

(a)家庭空間における家族間コミュニケーションの希薄化

第一に考えられるのは、家庭空間における家族外コミュ

ニケーションの優越化の反面としての、家族間コミュニケーションの希薄化である。職住分離は、家族成員の平日の在宅時間を減少させた。家族で一緒にいる時間そのものが平日では非常に少ない。しかも先に挙げたように、日本人の平均マスメディア接触時間は非常に長い。ただでさえ家族で一緒にいる時間が短いのに、家族成員のそれぞれが家庭空間において家族外コミュニケーションを長時間行うことによって、家庭空間における家族間コミュニケーションは非常に少なくなっているのではなかろうか。

では、家族間コミュニケーションのうち、俗／遊／聖のコミュニケーションのどの部分がもっとも情報化の影響を受けているのだろうか。表6は、「休日、自宅でくつろぐとき何をするか」について質問した結果である(15)。どの年代でも「映像をみる」がもっとも大きな比率となっており、「音を聞く」がそれについでいる。「会話やゲーム」は、年代が若い層でやや多くなっているが、三〇代以降は非常に低率である。この表からみる限り、遊機能、すなわち「日常的な遊び」に関しては、家庭空間においても圧倒的にテレビや音楽などに独占されていることがわかる。水野は、家庭生活の機能を、a生活上必要な諸活動（食事・睡眠・入浴などの活動とそれらを行うのに必要となる家事労働）、b家計の維持・管理（いわゆる仕事および家計管理）、c子どものしつけ・教育、d余暇活動の四つに分け、この中でもっとも情報化の影響が及んでいるのがdの余暇活動であると指摘している(16)。

聖についてはどうだろうか。現代の都市生活においては、慶弔などの儀礼は、多くの場合家庭空間以外の都市空間において営まれるようになってきている。家庭空間は次第に儀礼の場ではなくなってきているのである。ではそれ以外の脱日常的なコミュニケーションはどうなっているのだろうか。須賀は聖機能の中に家族での長期旅行など脱日常的な事柄も含めているが、海外旅行などは現代の脱日常性の筆頭に挙げられるべきものだろう。若い夫婦にもっとも家族を感じる時についてインタヴューすると、家族（夫婦）そろっての海外旅行という答えがかえってくることが多い。現代家族においては家族であることの意義は、イベント化しているのである。家庭空間を離れないと脱日常化できないということは、家庭空間の脱聖化を示している。

こう考えてくると、家庭空間における家族間コミュニケーションに残されたものは、俗機能しかないと言えるのではないか。夫の会話としてよく例に出される「メシ、風呂、寝る」の三語会話などは、まさにこの家族間コミュニケーションの俗機能化を象徴していると言えよう。親子の会話においてもしつけ・教育の側面がきわだってしまっており、「早くしなさい」などの命令的言葉ばかりがとびかうようになってしまっているのではなかろうか。

(b)家庭空間外の家族間コミュニケーション

他方において情報化は家庭空間以外の場にいる家族成員との間の家族間コミュニケーションの頻度や密度を圧倒的に増加させることにもなった。電話がまだ一般化していない時代家庭空間を離れることは家族間コミュニケーションが極端に減少することを意味した。家を離れた家族成員とは、手紙や葉書のやりとり以外のコミュニケーションは、ほとんどなくなってしまうのが普通だった。

手紙などの文字メディアによるコミュニケーションは、対面的コミュニケーションとは異なり、相手との時間的・空間的距離を強く感じさせるコミュニケーションである。家から離れることは家族から離れることを意味したのだ。けれども現代においては、電話やFAX、パソコン通信、インターネットなどによって、空間的距離を越えたコミュニケーションが非常に楽に行えるようになっている。遠くの大学にいっている子ども、別居している両親、単身赴任している夫などとの間のコミュニケーションは、過去よりもより密接になっているのではなかろうか。「今年の春、娘が一人暮らしをしはじめたんですけれど、いなくなったような気がしないんです。毎日電話がかかってくるんで家にいる時よりもかえってよく様子がわかるような気がします」。こんな話をよく聞く。

長期にわたる家族成員の不在化の場合だけではない。家族空間を一時的に離れる家族成員間にも、携帯電話やPHSによって、楽に連絡がとれるようになった。外務中心の夫や塾にいく子どもが、携帯電話で妻や母親と連絡をとりあっているのはよく見かける風景である。現代では、家庭空間を離れることは、家族間コミュニケーションから離れることを意味しないのである。

けれどもこのことは家族間コミュニケーションのあり方を変化させていると思われる。家庭空間から離れていてもいつでも好きな時に家族間コミュニケーションが行えるということは、家族間コミュニケーションの選択化をもたらしつつあるのではないか。共在が不可欠ではなくなり、共在の価値が低下し、逆に言えば、家庭空間においても、好きな時・必要な時だけスイッチを入れるような家族間コミュニケーションが一般化しつつあるのではなかろうか。

(c)世代間でのコミュニケーションギャップの増大

情報化への適応には、世代間・性別間でギャップがあることが指摘されている(17)。すなわち中高年世代が情報化の進展に対してアレルギーを起こしてしまっているのに対して、子どもたちの多くは情報化に何なく適応し、情報空間を遊び空間にするようになってきている。また情報化は性別によっても適応度が異なる。女性は男性よりも適応度が低いという。こうした世代間・性別間の情報化適応度ギャップは、世代と性別が異なる者どうしの集まりである家族間コミュニケーション、特に親子間のコミュニケーションに大きな影響を与えている可能性がある。すなわち情報化の進展によって、子どもたちの世界は、身体だけは親のいる「家庭空間」に残したまま、親の手が届かない世界に飛んでいってしまうことができるようになったのだ。現代の親は子供の交遊関係など子どもの世界を充分把握することはむろんのこと、そこに入りこむことも困難になっているのである。

特に、ポケベル・携帯電話・PHSなど移動体通信メディアの普及は、一〇代の子どもたちが家庭空間に固定された電話によることなく、屋外空間で家族外成員とのコミュニケーションすることを可能にした。移動体通信メディアによって子どもたちは、友達と連絡をとりあうためには学校にいく必要も家にいる必要もなくなった。移動体通信メディアは、どこにいても「友人とダイレクトにつながる自分専用のホットライン」(18)なのである。子どもたちは、移動体通信メディアによって、「家・学校から自立」(19)してしまったのだ。パソコンでも同じことが言える。同じ家庭空間にいながら、同じコミュニケーション空間にはいない家族が増大しているのである。

4　家族を語る時代へ
――家族のコミュニケーションのゆくえ――

以上、家族間コミュニケーションの現状とその情報化によって被っている変化を概観した。情報化は一方において家庭空間を離れた家族成員との家族間コミュニケーションをより密にした。しかし、他方において家庭空間の家族間コミュニケーションは希薄化しているように思われる。これまで家族は居住の場を共有するという時間的空間的近接によって、家族外の人々とのコミュニケーションよりも、より頻度が多く密度が濃いコミュニケーションを行っていると考えられてきた。しかし情報化の進展は、コミュニケーションにおける時間的空間的距離を減少させ、共有空間からコミュニケーションを解き放つことによって、家庭空間の共有に依存してきた家族間コミュニケーションをかつてないほど希薄化させているのではなかろうか。

そうであるのなら、家族間コミュニケーションが共にあること自体にこれまでどおり依存しつづけるあいだは、今後も希薄化していくことを免れえないだろう。以心伝心とか子どもは親の背中を見て育つなどといって、従来通り共在に依存して家族間コミュニケーションしているつもりになっていても、家庭空間にさまざまな家族外コミュニケーション空間が広がっている今日においては、受け取る側は家族間コミュニケーションの「スイッチ」を切ってしまっていたということになりかねない。コミュニケーションが物理的空間への拘束を離れて選択化しつつある今日、家族間コミュニケーションを維持しつづけるためには、これまでとは異なったコミュニケーションのしかたを模索する必要があるだろう。

では、どうしたら家族間コミュニケーションを活性化できるのか。もっとも簡単な方法は、家族が家庭空間を離れ非日常的空間に移動することであろう。家庭空間を離れることで、家庭空間に充満する家族外コミュニケーションを絶つことができ、家族が共に同じ非日常的空間に身をおくことで、家庭空間における家族間コミュニケーションには不在化しつつある遊／聖のコミュニケーションを再生し、家族間コミュニケーションを活性化することができる……。家族での海外旅行やオート・キャンプなどが流行しているのは、家族間コミュニケーションを活性化させようとする現代家族の無意識の模索の結果なのかもしれない。

しかし年数回の旅行やキャンプなどに頼るだけでは、家族間コミュニケーションの活性化はおろか、維持すら困難であることは明らかである。ではどうしたらよいのか。私はここでやや唐突ではあるが一つの提案をしたいと考える。それは「家族を語る」ことである。これまで、家族は意識的に家族を語ることはなかったのではないか。家族であることはあまりにも「あたりまえのこと」であるからこそ、夫婦や親子で家族を語ることはなかったのではないか。確かに家族を語ることは、気恥ずかしいことであろう。しかし現代ではそうした気恥ずかしさを越えて、家族を語る必要性があるのではないか。

私がそう考えるようになったきっかけは、ある大学での出産をテーマにした自主ゼミの講師の経験であった。毎回一人のゲスト講師を招き、出産や子育てについて語ってもらおうというこの自主ゼミは、教室に入りきらないほどの盛況となり学生たちの関心も非常に高かった。私は最初、この関心は自分の将来を考えているためだと思っていた。しかし、学生たちの質疑応答やレポートをみて、彼らの関心は自分の出産や子育てにあるというよりも、むしろ自分と自分の親との関係にあるということがわかってきた。出産に関する話の中に、あるいは仕事と子育てに悪戦苦闘する女性や男性の話の中に、学生たちは、自分の親の姿を見、親の思いを重ねていたのである。出産・子育てに関わるさまざまな劇的な経験、厳しい選択、体力の限界にまで追い込まれる体験、辛さ・悲しみなどの話の中に、親が感じたかもしれないさまざまな思いを感じとっていたのである。出産ゼミは予想外にも、学生たちが自らの親子関係を理解するための場として機能していたのだ。

出産や子育ては、現代においては、家族の歴史の中で最大の出来事の一つである。誕生という出来事は、一つ一つがドラマである。どんな家族の思いの中で自分が生まれたのか、そこにおける不安や苦しみ、喜びや希望。しかしそうした親の思いを、意外なほど学生は親から受け取ってはいない。出産だけではない。出産に先立つ性についても、ほとんどの学生は何一つ親からその経験を受け継いではいない。しかし、まさにそうした経験こそ、子どもが親から受け継ぐべき経験ではないのか。親が子どもに語りうるその家族だけの物語なのではないだろうか。出産ゼミに出席していた学生たちは、自分の親が経験したかもしれないさまざまな出来事について知ることによって、自分がどのような親の経験の中で生まれ育っていったのか、その過程にどんな物語があったのかに思いをはせたのだと思う。そしてその結果より真剣に生きることに向かいあうようになったように思う。そうだとすれば現代の子どもたちにも、家族の物語への渇望があると考えてもよいのではなかろうか。

むろん、日常生活をともにする家族において、家族を語るのは、あまりにも生々しく難しいことである。けれども家族には本来、子どもたちの耳を傾けさせられるだけの物語やドラマが一杯つまっているのだ。情報化が家族間コミュニケーションを切り崩すかのように思える今日、家族の教育力をとりもどすためには、家族が家族であるその原点にある事柄を、語り始める必要があるように思う。

注

(1) 生命保険文化センター『夫婦の生活意識に関する調査』一九九五年、一三八頁より作成。調査対象者は、首都五〇km圏に住む二〇歳~四九歳の既婚男女。調査票配布三〇〇〇票。回収率七八・五%。

(2) 厚生省人口問題研究所『現代日本の家族に関する意識と実態——第一回全国家庭動向調査(一九九三年)』一九九六年。調査対象者は、全国のすべての世帯の有配偶女子。調査票配布数一万一四八〇票。回収率九三・一%。

(3) 神奈川県『男女共同社会に関するアンケート調査』(神奈川県県民課女性政策室)一九九五年、

一三五頁。調査対象者は、県内居住の満一八歳以上の男女。調査票配布五〇〇〇票。回収率五三・二％。

(4) 生命保険文化センター、前掲調査報告書、二一頁より作成。

(5) 同報告書、三二頁より作成。

(6) 日本女子社会教育会『家庭教育に関する国際比較調査報告書』一九九五年、四七頁。

(7) 渡邊秀樹『少したちどまって、男たち』第三章、東京女性財団、一九九七年、五五頁。

(8) 東京都生活文化局『東京女性白書』一九九八年、二三頁。

(9) 厚生省人口問題研究所、前掲報告書、二六頁より作成。

(10) 同報告書、六三頁。

(11) 須賀由紀子「生活世界と情報化」、栗原孝他著『情報文化と生活世界』福村出版、一九九八年、一七頁。

(12) 同右、一九頁。

(13) 藤村正之「中高年と情報機器の近くて遠い関係」前掲『情報文化と生活世界』一〇五頁。

(14) 同右、一〇四頁。

(15) 同右、一〇三頁。

(16) 水野博介「ニューメディアと家庭生活」竹内郁郎他編『ニューメディアと社会生活』東京大学出版会、一九九〇年、四七―四八頁。

(17) 藤村、前掲論文など。

(18) 富田英典「メディアで遊ぶ少年少女」前掲『情報文化と生活世界』一四六頁。

(19) 同右、一三九頁。

家族の危機

――性別役割分担否定論は、元凶か解決策か――

日本において家族は、つい一〇数年前まで、変動する社会で人々の拠り所となる唯一の安定した場であるかのようにイメージされていたように思う。けれども今家族は、現代日本社会全体を変容させかねないほどの変動の震源地として認識されつつあるようだ。未婚化・少子高齢化・幼児虐待など、家族に関わる様々な変動の様相を、強い危機感を持って論じる書物が多く出版されている。そうした議論のなかにすら、全く正反対の方向を提示するものが少なくない。おそらくこのことにこそ、家族の危機の本当の根強さを見出すべきなのだろう。

以下では、いわゆる家族の危機に対してかなり対照的な議論を展開している林道義氏の『母性の復権』(1)『母性崩壊』(2)と、山田昌弘氏の『家族のリストラクチュアリング』(3)『パラサイト・シングルの時代』(4)を取り上げてみることにしたい。

1　林氏と山田氏の論点

林道義氏は、一九三七年生まれ。専攻分野は深層心理学であるという。一九九六年出版の『父性の復権』(5)以来この数年家族についての評論を続けざまに刊行している。一九九八年『主婦の復権』(6)、一九九九年『フェミニズムの害毒』(7)『母性の復権』『母性崩壊』など。これらの著作において林氏は、家族の危機の原因を基本的に母性崩壊として認識し、その原因の一つを「フェミニズムの働けイデオロギー」に見出す見解を提示している。以下では、特に『母性の復権』と『母性崩壊』における林氏の主張に焦点をあてる。

「母がおかしい。母が母でなくなっている」。『母性の復権』の冒頭で林氏はこのように主張する。「母性が壊れている、母性が消えている、母性が歪んでいると、どう表現しようが、共通しているのは、『母性に異変が起きている』という点である」(同書、四頁)。少年非行や幼児虐待など、若者や子どもをめぐる問題の原因を、林氏はこの母性の異変に求める。「母性は本能である」という母性本能説を前提とする林氏は、この立場から、「母性は本能ではない」という母性本能否定説をとる人たちを間違いだと批判する。彼らは本能についての間違った理解に基づいて母性本能を否定できたと主張しているにすぎない。その間違った理解とは、本能であれば無条件に発現するはずであるという理解や、学習と本能を対立する概念であるかのように把握する理解である。本能行動が現れるためには、複数の解発因子が必要であり、その解発因子が働かなければ本能行動が現れない場合もある。母性本能も同じである。「『子どもを産んだ』という一つの要因だけで、自動的に母性本能が現れて子どもの世話をしたくなるような単純なものでは決してない」（同書、六四頁）。

また「本能には自動的に（他者から教わらなくても）発現するものと、学習を通して発現するものと、ふた通りがある」（同書、六七頁）。後者において、「何をどう学習するかという学習の仕方が生得的に決まっている」という形をとる。その場合、本能行動は「主体的な意味づけや学習によって発現したり促進されたり妨害されたりする」。したがって、「子どもを産んで可愛いと感じない女性がいるからといって、母性が本能でないとは言えない」（同書、七五頁）と林氏は言う。

ここから林氏は、バダンテールその他のフェミニストの母性は本能ではないという主張の検討に移る。彼女らは、あたかも例外を示せばそれで母性が本能ではないといえるかのような論を展開しているが、それは本能についての間違った理解に基づく間違った主張であると、林氏は言う。そもそも母性とは、「母性本能の無意識的な過剰」「コンプレックスやイデオロギーによる母性本能の消失」「病理的な母性破壊」など様々な解体の様相を見せる「脆弱な壊れやすいもの」（同書、一八八頁）なのであり、その認識にたって、「それをどう守ることができるか、考えねばならない」のだと、林氏は言う。

『母性崩壊』は、林氏によれば、『母性の復権』の「応用編」であり、「母性崩壊」の「原因と対策」を主要な論点としていると言う。同書で林氏が「母性崩壊」の原因としているのは、(1)「夫との関係」を中心とする家族関係の心理的ストレス、(2)若者文化礼賛の心理、(3)頽廃的な現代都市文明、(4)「働けイデオロギー」に基づく「性別役割分担否定論」、(5)母性本能崩壊の世代的連鎖である。これらの原因によって母性が崩壊していることこそが、幼児虐待の増加の真の原因である。

ところが、今、識者の間で横行しているのは、フェミニストを中心にした外的要因説（経済や社会に原因を見るもの）や母性神話原因説であり、これらは大きな間違いであると林氏は言う。ここから林氏が提言する少年非行や幼児虐待などの現代家族の問題に対する処方箋は、子どもたちが飢えて求めている母性を、母親たちが十分に与えることである。そのためには、「母性崩壊」した女性たちを治療することが必要であり、あるいはまだ子どもを産む前の若い世代の女性に、母性教育することが必要であり、子育ては保育所にまかせて、母親も働くべきだというフェミニズムの間違った考え方を否定することが必要なのであると。

他方の山田昌弘氏は、一九五七年生まれ。林氏よりも二〇歳若い。専攻は家族社会学・感情社会学である。山田氏は『家族のリストラクチュアリング』において、「一九八〇年以降の家族問題の原因」を、「家族が豊かになり、経済が低成長になったために、従来の家族のまとまりを保証していた『豊かになり続ける』という目標が失われたこと」（同書、二二八頁）に求める論を展開する。高度経済成長期、「サラリーマン―専業主婦」家族（親が一方的に子どもを世話し、子どもは勉強に徹する（ことによって出世という親の願望をかなえる）という親子の分業をも含む）は、「社会の産業化にとって、非常に都合が良い装置」であっただけではなく、人々の価値観や生きる目標までも規定するものであった。けれども、低成長期に入ると、このサラリーマン―専業主婦家族が、経済的にも心理的にも、もたなくなってきた。中流の生活を支えるには夫の経済力だけでは困難になる。このことが未婚化・少子化を進行させた。心理的にもこれ以上豊かな生活を求めることが目標とならなくなり、子どもも親以上の存在になることが困難になった。「家庭内離婚や熟年離婚、不倫ブームなど夫婦の危機を示す現象が増えているのは夫婦の新たな目標が見出せないためである。中流家庭で頻発する青少年犯罪も『親以上にならなくてはならない』というプレッシャーによるところが大きい」（同書、二二八頁）。

したがって低成長期の今日では、家族の再構造化、すなわち家族のリストラクチュアリングが必要なのだ。けれども、女性差別的な職場環境と成人した子どもにまで世話をしつづける親の態度が元凶になって、サラリーマン―専業主婦家族からの転換がうまくいかない。それが、日本の家族をおおう停滞感をつくり、家族問題を生み出しているのであると。

この山田氏の処方箋の方向は、少なくとも表面的には、性別役割分担家族の評価において、林氏の方向と全く反対であるということができよう。林氏は「保育に関しては性別役割分担の方が正しい」と言う（『母性崩壊』一〇二頁）。そしてその立場から、性別役割分担否定論を、母性崩壊の一原因として、すなわち非行や幼児虐待などの問題の一原因として、否定的に評価する。他方山田氏は、性別役割分担に基づくサラリーマン―専業主婦家族のリストラがうまくいかないことこそが、家族問題を生み出していると主張する。

2　両者議論の相違点

むろん、林氏と山田氏では、問題にしている家族問題の幅に大きな相違がある。林氏が青少年の心理的発達の歪みや非行、その原因としての幼児虐待やその他の母性崩壊現象に限定して焦点をあてているのに対し、山田氏はむしろ未婚化・少子化といった問題に焦点をあてている。けれども、山田氏もまた林氏が問題にしている青少年問題や非行問題についても論を展開している。したがって以下では、山田氏の議論の中ではけっして主要な論点ではないけれども、両者の比較のために、青少年問題と母親意識との関わりに関する山田氏の議論をまず紹介しよう。

山田氏は、少年の凶悪犯が多くなっているかのような認識は間違っているという見解を提示する。殺人事件も性犯罪も件数としてはむしろ大幅に減少している。確かに、最近の少年事件には動機が不明なものが多いなど、変化はある。けれども、それは、むしろ「親があまりにもよい子育てを実践しているがゆえに、子どもが親の期待に押しつぶされそうになってしまうのだ。大人になりたくない小・中学生が多いのも、親の期待に応えられないという不安が原因と思われる」（同書、一七二頁）。いずれにせよ、「客観的に見れば、現代の子どもの状況はひと昔前に比べてけっして悪くなっていない」（同書、一七〇頁）と山田氏は結論づける。

では現代の子育てで失われたものはなにかというと、「親の自信と余裕」、特に母親のそれである。

近年悪化したのは子どもの状況ではなく、親、特に母親の状況である。

今、親子関係、特に子育てに必要とされていることは、「子どものために親はどうすれば良いか」ではない。親自身を、「よりよい子育て」のプレッシャーから解放することである。「今の母親は、昔の親に比べ、ずっと優れた子育てをしてますよ」といって自信をつけさせることが望まれる。

この山田氏の子育てや青少年非行に関わる問題の原因分析と処方箋は、林氏が母性神話原因説と呼んで批判しているものに非常に近い。確かに山田氏は母性神話という言葉こそ使っていないけれども、山田氏が提示する「『よりよい子育て』というプレッシャーに苦しむ母親とその母親の過剰な期待に苦しむ子ども」という像は、林氏が「子育てに懸命になればなるほど子育てがうまくいかない」と叫ぶ母親たちの像に基本的に一致している。けれども林氏によれば、そうした母親たちは、「すでに母性が崩壊しているのに、他方で母性が大切だと思って奮闘している母親」（『母性崩壊』一三六頁）だということになる。

他方山田氏は、こうした母親たちを「よりよい子育て」のプレッシャーから解放し、母親たちに自信をつけさせることが大切だと言う。けれども、そうしたやり方は、まさに林氏からすれば、

「完全に逆さまで見当はずれ」である。なぜなら、「根本の問題は母性崩壊である」のだから。母親たちをプレッシャーから解放しても、「子どもたちは救われない。母性を取り戻すことに力を貸すのが本当に正しい解決への道」ということになる。山田氏も林氏も、子育てをめぐる母親たちの葛藤や悩みという現象に焦点をあてている。そこに山田氏は「親としての自信と余裕を失った母親たち」を見出し、林氏は「母性崩壊」を見出す。その認識の相違が、両者の一八〇度違う処方箋を生み出したのである。

3 パラサイト・シングルと家族問題

けれども先述したように、山田氏が論じる家族問題はむしろ、未婚化・少子化問題の方に力点がある。山田氏の家族問題への処方箋がもっとも説得力を持つのも、この文脈においてであろう。『パラサイト・シングルの時代』において山田氏は、「学卒後もなお親と同居し、基礎的生活条件を親に依存している未婚者（パラサイト・シングル）の急増」こそ未婚化・少子化の結果であるとともに原因でもあり、それを変えること、すなわち若者の自立こそが日本社会を変えるという主張を展開する。

山田氏によれば、「パラサイト・シングルは、経済的な生活水準が高いだけでなく、人間関係上の満足感、そして、自己実現における満足度という点からみても、恵まれた生活を送っている」。

彼らは、生活費負担が少ないために、収入がそれほど多くはなくても贅沢品消費が可能になっている。また親元同居であるため生活上のトラブルが少ない。多少親と疎遠な時があっても自室にこもれば親を避けることもできる、恋人やともだちなど好きな人とは一緒にいたい時だけいればよい。そのため人間関係上の満足度も高い。しかも、基礎的生活条件を親に依存しているため、嫌な仕事を辞めることもできる。苦労する面白くない職には就かないですむのだ。こうしたことが、パラサイト・シングルの生活を豊かなものにしている。要するに、子どもと大人のいいとこどりをしているのが、パラサイト・シングルなのである。

パラサイト・シングル生活と比較すると、多くの場合結婚は、むしろ生活のゆとりを低下させることになる。キャリア・ウーマン志向のパラサイト・シングル女性は、家事一切を母親まかせにしている場合が多い。彼女たちにとって結婚は家事負担の大幅増となる。専業主婦志向のパラサイト・シングル女性にとっては、収入が低い若い男性と結婚することは生活水準の大幅低下となる。パラサイト・シングル男性にとっても結婚は、生活費負担増と妻の家事・育児分担要求という生活のゆとりの低下に結び付く。したがって、結婚になかなか踏み切れない。パラサイト・シングルの増加は、未婚化・晩婚化の結果というだけではなく、その原因にもなっていると、山田氏は言う。

けれども、このいいことずくめのパラサイト・シングル生活は、あくまで親が元気でいて経済力があり続けるという条件の上にのみ可能になっているのであり、永遠に続けられるものではない。それは単に「心地よいぬるま湯に浸かっている」（同書、一八四頁）状態にすぎない。「心地よいぬるま湯に浸かって非常にいい気分である。ぬるま湯から出ると寒い。自分で服を着ればよいのだが、そこまでいくのが寒いのでなかなか出られない。……ただぬるま湯はぬるま湯である。徐々に冷えていく。いつかは水風呂になることは確実である」。けれども、パラサイト・シングルが問題なのは、本人たちの心理的な問題だけではない。パラサイト・シングルの増加は、消費不況をもたらし、少子化問題をもたらし、依存主義を台頭させ、社会全体の活気を殺いでいるのである。

では、パラサイト・シングルの急増をもたらした原因は何か。「『パラサイト・シングル』の増大は、歴史的にも、世界的にも、現代日本特有の現象」である。その成立条件は、子どものために何でもするという高度経済成長期に生まれた親意識とそれを支える親の経済力の上昇、年功序列型賃金体系に基づく若者の低賃金構造と子どもの側の生活の欲求水準の高度化に伴う自立の困難性の増大、標準的ライフスタイルへの固執であるという。また、未婚化・少子化は、女性たちが仕事を続けたいと考えるようになったからではない。

「「子育てしながら働く生活」というのが今の若者の夢になるだろうか。……むしろパラサイト・シングル女性は、『保育所に子どもを預けながら、あわただしく、仕事、育児に追いまわされる生活』なんてごめんだと言うだろう」(同書、一八一頁)。それは二〇年前、三〇年前の女性の夢にすぎない。この保育所を増やせば問題は解決するという考え方の安易さを批判する点においては、山田氏と林氏は一致する。

けれども、林氏がここに「働けイデオロギーに毒されていない」「母性を取り戻したい」母親たちを見出すのに対し、山田氏はまさにその点にこそ、日本社会の停滞を見ている。なぜなら、働きながら子育てすることに夢を見出せない女性たちの多くは、仕事に生きがいを見出せない女性たちであり、そうした状況の原因の一部は、差別的職場環境にあるからである。「若い女性たちに夢を持たせたいならば、保育園を充実させることも必要だが、この差別的環境を即刻解消し、就職、昇進における実質的差別を解消したほうが有効なのだ」。そうでないと若いパラサイト・シングル女性は、今のままの生活をさせてくれる夫を探すという非現実的な夢を捨てきれないまま、未婚化・少子化が進行してしまうからである。

4 今、本当に必要な議論とは

以上、同じ家族問題をとりあげながら、全く違った方向で論を展開している林氏と山田氏の論を比較し、紹介してきた。最後に私の意見を述べさせてもらうことにしよう。私は、林氏の「母性本能はある」という主張に対しては、いくつかの疑問を持った。まず林氏は、『母性の復権』において、母性本能否定論に対する反論を展開してはいるが、仮にここでの林氏の議論が正しいとしても、それは母性本能否定論の間違いを論証するにすぎず、母性本能が存在するということを論証するものではない。したがって少なくとも林氏の著作において母性本能は、未だ議論の前提、あるいは仮説にとどまっている。

確かに母性が本能であるかどうかということは、簡単に決着がつく問題ではない。それは他のすべての能力についても遺伝と環境の関連性を解き明かすことが困難な問題であることと同じである。したがって少なくともここでの林氏の議論の水準に限定する限りにおいては、母性本能に関して存在しないと言いきることはできないとしても、それは同時に存在すると言いきることもできないということも示しているものとして読むのが、適切である。

第二に、そうであるならば、家族の危機に対する処方箋として母性本能という仮説を置くことに一体どのような意味があるのだろうか。林氏にしても、母性本能が社会的要因によって解体しやすいことを認めているわけであり、したがって子育て問題あるいは子どもの虐待の真の原因が母性本能の崩壊にあるとしても、そうした母性崩壊をもたらした原因の多くが社会的な要因によるものとするならば、そうした問題に対する対策としては、結局社会的施策を行うことになるのではなかろうか。そうだとすれば、子育て問題や子どもの虐待問題の原因について社会的要因の重要性を主張しているフェミニストなどの外的要因説を、全く間違っていると目の敵にする必要はないのではないか。林氏の提案の中で、母親たちの子育て環境をよくすること、父親の育児参加を進めること、子育て支援策を進めることなどについては私も賛成する。母性教育と定義するかどうかは別として、今の中高生や大学生たちに、妊娠・出産・子育ての現実や経験を教えることの必要性についても、私は賛成である。

第三に、「母性本能」という言説が問題になっているのは、まさにそうした社会的施策、すなわち子育て支援策などを行うかどうかという社会的合意を形成する上で、「母性本能」という言説が持つ政治的効果ゆえであったと私は思う。少なくともこれまで、「母性本能」という言説は、男性の育児責任を否定し、育児支援策の必要性を否定する方向で、社会的に機能してきた。フェミニストたちは、母性本能があるということを科学的真理として強弁しその前提に基づいて妊娠・出産・子育てを女の本能のみに任せきりにしてきた社会を批判するために、母性本能という言説と格闘したのだと私は思う。そうであるならば、その論証の目標は「母性本能がある」とは言いきれないという論点にこそあるのであり、母性本能はないということの論証にあるのではない。母性は本能であるかどうかを論証する責任は母性本能という概念を導入しその存在を科学的真理として社会に押しつける側にこそあるのである。したがって林氏の母性本能に関する議論は、挙証責任の所在を取り違えた議論であると私は思う。

次に山田氏の論について。私は、「『サラリーマン—専業主婦』という家族モデルはもうもたない」という山田氏の主張はかなり妥当だと思う。意識調査の結果をみても、かなり多くの若い男女がそうした認識を持っている。だから未婚化・晩婚化・少子化しているのである。山田氏の未婚化の分析はその意味において説得力を持っている。けれども、こうした山田氏の議論にしても、家族問題の解決の方向を、林氏が母親の母性本能崩壊に求めたのと同じく、女性の意識や行動のあり方に結局帰結してしまうような論調があるように思う。パラサイト・シングルという問題の立て方には、暗黙に、父親の経済力に依存してブランド品を買いあさり、若い低収入の男には幻滅しか感じない女性たちという問題の設定のしかた、働きながら子育てすることに夢を見出さずリッチな夫という非現実的な夢を追い求める若いパラサイト・シングル女性たちという問題の設定のしかたが、潜んでいはしまいか。そうだとすれば、それは林氏と同じく家族問題の責任をまたしても女性の側に負わせる議論になってしまうのではないか。

いずれにせよ、今起きている家族問題を、単に既婚女性が働くかどうかという問題に還元して論じてしまうような図式では、問題を表面的にしか把握できないのではなかろうか。家族問題という枠を取り払ってみれば、今起きているのは、ジェンダーとセクシュアリティに関わる大きな地殻変動なのであり、それは家族だけでなく個人のありかたや人間の価値そのものまで変えてしまいかねないほどの大きな変動なのだと思う。そのリアリティにまで踏み込む議論が必要なのではなかろうか。

注

(1) 林道義『母性の復権』中央公論新社、一九九九年。
(2) 林道義『母性崩壊』PHP研究所、一九九九年。
(3) 山田昌弘『家族のリストラクチュアリング　21世紀の夫婦・親子はどう生き残るか』新曜社、一九九九年。
(4) 山田昌弘『パラサイト・シングルの時代』筑摩書房、一九九九年。
(5) 林道義『父性の復権』中央公論新社、一九九六年。

(6) 林道義『主婦の復権』講談社、一九九八年。
(7) 林道義『フェミニズムの害毒』草思社、一九九九年。

男子校高校生の性差意識
――男女平等教育の空白域――

1 はじめに
――なぜ男子高校生の意識を扱うか――

従来より、男女平等社会の形成に向けて、教育には、多くの人々から期待が寄せられてきた。たとえば、教育によって女性の意識を啓発し、社会参加・社会進出を促すなどの試みが、なされてきたのである。実際女性の高等教育が、男女平等の実現のために果たした役割の大きさには、目を見張らせるものがある。しかし他方において、現代日本社会においては、女性の高等教育の普及のわりには、他の先進諸国に比較して、固定的な性別役割分業がより強固に残存し、女性の社会的地位も低いままにとどまっていることも、つとに指摘されていることは、周知のとおりである(1)。

この理由については、企業社会における女性の雇用のありかたなど多様なものが考えられるが、一つの要因として現在特に関心が高まっているものに、男性の意識の低さの問題がある。確かに、社会教育における意識啓発活動などの男女平等教育活動に従来参加してきたのは、主として女性であり、男性の参加は限定されていた。しかし、家族形成にしても、家庭内の役割分業の問題にしても、両性のコミュニケーションと協力が不可欠であり、女性の意識変革だけでなしとげられるものではないことは、自明のことである。したがって、現在、男性学教育など男性の意識変革のための社会教育活動に期待が寄せられつつあるのも、当然のことと言えよう(2)。現在社会教育においては、男女平等教育活動の一つの焦点は、確実に男性向けのそれになりつつあるのである。

では、学校教育においてはどうなのだろうか。現在、学校教育の現場においては、家庭科共修の実現をはじめとして、男女混合名簿への取り組み、性教育など、多くの教員の様々な地道な努力によって、新たな試みが積み重ねられてきている。この背景には、七〇年代以降において明確になった男女平等観の大幅な変革がある。それ以前、男女平等とは、家庭における役割分業の問題を含むものではなく、社会参加・職業参加におけるそれであった。しかし、第二波フェミニズム運動をきっかけとした男女平等問題への国際世論の高まりは、家庭内の役割分業を含む固定的な男女の性役割こそが男女間の不平等の原因であることを共通認識として定着させた(3)。すなわち七〇年代以降の今日では、男女平等の問題とは、まず何よりも、家庭内の役割分業を含む固定的な男女の性役割を変革することに、焦点がおかれるようになったのである。

日本の学校教育における現在の男女平等教育活動においても、同じことが見てとれる。戦後直後の男女平等教育が、女子を男子並みに引き上げることを目標として行われていたとすれば(4)、現在の男女平等教育は固定的な男女観や役割観から自由になることを目標として行われている(5)。

この男女平等教育観の転換に伴って、従来どちらかと言えば、暗黙に女子を主要な対象として行われてきた男女平等教育は、現在においては男女両性を対象とするように明確に対象を転換している。その中でも特に、男子の意識変革という問題に焦点を移動しつつあるといってよいだろう。

しかし、男女平等教育がこのような大きな転換を迎えているにもかかわらず、その認識は必ずしも広まってはいないという。こうした実践を積み重ねている教員の方々からは、「男女平等というと、もうそんなことはあたりまえじゃないかという感じが教員間には強く、何をいまさらと受け止められてしまうのですよね」といった言葉がよく聞かれる。学校教育においてもはや男女差別はないという認識が、男女平等教育への取り組みの意欲を減少させているというのである。その上、児童や生徒の親にも地域にも、ひいては教員自身においても、固定的な役割分業観が根強く存在するということが、固定的な性別役割観や固定的な男女観を転換するような男女平等教育活動を展開することを、困難にしている。学校教育においては、社会教育において明確になりつつある、男女両性を対象とした、あるいは明確に男子を対象とした、男女平等教育活動の展開は、未だ不十分と言ってよい状況にあるのではなかろうか。

しかし、このような状況を放置しておいてよいのだろうか。仮に学校には男女の差別はないという認識が正しいとしても、児童・生徒は、家庭・地域・メディアなどから男女の固定的な役割分業について、非常に多くのことを学んでしまっている。しかも今は、男女の役割についての認識の転換期であり、家庭・地域・メディアなどからの情報には矛盾も混乱も多い。学校教育において、そうした問題についての教員自身の認識や情報の提示を受け取ることなく放置されるならば、児童・生徒の多くは、男女平等問題についてかなり混乱した認識を余儀無くされることは明らかである。しかも、こうした混乱した情報や知識の氾濫は、男女に、それぞれ自分の性別によって都合がよいところのみを受け入れることを可能とする。その結果、男女観での認識や差異が非常に大きくなる可能性がある。現在少子化・未婚化が進行し、将来には人口の半減すら予想されているが(6)、その背景の一つには、若い世代において性別役割分業などについての男女間の認識のズレの拡大があると言われている。近い将来において恋愛・性関係・結婚・家庭などの意思決定に直面すると思われる児童・生徒たちに対して、「学校には性差別はない」のだからいまさら男女平等教育でもあるまいという意思決定をすることは、本当に責任ある態度といえるのだろうか。

さらに、他方においては、戦後女性解放の一翼を担った男女共学という学校教育のありかたが、特に都市部において実質的に変化させられつつあるなどの現象も生じている。すなわち、受験競争に有利という理由から、都市部においては公立学校の人気が低下し、男女別学の私立学校の人気が高まっているのである。このことは、どのような影響を与えているのだろうか。このことの検討も不可欠であると思われる。

むろん男女別学の教育においても、男子における家庭科の必修化など、男女平等教育への取り組みは、着実に行われてきていると考えられる。特に女子校においては、女子のみという環境を生かして、性や女性の生き方についての授業など、現代に生きる女性にふさわしい男女平等教育を重要視している学校が多い。こうしたことから男女平等の実現のためには男女共学を絶対視するのではなく、女子別学の積極的意義を認めるべきだという主張があらためて生じてきているのは、周知のとおりである。したがって、男女別学が実質的に増加しているということから、それをただちに男女平等の阻害要因と考えるのは、あまりにも短絡的であろう。

しかし女子においては別学には積極的な意味もあるということは妥当であるとしても、男子においてはどうなのだろうか。男子別学は、男子生徒の男女観にどのような影響を与えているのだろうか。女子別学が一定程度存在し続けるならば、男子別学もまた同じ程度に存在し続けることになることは、当然予想される。したがって、女子別学の積極的意義を検討する上では、単に女子別学の意義を検討するだけでは足りず、男女別学体制が男女平等の実現にとってどのような意味があるのかを検討すべきであろうし、そのためには、女子別学におけるそれだけではなく、男子別学におけるそれも検討するべきであろう。

このように、戦後確立した学校教育における男女平等教育は、現在大きな転換期を迎えているといってよい。こうした状況は、多くの教育関係者による熱い議論を必要としているのである。そしてその議論の一つの焦点は、男子に関連する問題であると言ってよいだろう。繰り返しになるが、私の問題意識は次のようなことにある。(1)近年、社会教育活動において、男女平等社会の実現という目的にとって男性の意識変革の重要性の認識が高まっている、(2)男女平等観の転換に伴って、女子を男子並みに引き上げる男女平等教育から、固定的な性別役割分業観を是正する男女平等教育に転換しつつあり、それにともなって、従来あまり研究されてこなかったと思われる男子向けの男女平等教育の検討が要請されている、(3)中等教育において男女別学が多い私立学校が優勢化したことに伴い、男女平等社会の形成にとっての別学の意味の再検討が必要とされている。特に従来あまり検討されてこなかった、男子別学の意味の検討が不可避になっている。

本稿においては、このような問題関心から、私もメンバーとして参加した既存の意識調査の結果を用いて、特に男子に焦点をあてて、高校生の性差意識の現状を考察してみることにする。そして、さらに、男子校に在籍する高校生の性差意識の特徴と、その背景にあると思われる要因を考察することを試みたい。このようなことを通じて、学校教育における男女平等教育のありかたや、共学・別学問題に対して、今後の議論を喚起できれば幸いである。

2　性差意識調査とは

まず最初に本稿で使用する調査について、概略を提示しておこう。

私は、一九九四〜五年度、東京女性財団の委託を受けて、他の二名の研究者とともに東京都の成人と高校生を対象として、性差意識調査を行った(7)。この調査研究は、性差がどのように形成されるかを目的とするものであったが、それを明らかにする上で性差に関する信念体系を解明することが非常に重要という認識が、共同研究者間の共同認識として形成された。ここから、調査においては性差そのものではなく、性差に関する信念体系とその形成要因を解明することが、試みられたのである(8)。

ここでいう性差に関する信念体系（本稿では性差意識と略記する）とは、能力・性格・身体・外見・行動様式・役割などにおける、性差や男らしさ・女らしさなどの性別特性についての、意識・知識・信念・規範などを含む包括的な概念である。このような性差意識を調査する意義は、次のようなことにある。すなわち、先述したように、現代社会における女性問題の認識においては、性別役割分業などの男女の固定的な役割のありかたを変容することが、最も重要な課題として位置づけられている。そして、その観点から、性別役割分業意識の払拭を目指して様々な意識啓発活動が行われている。しかし性別役割分業意識は、単に男は仕事、女は家庭という考え方に賛同するかどうかといった単独の意識なのではない。その背景には、母性や体力などにより広範な男女の違いについての信念があると考えられる。したがって、広範な男女の違いについての信念体系の現状とその形成要因を明らかにすることは、性別役割分業意識の払拭を考える上でも、重要な課題であると考えられる。

たとえば、男女の様々な行動の違い、すなわち周囲の人々への関わり方や進路選択などは、性差意識によって大きく規定されていると考えられる。すなわち男女は違うという信念を持つ個人は、日常生活のメディアから男女の違いに関する情報をより多く受け入れ、自分自身の行動についても他者に関わる場合も、男女の違いを前提として行為しがちになるだろうし、男女の違いをあまり意識しない個人は、逆に男女の違いに関する情報はあまり受け入れず、自分自身の行動についても、他者に関わる場合も、男女の違いにこだわらないと考えられる。性別役割分業型家族を形成するかどうかとか、職業の選択や継続においてどのような選択をするかということは、男は仕事、女は家庭に対してどう考えるかということや、女性と職業をどう考えるかといったことだけではなく、より広範な性差意識によって、規定されていると考えられるのである(9)。

この調査は、このような観点からみると、単に性別役割分業意識だけではなく、広範な性差意識に焦点をあてた、他にあまり類がない調査であり、その結果は教育問題の研究者にもある程度興味深く受けとめてもらえるのではないかと思う。

3　高校生の性差意識の概要

まず高校生の性差意識についてその概要を述べておこう。

この調査においては、成人調査と高校生調査の間で比較を行うために共通質問を設けている。その一つは、「男女という性別や性差に関連して世間でよく言われること」を四〇項目あげ、それに対してどう思うかを、「そう思う」「どちらかといえばそう思う」「どちらかといえばそう思わない」「そう思わない」という選択肢から選択してもらう質問である（以下では便宜上、この四〇項目についての意識を「性差意識」とよぶことにする）。以下ではこれらの共通質問を利用して、成人と高校生

図表１・１　成人男女性差意識得点（＊P<.05　＊＊P<.01　＊＊＊P<.001）

	質問項目	全員平均	女性	男性	
ⓐ	知的な能力は性差より個人差のほうが大きい……………………	1.32	1.29	1.37	
ⓩ	クリエイティブ（創造的）な仕事に、性差はない………………	1.54	1.52	1.56	
ⓝ	体力を要しない大部分の仕事で、男女に能力の差はない………………	1.69	1.65	1.73	
Ⓕ	男性は、家事や育児の能力も必要である………………………	1.71	1.61	1.82	＊＊＊0.1%
Ⓒ	男もおしゃれに気を配る必要がある…………………………	1.79	1.71	1.88	＊
x	男は背が高くなければ、と思う………………………………	1.85	1.85	1.86	
g	女性は男性にくらべ、憶病（おくびょう）だ……………………	1.90	1.80	2.00	＊
q	中学になると、男の子が成績のほうが伸びる……………………	1.99	2.12	1.84	＊＊＊0.1%
H	女性は男性にくらべ、手が器用である…………………………	2.14	2.14	2.14	
I	体力において男性がまさる以上、社会のあらゆる場で男性が優位な地位を占めるのは、やむを得ない……………	2.19	2.21	2.17	
b	男性は女性にくらべ、人を使うのが上手である…………………	2.20	2.11	2.30	＊
j	女性のすぐれた思想家は、あまり出ない………………………	2.20	2.19	2.22	
o	セックスにおいて男性がリードするのは当然である……………	2.21	2.24	2.17	
t	女性は何かにつけて責任を回避しがちである…………………	2.22	2.26	2.18	
p	女性は視野がせまい………………………………………………	2.24	2.27	2.20	
y	論理的思考は、男性のほうがすぐれている………………………	2.32	2,36	2.27	
f	子どもを他人に預けてまで、母親が働くことはない……………	2.36	2.22	2.52	＊＊＊0.1%
l	女性は出産する可能性があるため、男性と仕事の上で互角に並ぶのは無理である………………	2.43	2.46	2.41	
e	女性が入れたお茶は、やはりおいしい…………………………	2.44	2.40	2.49	
Ⓐ	将来、マラソンなど持久力を競う種目において、女性は男性と肩を並べると思う………………	2.44	2.38	2.50	
k	女性は、体力や精神力の点でパイロットなど人命をあずける仕事には向いていない………………	2.45	2.50	2.40	
M	男性は女性にくらべ、攻撃的である	2.45	2.37	2.54	
u	たくましい精悍（せいかん）な体つきは、男の魅力として重要である………………	2.46	2.44	2.48	
j	冒険心やロマンは、男の究極のよりどころである………………	2.58	2.55	2.61	
i	家庭のこまごまとした管理は、女性でなくては、と思う………………	2.54	2.57	2.62	
h	男性の性欲は、概して女性に比べて強い………………………	2.65	2.73	2.55	＊
D	最終的に頼りになるのは、やはり男性である…………………	2.67	2.73	2.60	
s	女性は月経があるので、精神的に不安定である………………	2.68	2.68	2.68	
d	女性の美は、それだけで十分価値がある………………………	2.75	2.54	2.98	＊＊＊0.1%
r	一家の生計を支えられないような経済力のない男性は、男として失格である………………	2.76	2.67	2.85	
G	子育ては、やはり母親でなくては、と思う……………………	2.76	2.62	2.92	＊＊＊0.1%
K	女が人前でタバコを吸うのは好ましくない……………………	2.76	2.56	2.96	＊＊＊0.1%
L	子どものことより自分のことを優先して考えるような女性は、母親になるべきではない………………	2.82	2.67	2.98	＊＊＊0.1%
w	男はむやみに弱音を吐くものではない…………………………	2.93	2.79	3.08	＊＊＊0.1%
E	女性は男性にくらべ、感情的である……………………………	2.97	3.04	2.89	＊
c	男の生理からして、売買春はいつの時代もなくならない………………	3.01	2.96	3.06	
B	男は強くなければ、と思う………………………………………	3.06	3.01	3.12	
N	女性は子どもを産めば、母性愛が自然にわいてくるものだ………………	3.06	3.11	3.02	
v	人前では、妻は夫を立てた方がよい……………………………	3.07	3.05	3.09	
m	男性と女性は、本質的に違う……………………………………	3.36	3.46	3.32	

※そう思う・どちらかといえばそう思う・どちらかといえばそう思わない・そう思わないの順に4・3・2・1を与えた平均点。
○印は逆転項目（それぞれ1・2・3・4を与えた）。

図表１・２

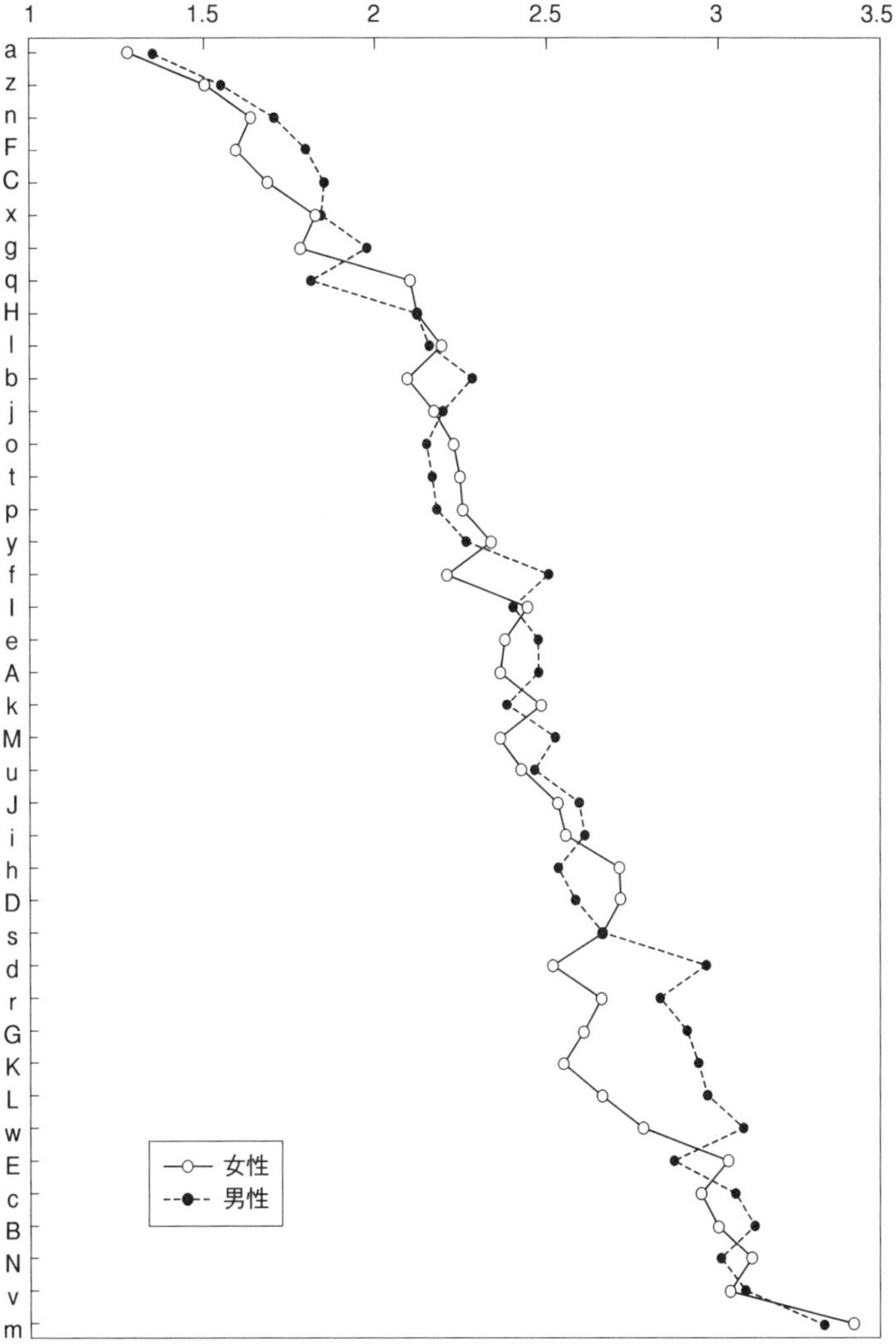
1
1.5
2
2.5
3
3.5
a
z
n
F
C
x
g
q
H
l
b
j
o
t
p
y
f
I
e
A
k
M
u
J
i
h
D
s
d
r
G
K
L
w
E
c
B
N
v
m
女性
男性

図表2・2　高校生男女の性差意識得点　（＊＊＊P<. 001）

質　問　項　目	女性	男性	有意義（0.1%水準）
ⓐ 知的な能力は性差より個人差のほうが大きい	1.4	1.46	
ⓩ クリエイティブ（創造的）な仕事に、性差はない	1.44	1.47	
ⓝ 体力を要しない大部分の仕事で、男女に能力の差はない	1.58	1.69	
Ⓕ 男性は、家事や育児の能力も必要である	1.52	1.68	＊＊＊
Ⓒ 男もおしゃれに気を配る必要がある	1.88	1.92	
x 男は背が高くなければ、と思う	2.52	2.45	
g 女性は男性にくらべ、憶病（おくびょう）だ	1.77	1.85	
q 中学になると、男の子が成績のほうが伸びる	1.88	1.8	
H 女性は男性にくらべ、手が器用である	2.52	2.67	
I 体力において男性がまさる以上、社会のあらゆる場で男性が優位な地位を占めるのは、やむを得ない	1.93	2.37	＊＊＊
b 男性は女性にくらべ、人を使うのが上手である	1.83	2.02	＊＊＊
j 女性のすぐれた思想家は、あまり出ない	2.03	2.11	
o セックスにおいて男性がリードするのは当然である	2.6	2.45	
t 女性は何かにつけて責任を回避しがちである	2.27	2.27	
p 女性は視野がせまい	1.75	1.89	
y 論理的思考は、男性のほうがすぐれている	2.1	2.24	
f 子どもを他人に預けてまで、母親が働くことはない	2.17	2.76	＊＊＊
l 女性は出産する可能性があるため、男性と仕事の上で互角に並ぶのは無理である	2.13	2.49	＊＊＊
e 女性が入れたお茶は、やはりおいしい	2.15	2.59	＊＊＊
Ⓐ 将来、マラソンなど持久力を競う種目において、女性は男性と肩を並べると思う	2.68	3.03	＊＊＊
k 女性は、体力や精神力の点でパイロットなど人命をあずける仕事には向いていない	2.08	2.48	＊＊＊
M 男性は女性にくらべ、攻撃的である	2.49	2.46	
u たくましい精悍（せいかん）な体つきは、男の魅力として重要である	2.76	2.82	
j 冒険心やロマンは、男の究極のよりどころである	2.52	2.98	＊＊＊
i 家庭のこまごまとした管理は、女性でなくては、と思う	2.19	2.69	＊＊＊
h 男性の性欲は、概して女性に比べて強い	3.1	3.08	
D 最終的に頼りになるのは、やはり男性である	2.87	2.84	
s 女性は月経があるので、精神的に不安定である	2.69	2.66	
d 女性の美は、それだけで十分価値がある	2.72	3.14	＊＊＊
r 一家の生計を支えられないような経済力のない男性は、男として失格である	2.76	2.9	
G 子育ては、やはり母親でなくては、と思う	2.6	2.83	＊＊＊
K 女が人前でタバコを吸うのは好ましくない	3.05	3.35	＊＊＊
L 子どものことより自分のことを優先して考えるような女性は、母親になるべきではない	2.91	3.2	＊＊＊
w 男はむやみに弱音を吐くものではない	2.86	3.24	＊＊＊
E 女性は男性にくらべ、感情的である	3.02	2.97	
c 男の生理からして、売買春はいつの時代もなくならない	3.2	3.33	
B 男は強くなければ、と思う	3.23	3.28	
N 女性は子どもを産めば、母性愛が自然にわいてくるものだ	3.29	3.06	＊＊＊
v 人前では、妻は夫を立てた方がよい	2.56	2.58	
m 男性と女性は、本質的に違う	3.13	3.25	

※そう思う・どちらかといえばそう思う・どちらかといえばそう思わない・そう思わないの順に4・3・2・1を与えた平均点。
○印は逆転項目（それぞれ1・2・3・4を与えた）。

図表２・２

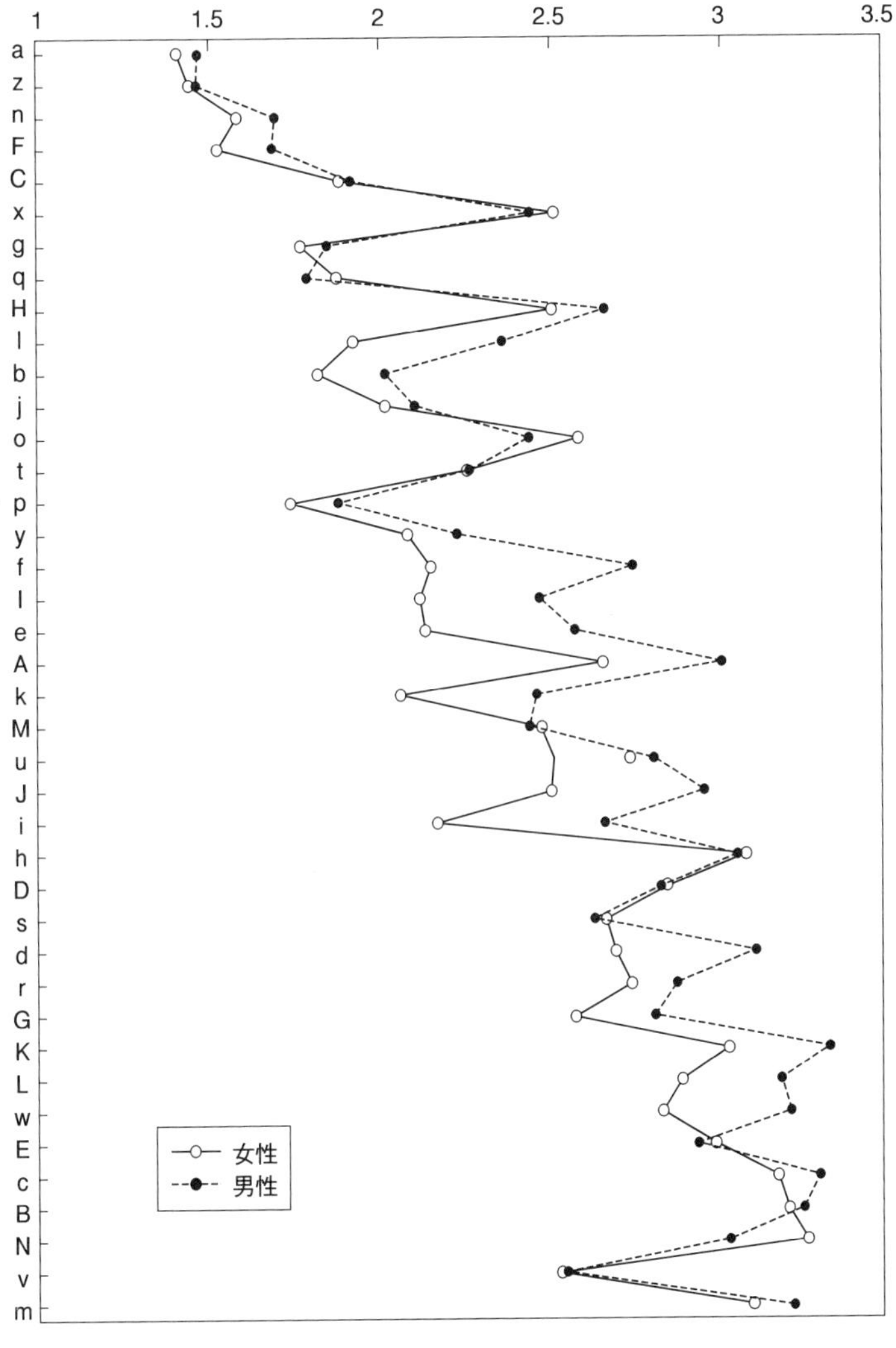
1
1.5
2
2.5
3
3.5
a
z
n
F
C
x
g
q
H
l
b
j
o
t
p
y
f
I
e
A
k
M
u
J
i
h
D
s
d
r
G
K
L
w
E
c
B
N
v
m
女性
男性

の性差意識の比較を行う。項目の子細と、その成人調査と高校生調査の結果については、図表1と2を参照してほしい(10)。

成人よりも強い高校生の性差意識

最初に述べておきたいのは、予想に反して、高校生の性差意識は、成人よりも強い傾向があったということである。報告書では、四〇項目の中から分布の偏りが著しい項目を排除して三〇項目を選び性差観スケールを作成しているが(11)、この性差観スケールの平均得点を、高校生男女、二〇~三〇代成人男女、四〇~五〇代成人男女の六グループで比較したのが、図1である。この図1によれば、高校生の性差意識は男女とも二〇代~三〇代の男女よりも高く、特に高校生男子は全体の中でもっとも高く、四〇~五〇代の男性よりも高い(12)。

一般に男は仕事・女は家庭などの性別役割分業意識は年齢との関連性が強いことが知られている。この調査においても、性差意識とは別に、「男は仕事、女は家庭」に賛成するかどうかを聞いているが、成人調査においてはこの考え方に賛成の者(「賛成」と「どちらかと言えば賛成」を選択した者の総計)は六七・七%であったのに対し、高校生調査では四八・四%であり、こうした一般的傾向と同じような結果が出た。しかしより広範な項目を聞いている性差意識の集計結果では、これとは逆に、高校生の方が性差意識が強いという結果になったのである。

このことは、直接に「男は仕事、女は家庭」という考え方への賛同を問うた結果から、高校生の

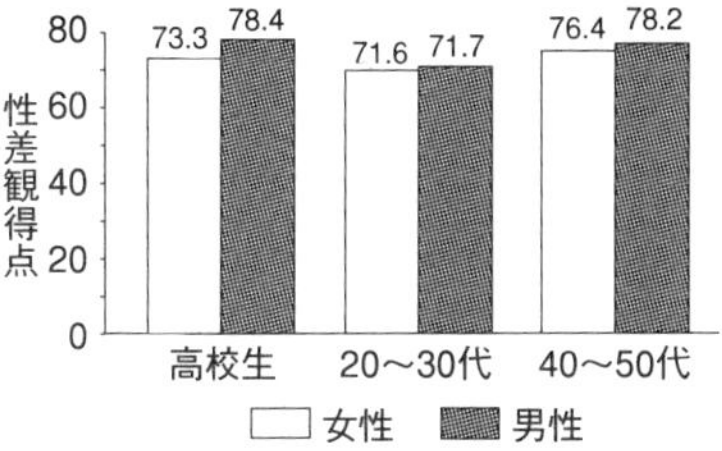

図1　性差意識のグループ別平均

方が性別役割分業意識が弱いと判断することに対して、再考を要請しているように思う。この調査から、性差意識の強さ・弱さは、性別役割分業意識の強さ・弱さと強い関連性を持っていることがわかっている[13]。しかし、一般に性別役割分業意識は現実に性別役割分業を選択しているかどうかにも強く影響を受けると考えられ、まだ当分その問題に直面しないと考えられる高校生では、性別役割分業といっても、それほど現実味をおびておらず、抽象的かつ教科書的な回答にとどまっているのではなかろうか。

個々の項目でみると、成人調査と高校生調査では、次のような違いがみられた。成人よりも高校生の方が性差意識が強い項目には、外見やセクシュアリティに関連する項目が多く、逆に成人の方が高校生よりも性差意識が強い項目には、男女の精神的能力に関連する項目が多かった。現代の高校生は、男女の精神的能力などについては、ステレオタイプ化された固定的男女像から免れているものの、外見やセクシュアリティについては、それを強く意識する年齢であるためか、成人以上に強く固定的男女像に囚われているといってよい。

男女で差が大きい高校生の性差意識

性差意識は成人においても男女間に差がみられ、男性のほうがやや性差意識が強い傾向があったが、高校生においてはさらにその傾向がはっきりしている。成人調査においては、男女間で〇・一%水準の有意差があった項目は四〇項目中八項目であり、そのうち六項目は男性の方が女性よりも性差意識が強い項目があったが、高校生調査においては、同じ〇・一%水準の有意差があったのは一六項目であり、そのうち一五項目が男子の方が女子よりも性差意識が強いという結果になっている（図表1・2を参照）。

具体的にいくつか挙げてみることにしよう。図2は、「体力において男性がまさる以上、社会のあらゆる場で男性が優位な地位を占めるのはやむをえない」という項目の結果をグラフ化したものである。ここで、高校生女子は、高校生男子・成人男女と比較して、もっとも強くこの文に否定的な選択肢を回答している。それに対し高校生男子は、成人男女よりも強くこの文を肯定しており、高校生男女の差異は、成人に比較してかなり大きくなっている。また図3は、「子どもを他人に預けてまで母親が働くことはない」という項目の結果を示している。ここでは成人男女間の差異も大きいが、高校生男女間の差異はそれ以上である。高校生女子でこの文に対して肯定的な者の比率は、三六%程度にすぎないのに、高校生男子では六二%にのぼっている。女子の方が性差意識が強かった唯一の項目は、「女性は子どもを産めば、母性愛が自然にわいてくるものだ」という項目であり（図4参照）、ここにおいても、成人男女間よりも高校生男女間の方が差異が大きくなっている。

この他、「男は仕事、女は家庭」などの考え方への賛同などにおいても、明確な男女差がみられるが、それらの点については、次節で詳しくみることにする。

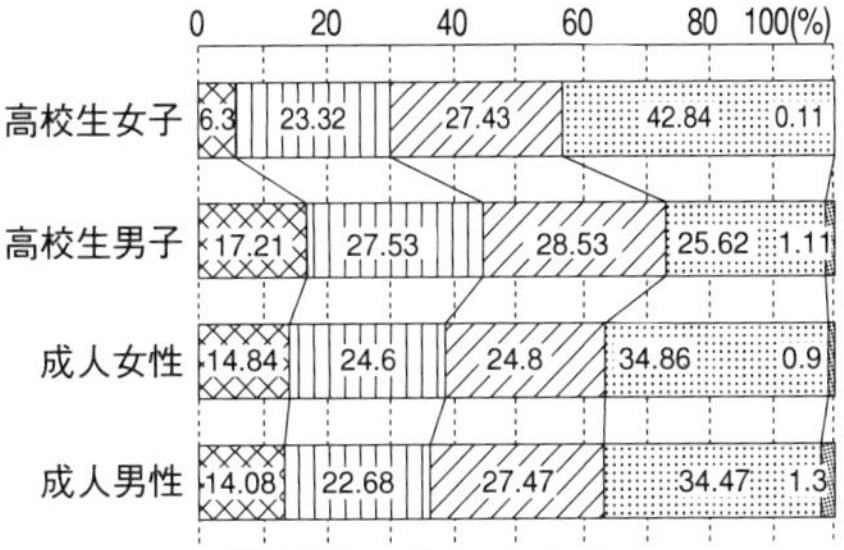

図２　男性優位でもしかたがない

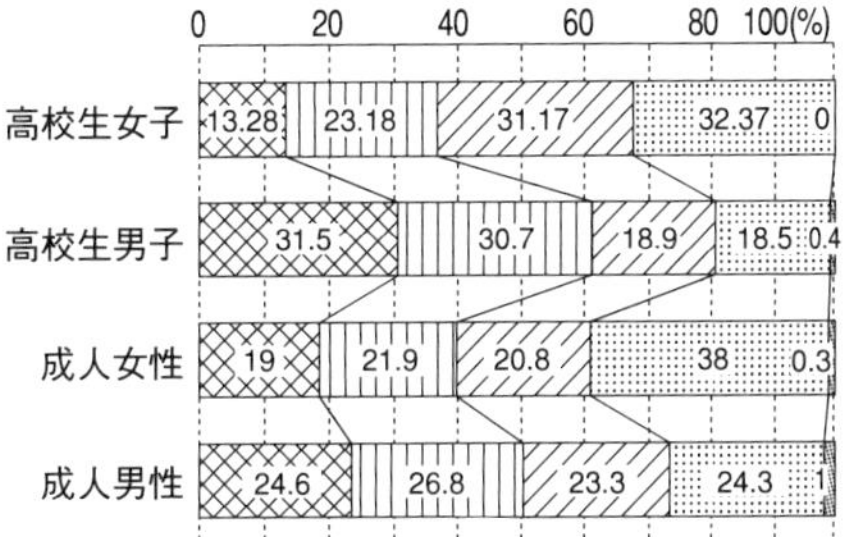

図３　子どもを預けてまで働くことはない

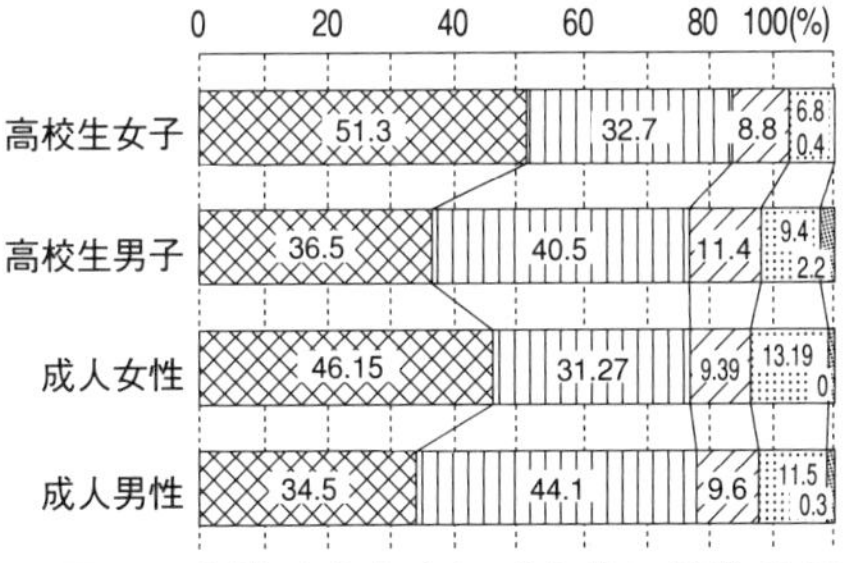

図４　女性は出産すれば自然に母性愛がわいてくる

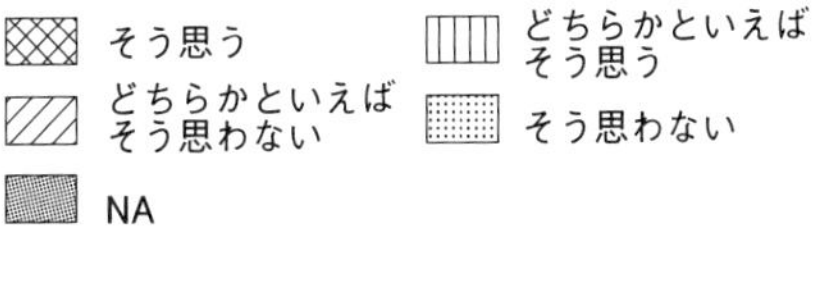

4　共学／別学別にみた高校生の性差意識

現在都内に所在する高校に在籍する生徒の割合は、公立と私立がほぼ半々であり、私立学校の多くは男女別学である。男女共学の高校に学ぶ高校生と、男女別学に学ぶ高校生では、性差意識に差があるのだろうか。

本調査の結果からわかったことは、共学（すべて公立）と別学（すべて私立）の差異は、女子よりも男子において非常に大きいということである。すなわち女子においては男女共学の高校に学ぼうと女子校に学ぼうと性別役割分業意識や性差意識の結果にはそれほど大きな差はみられなかったが、男子においては共学なのか男子校なのかによってかなり大きな違いが見出された。

まず男は仕事、女は家庭という考え方に対する賛否をみてみよう（図5参照）(14)。共学女子と別学女子では、別学女子にやや「反対」が多いことをのぞけば、ほぼ似たような分布となっている。しかし男子においては、共学男子と別学男子の差異は、非常に大きい。すなわち、共学男子では「賛成」一四・九％、「どちらかといえば賛成」四三・五％なのに対して、別学男子では「賛成」二一・八％、「どちらかといえば賛成」四七・七％であり、女子との間の差異が非常に大きくなっている。むろん基本的には男女差の方が大きいのだが、男子におけるこの共学と別学の違いは、無視できない。

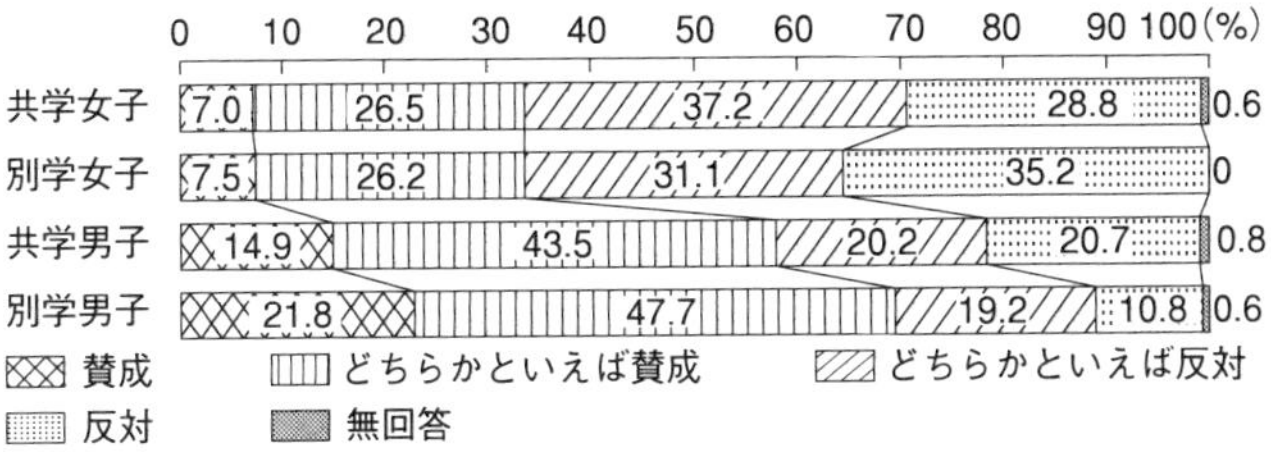
0 10 20 30 40 50 60 70 80 90 100(%)
共学女子 7.0 26.5 37.2 28.8 0.6
別学女子 7.5 26.2 31.1 35.2 0
共学男子 14.9 43.5 20.2 20.7 0.8
別学男子 21.8 47.7 19.2 10.8 0.6
賛成
どちらかといえば賛成
どちらかといえば反対
反対
無回答

図5　性別役割分業観「男は仕事、女は家庭」

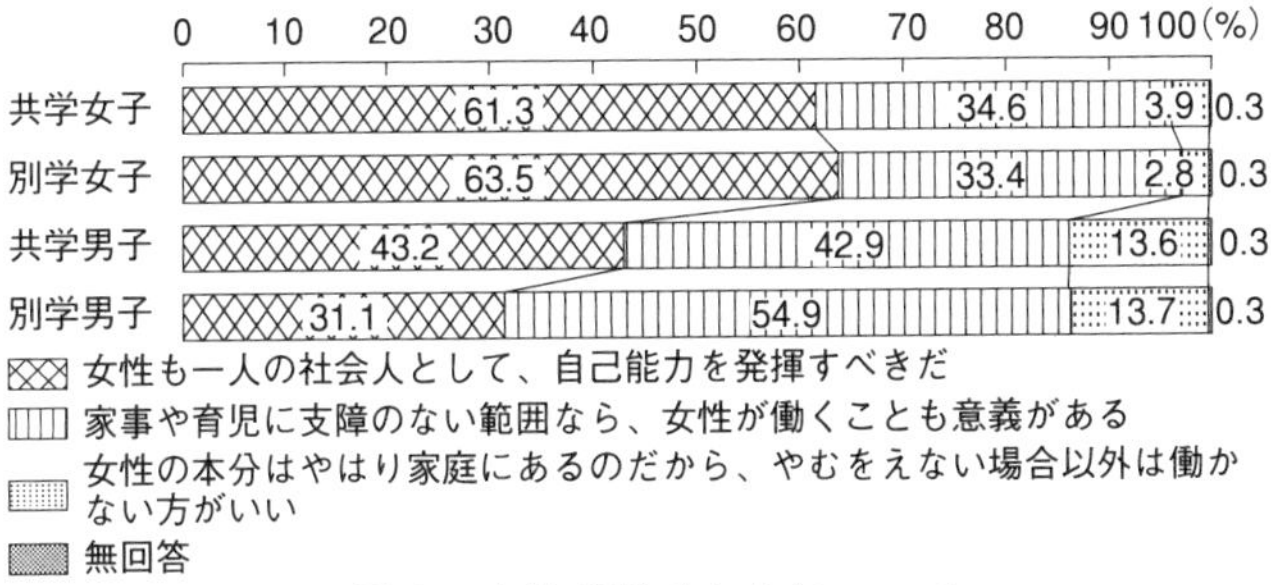
0 10 20 30 40 50 60 70 80 90 100(%)
共学女子 61.3 34.6 3.9 0.3
別学女子 63.5 33.4 2.8 0.3
共学男子 43.2 42.9 13.6 0.3
別学男子 31.1 54.9 13.7 0.3
女性も一人の社会人として、自己能力を発揮すべきだ
家事や育児に支障のない範囲なら、女性が働くことも意義がある
女性の本分はやはり家庭にあるのだから、やむをえない場合以外は働かない方がいい
無回答

図6　女性が働くことについて

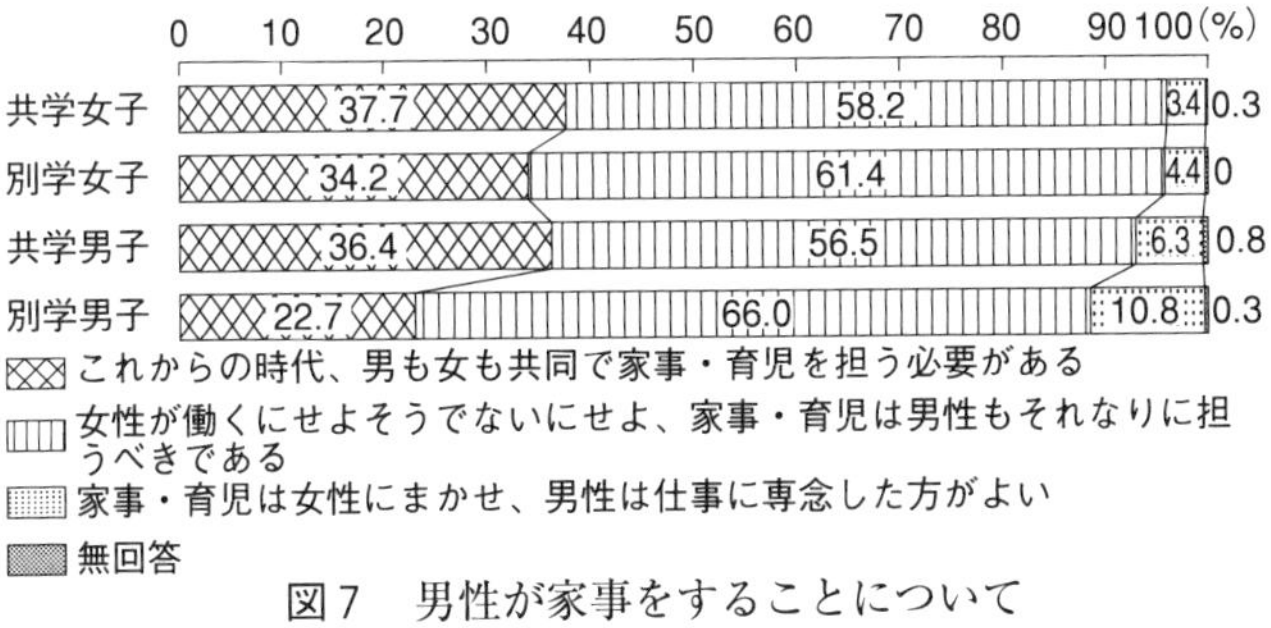
0 10 20 30 40 50 60 70 80 90 100(%)
共学女子 37.7 58.2 3.4 0.3
別学女子 34.2 61.4 4.4 0
共学男子 36.4 56.5 6.3 0.8
別学男子 22.7 66.0 10.8 0.3
これからの時代、男も女も共同で家事・育児を担う必要がある
女性が働くにせよそうでないにせよ、家事・育児は男性もそれなりに担うべきである
家事・育児は女性にまかせ、男性は仕事に専念した方がよい
無回答

図7　男性が家事をすることについて

図表３・１　共学別学別にみた高校生男女の性差意識得点

（＊P＜.05　＊＊P＜.01　＊＊＊P＜.001）

	共学女子	別学女子	共学男子	別学男子	性　差	共学／別学	交互作用
ⓐ	1.40	1.39	1.47	1.44			
ⓩ	1.44	1.43	1.46	1.47			
ⓝ	1.58	1.58	1.72	1.67	＊		
Ⓕ	1.58	1.47	1.65	1.73	＊＊＊		＊＊
Ⓒ	1.85	1.90	1.97	1.86			
x	2.41	2.63	2.42	2.48		＊	
g	1.83	1.72	1.85	1.86			
q	1.87	1.89	1.76	1.84			
H	2.58	2.47	2.60	2.74	＊＊		＊
I	1.94	1.92	2.30	2.44	＊＊＊		
b	1.85	1.82	1.93	2.11	＊＊＊		＊
j	2.01	2.05	2.10	2.12			
o	2.63	2.58	2.40	2.50	＊＊		
t	2.32	2.23	2.25	2.29			
p	1.76	1.73	1.91	1.87	＊＊		
y	2.09	2.11	2.15	2.33	＊＊	＊	
f	2.17	2.17	2.70	2.82	＊＊＊		
l	2.22	2.04	2.46	2.54	＊＊＊		＊
e	2.17	2.14	2.48	2.72	＊＊＊		＊
Ⓐ	2.76	2.61	2.93	3.14	＊＊＊		＊＊
k	2.07	2.90	2.39	2.58	＊＊＊		
M	2.48	2.49	2.45	2.46			
u	2.84	2.69	2.67	2.99			＊＊＊
j	2.55	2.50	2.90	3.07	＊＊＊		＊
i	2.15	2.23	2.59	2.80	＊＊＊	＊＊	
h	3.01	3.18	3.00	3.16		＊＊	
D	3.00	2.76	2.72	2.97			＊＊＊
s	2.67	2.71	2.57	2.77		＊	
d	2.70	2.73	3.07	3.22	＊＊＊		
r	2.74	2.77	2.87	2.93	＊		
G	2.58	2.61	2.75	2.92	＊＊＊		
K	2.99	3.11	3.22	3.50	＊＊＊	＊＊＊	
L	3.05	2.78	3.10	3.31	＊＊＊		＊＊＊
w	2.85	2.86	3.18	3.30	＊＊＊		
E	3.05	2.99	2.93	3.00			
c	3.19	3.20	3.20	3.47	＊＊	＊＊	＊＊
B	3.28	3.18	3.18	3.39			＊＊
N	3.32	3.26	2.96	3.17	＊＊＊		＊＊
v	2.59	2.53	2.47	2.71			＊＊
m	3.11	3.15	3.25	3.27	＊		

※そう思う・どちらかといえばそう思う・どちらかといえばそう思わない・そう思わないの順に４・３・２・１を与えた平均点。
◯印は逆転項目（１・２・３・４を与えた）。

図表3・2

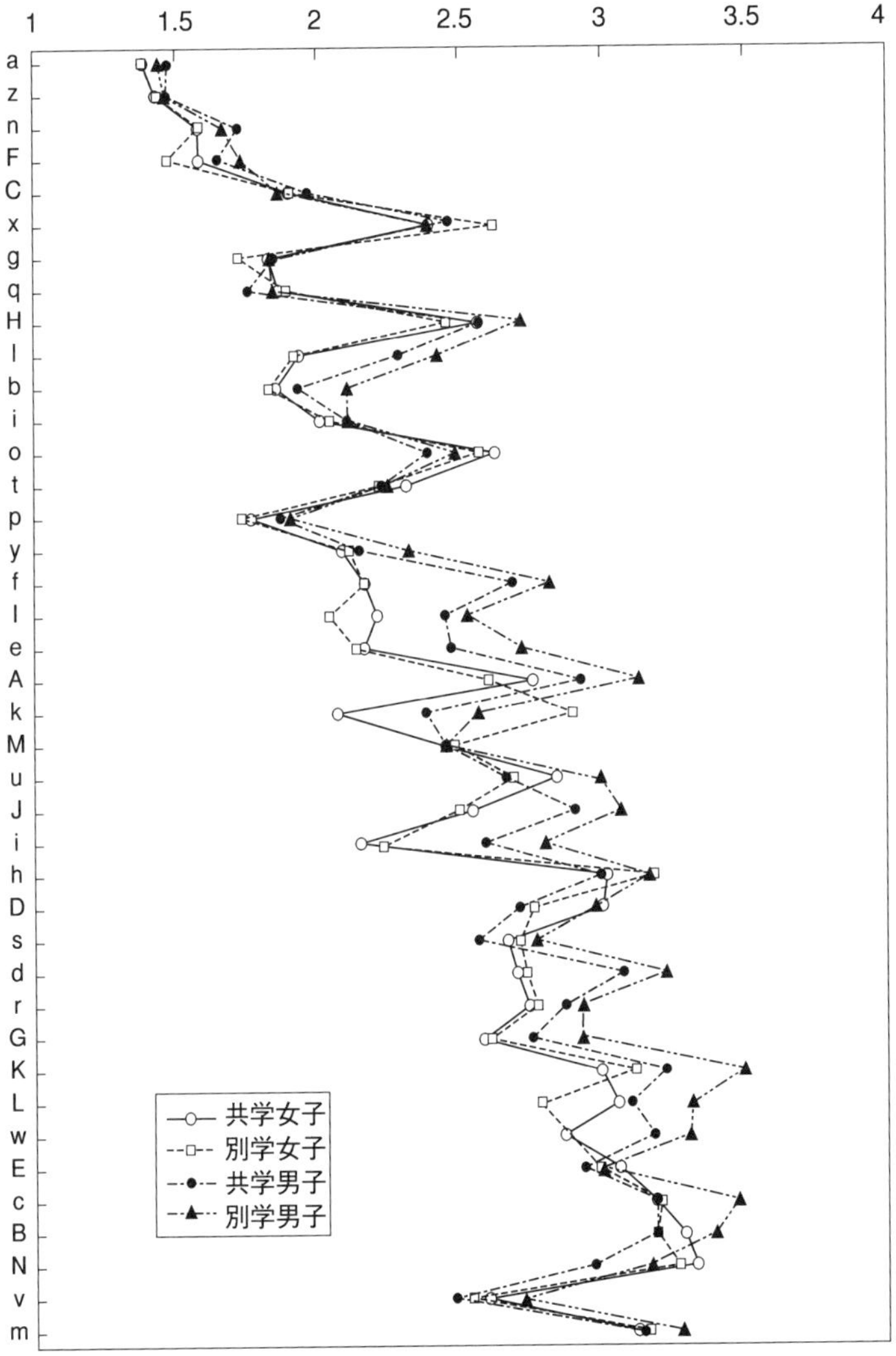
1
1.5
2
2.5
3
3.5
4
a
z
n
F
C
x
g
q
H
I
b
i
o
t
p
y
f
l
e
A
k
M
u
J
j
h
D
s
d
r
G
K
L
w
E
c
B
N
v
m
共学女子
別学女子
共学男子
別学男子

次に、女性が職業を持つことをどう考えるかについての結果（図6）(15)をみよう。ここでも前記と同じようなことがみてとれる。基本的には男女間の差異が非常に大きいのだが、女子と比較して、共学男子と別学男子の差異は大きい。図7は、「男性が家事をすることについて」の考え方の分布である(16)。ここでは、共学女子・別学女子・共学男子の考え方の分布の比率がほぼ同じようであるのに対し、別学男子のみ異なっている。

では性差意識においてはどうであろうか。図表3(17)は、共学／別学という変数を入れて、共学女子／別学女子／共学男子／別学男子の四カテゴリー別に、各項目に対する得点をグラフ化したものである。このグラフをみると、白丸と白四角で示された共学女子と別学女子がかなり近接しているのに対し、黒丸と黒四角で表された共学男子と別学男子においては両者の距離はやや離れていることが多くなっており、性差意識においても、男子では共学／別学の違いが強く表れていることがわかる。

具体的にいくつかの項目を挙げて、四カテゴリー別にみてみよう。図8は、「家庭の細々とした管理は女性でなくてはと思う」という項目の結果である。女子においても、共学と別学の差異は少しあるが、男子における共学と別学の差異はより大きい。女性性に関連する項目をもう一つ見てみよう。図9は、「子どもより自分のことを優先するような女性は、母親になるべきではない」という項目の結果である。ここでは、女子においても共学と別学の差異は大きく、男子における共学と別学の差異以上であるが、男子の共学と別学の差異もかなり大きい。また別学男子の肯定度は非常

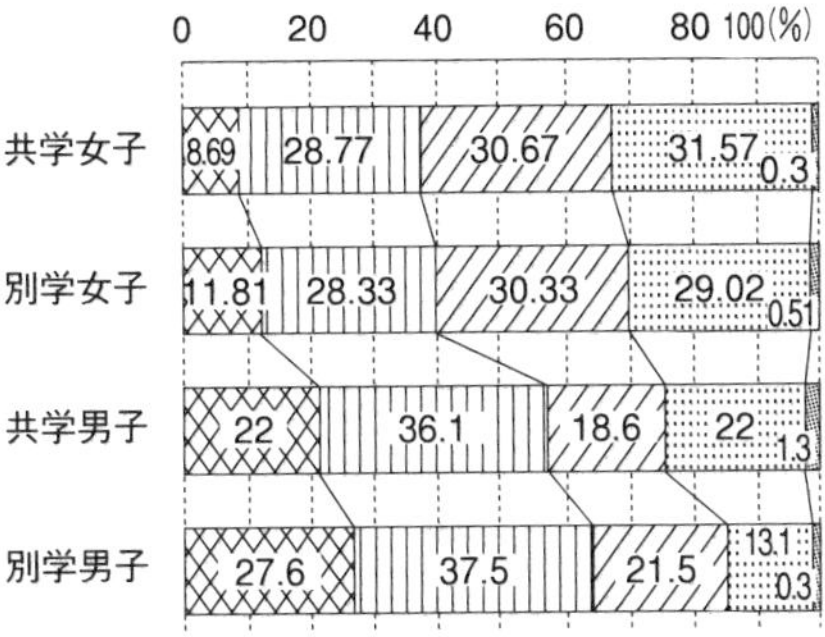

図８　家庭の細々とした管理は女性

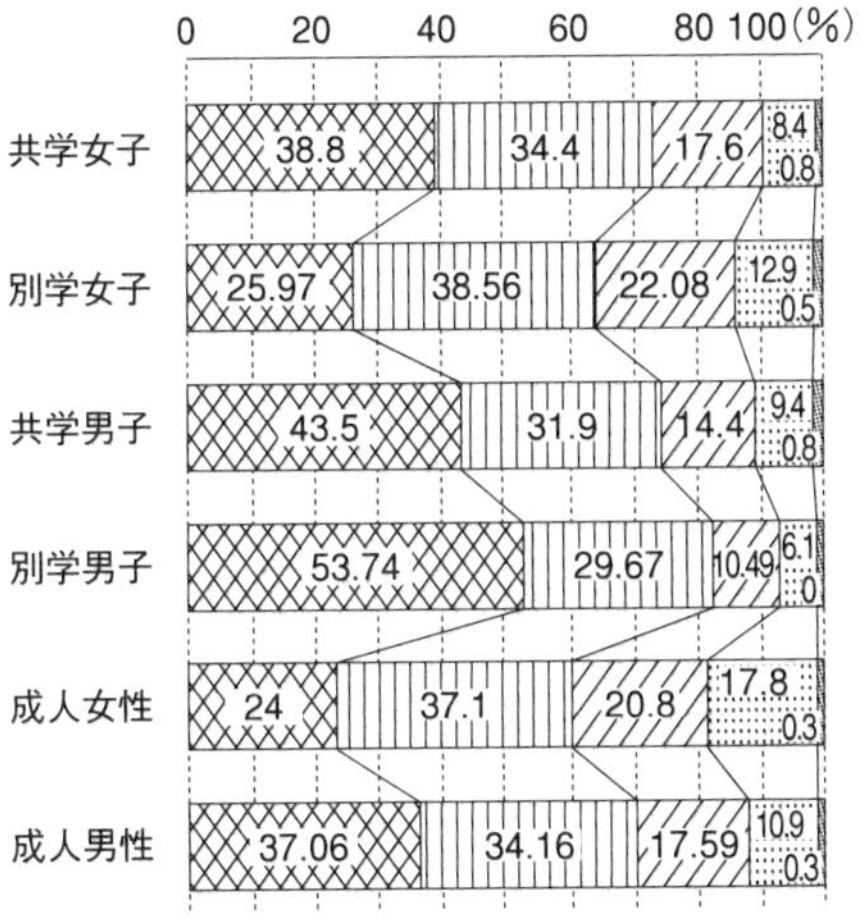

図９　子どもより自分優先なら母親になるべきでない

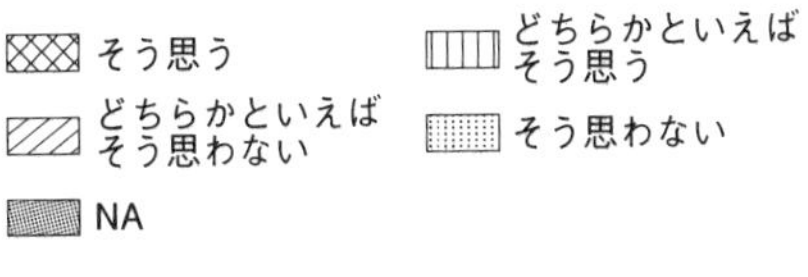

に高く、成人を含めて、もっとも高くなっている。

男性性に関する項目ではどうだろうか。図10は、「精悍な体格は男性の魅力として重要」という項目の結果である。この項目は高校生の方がより強く肯定した項目であるが、その中でもっとも高いのが、別学男子である。図11は、「男性には家事・育児能力も必要だと思う」という項目の結果である。もっとも強く肯定した（すなわち現状の性役割観への反発を示した）のは別学女子であり、次いで共学女子、成人女子となっている。逆にもっともこの項目への肯定度が低いのは、成人男子であり、ついで別学男子、共学男子となっている。

このように共学男子と別学男子の差異には、かなりの一貫性を見出すことができる。一般に高校生では女子の方が性差意識が弱いのだが、共学男子の意識は別学男子よりも女子に近い。すなわち別学男子は共学男子よりも性差意識が強いのである。女子における共学と別学の差異は、男子におけるそれよりも小さいばかりでなく、共学女子と別学女子の間には、性差意識の強さ・弱さという点に関する限り、共学男子と別学男子の間にあるような差異は見出されなかった。

では、より詳しく別学男子の性差意識をみてみよう。男女という性差と共学・別学の差の交互作用の有意水準が五％以下の項目において別学男子が性差意識が強くなっている項目を挙げると、先にみた「男性には家事・育児能力も必要」（他の高校生より否定的）、「女性は男性にくらべ、手が器用」（他の高校生より肯定的、以下の否定的・肯定的という言葉も同じ意味で使用）、「男性は女性とくらべ、人を使うのが上手」（肯定的）、「女性は出産する可能性があるため、男性と仕事の上で互角に

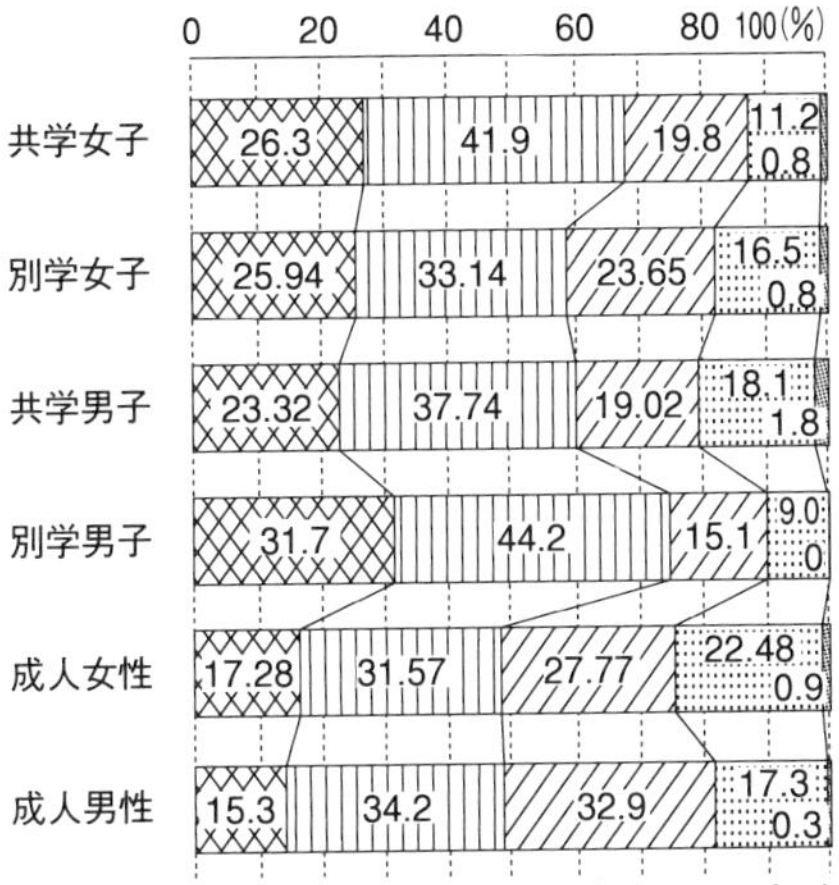

図10　精悍な体格は男性の魅力として重要

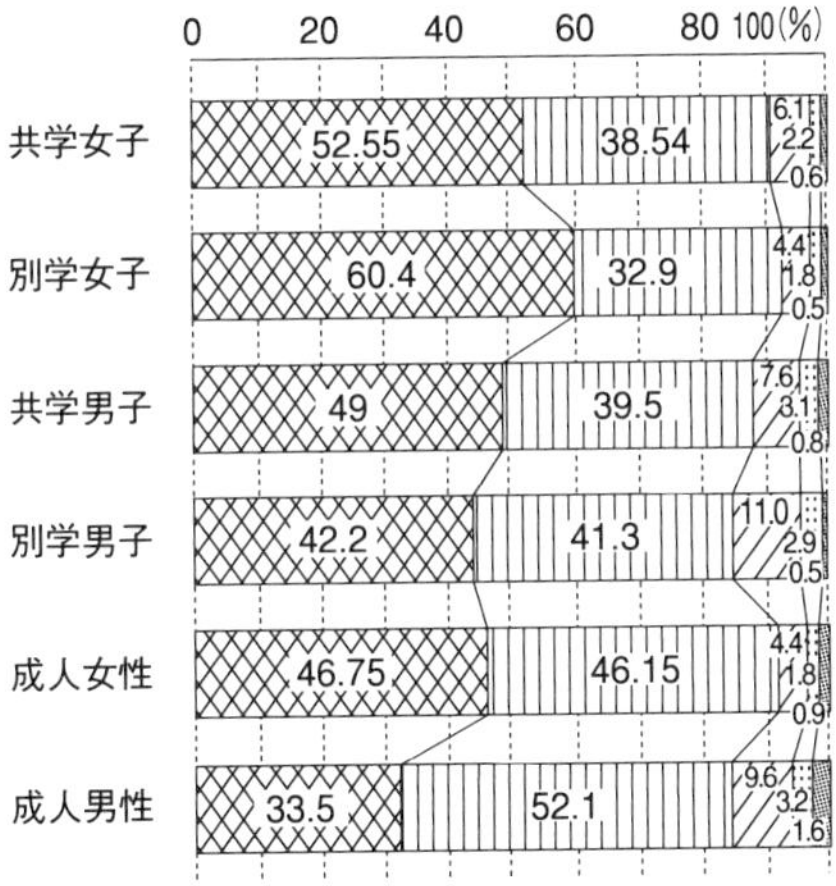

図11　男性には家事育児能力も必要

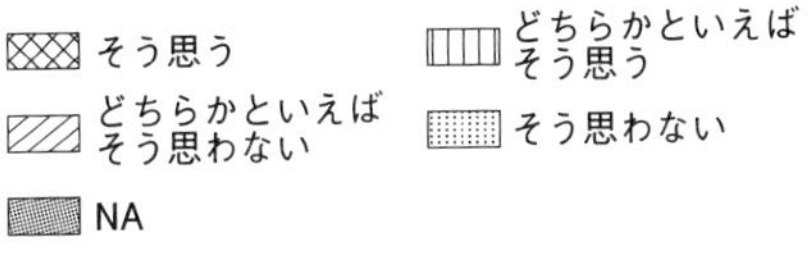

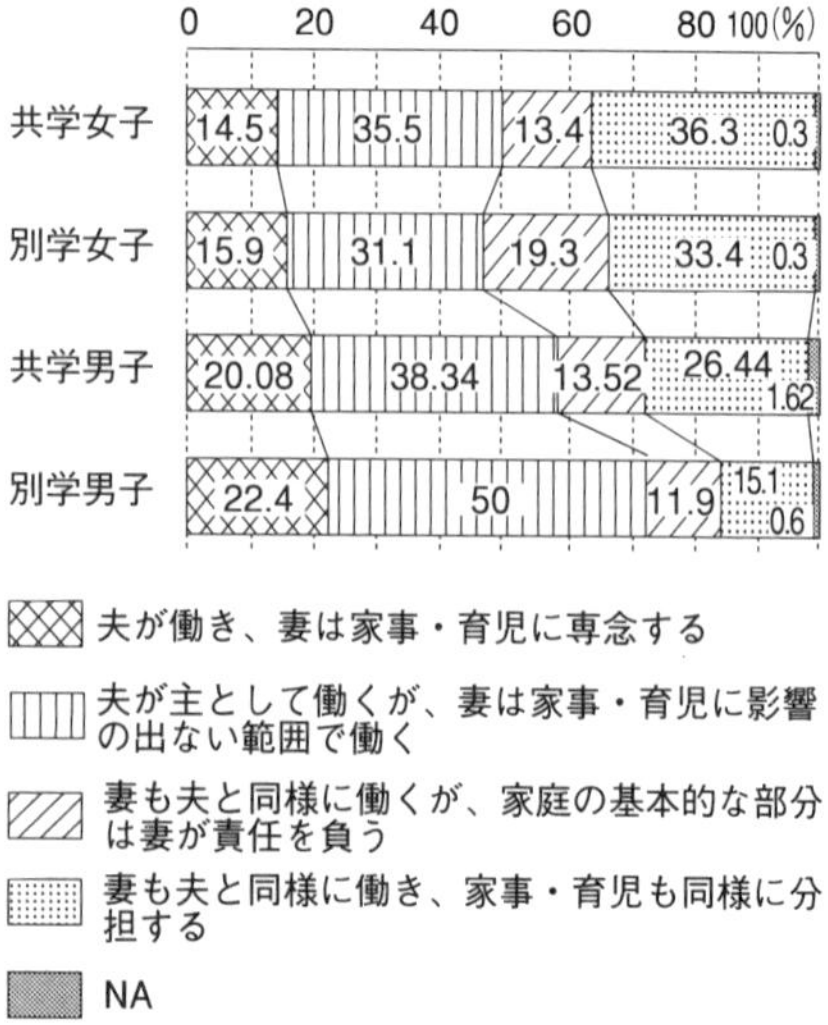

図12　理想の夫婦像

並ぶのは無理である」(肯定的)、「女性が入れたお茶はおいしい」(肯定的)、「将来、マラソンなどの持久力を競う種目において、女性は男性と肩を並べると思う」(否定的)、「たくましい精悍なからだつきは男の魅力として重要である」(肯定的)、「冒険心やロマンは、男の究極のよりどころである」(肯定的)、「家庭の細々とした管理は、女性でなくてはと思う」(肯定的)、「子どものことよりも自分のことを優先して考えるような女性は、母親になるべきでない」(肯定的)、「男の生理からして、売買春はいつの時代もなくならない」(肯定的)、「男は強くなければと思う」(肯定的)、「人前では、妻は夫をたてたほうが良い」(肯定的)という項目になる。

すなわち、別学男子は、「男らしさ」をより強く内面化しており、また夫婦のありかたや家庭内での分業、子育てや母性に関連する項目などにおいて、別学男子は他の高校生よりも、性別役割分業を前提とする「近代家族」イデオロギーをより強く受け入れており、そのことが性差意識を強くしているとみることができるように思われる。ここから、別学男子の性差意識の強さは、自分の将来や家庭のありかた（性や恋愛を含む）について考える場合に強くなっているということが推測できる。

このことをより明確に示しているのが、「あなたは将来結婚するとするならどのような夫婦になりたいと思いますか」という設問に対する結果である（図12）。共学女子と別学女子においては、「夫も妻も同じように働き、家事・育児も同じように分担する」という選択肢を選択している者の比率が三割を越えているのに、別学男子ではその半分の一五％に過ぎない。逆にもっとも多くなっているのが、「夫が主に働くが、妻は家事・育児に影響の出ない範囲で働く」であり、五〇％を越えている。他の高校生にも「家事・育児は女性の役割」と考える者の比率が高いとはいうものの、別学男子ではその割合が八四％にもなっている。ここから、別学男子の性差意識の強さは、単に知識に基づくものであるというよりも、自分自身の「理想の夫婦像」そのものが、性別役割分業夫婦であることに基づいていると言えると思う。

逆に、別学男子の性差意識が共学男子とあまり差がない項目には、「知的な能力は性差よりも臆病だ」「女性は男性にくらべ個人差が大きい」「女性の優れた思想家はあまり出ない」「女性は何かにつけて責任を回避しがちである」「女性は視野がせまい」「男性は女性にくらべ攻撃的である」などの項目である。ここから、別学男子は、知的能力やパーソナリティに関しては特に他の高校生に比較して特異な考え方をもっているわけではないことがみてとれる。

以上のことから別学男子の性差意識は、一般的な知的能力やパーソナリティにおける性差などに関しては共学男子の認識とそれほどの違いはないものの、こと男らしさや夫婦のありかた、母性などについては、従来の性差意識をより強く受け入れていると考えられる。頭では男女の能力差が少ないことをわかってはいるのだが、自分の将来持つであろう家庭像を考えた場合には、性別役割分業に基づく家庭像しか理想として思いつかない者が多いことが、別学男子の性差意識を強くしていると思われるのである。

5　男子校高校生の性差意識の背景的要因

では最後に、こうした別学男子の性差意識の背景にあると思われる要因について、本調査でわかる範囲で考察し、この調査結果の妥当性についても検討しておくことにしよう。まず出身中学を見てみよう。表1は、本調査の対象となった男子高校生の、出身中学を表している。調査対象になった学校のうち一校は中学を持つ中高一貫制の私立であったため、公立中学出身者が全体の四分の三ほどになっている。私立の男子高校に行く以前の男子生徒の大半は、男女共学の公立中学出身である。

表2は、高校卒業後の進路・最終進学先予想について、四カテゴリー別に示している。共学・別学によって、進学希望の比率にやや差異があり、私立別学に学ぶ高校生の進学希望が高くなっている。進学先としては、大学・大学院を挙げる者がほとんどとなっている。

表 1

	TOTAL	出身中学校 国公立・私立の別				出身中学校 共学・別学の別			
		公立	私立	国立	無回答	男女共学	男女共学・男女別クラス	男女別学	無回答
共学女子	100.0 358	95.0 340	3.1 11	0.8 3	1.1 4	96.1 344	1.1 4	1.4 5	1.4 5
共学男子	100.0 382	96.3 368	2.1 8	0.5 2	1.0 4	98.2 375	0.3 1	0.8 3	0.8 3
別学女子	100.0 389	14.7 57	85.3 332	— —	— —	14.4 56	— —	84.8 330	0.8 3
別学男子	100.0 344	73.0 251	25.6 88	0.6 2	0.9 3	74.4 256	— —	25.6 88	— —

表 2

	TOTAL	高校卒業後の進路					TOTAL	最終進学先				
		就職する	進学する	就職も進学もしない	未定	無回答		専門学校	短大	大学	大学院	無回答
共学女子	100.0 358	4.5 16	84.1 301	0.8 3	9.5 34	1.1 4	100.0 301	13.3 40	12.0 36	68.8 207	5.6 17	0.3 1
共学男子	100.0 382	5.5 21	78.0 298	1.0 4	13.9 53	1.6 6	100.0 298	6.7 20	0.3 1	81.9 244	11.1 33	— —
別学女子	100.0 389	0.3 1	93.3 363	0.3 1	5.1 20	1.0 4	100.0 363	1.4 5	1.9 7	79.9 290	15.7 57	1.1 4
別学男子	100.0 344	1.2 4	92.2 317	0.6 2	5.5 19	0.6 2	100.0 317	0.9 3	— —	88.3 280	10.7 34	— —

では、母親の就業状況はどうであろうか。表3から母親の専業主婦比率は、別学女子で特に高くなっていることが分かる。別学男子の母親の専業主婦比率は、共学男子・共学女子よりもやや高いものの二八・五%であり、別学男子の大半の母親はなんらかの職業を持っている。けれども興味深いのは、母親の就業状況と親の家庭生活への関わり方のパターンの認知が、必ずしも一致していないことである。表4は、親

表 3

	母親の就業形態					
	勤務フルタイム	勤務パートタイム	自営業	その他	働いていない（専業主婦）	無回答
共学女子	22.9 82	36.9 132	16.5 59	1.4 5	17.9 64	4.5 16
共学男子	18.1 69	41.1 157	10.5 40	1.6 6	23.3 89	5.5 21
別学女子	16.5 64	25.4 99	11.3 44	1.3 5	40.6 158	4.9 19
別学男子	14.2 49	39.8 137	12.8 44	1.5 5	28.5 98	3.2 11

表 4

	親の家庭生活に対する関わり方			
	（分業型）父親は仕事母親は家庭	（協業型）家庭に気遣う父も母と同様	（自立型）趣味に熱心・仕事母も父も	無回答
共学女子	38.5 138	38.0 136	16.2 58	7.3 26
共学男子	45.0 172	34.6 132	13.4 51	7.1 27
別学女子	51.2 199	29.6 115	15.2 59	4.1 16
別学男子	53.8 185	28.5 98	11.6 40	6.1 21

の家庭生活に対する関わり方について、「母親はしっかり家庭を守り、父親は仕事に力を注ぐ」（分業型）「父親も母親と一緒に、何かと家庭のことに気を使う」（協業型）、「母親も父親も自分の仕事や趣味を持っていて、それぞれ熱心にうちこんでいる」（自立型）という三つの選択肢から選択してもらった結果である。別学男子は、母親の専業主婦比率はそれほど高くないにもかかわらず「親の家庭生活に対する関わり方」では五三・八％が分業型を選択しており、この比率は、母親の専業主婦比率がもっとも高い女子別学において分業型を選択した者の比率よりも、高くなっている。すなわち、別学男子は、実際には母親の専業主婦比率はそれほど高くないにもかかわらず、両親の姿に対して、母親はしっかり家庭を守り、父親は仕事に力を注いでいるという性別役割分業的な夫婦像を見出す者の比

率が、他の高校生よりも、高いのである。

では両親の価値観については、別学男子はどのように認識しているだろうか？　図13(18)は、「両親は自分にどの程度『男らしく』あるいは『女らしく』あることを望んでいると思うか」評価してもらった結果である。ここから言えることは、まず、女子よりも男子の方が、より強く親の「男らしさ」あるいは「女らしさ」への期待を強く感じていることである。両親のうちでは、母親よりも父親の方に、「男らしさ」、「女らしさ」への期待を強く感じている。そして、別学男子は、他の高校生よりも、母親と父親の両方からの男らしさへの期待を、より強く感じていることがわかる。

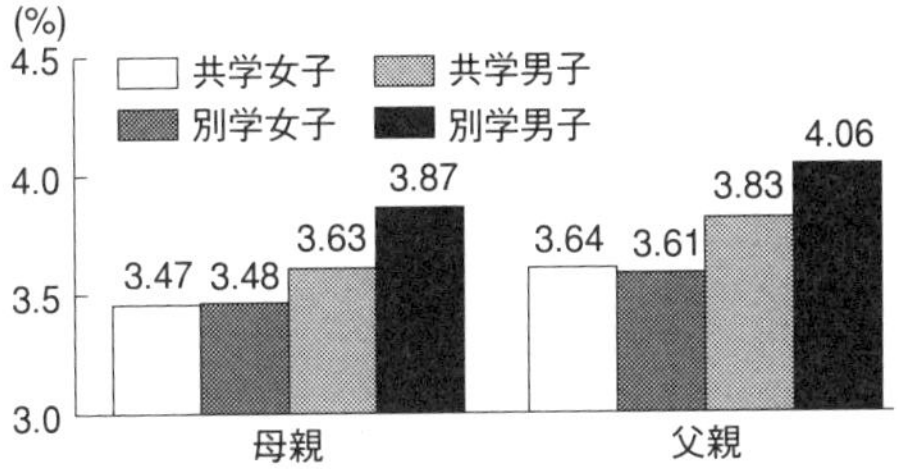

「強く望んでいる」から「まったく望んでない」までの5段階で5～1点を与え、母親・父親それぞれの平均点をだしている。

図13　母親・父親の「女らしさ」「男らしさ」期待度

共学・別学という教育形態の違いは、日常的に女性に接するかどうかという日常的環境において特に大きな違いとなる。このようなことは別学男子の意識にどのような影響を与えているのだろうか。図14は、「異性に関心がある」「異性の身体に関心がある」ということに自分があてはまっているかどうかを、「あてはまる」「どちらかといえばあてはまる」「どちらかといえばあてはまらない」「あてはまらない」の四つの選択肢から選択してもらった結果を示している。このどちらの問いに対しても、別学男子は六割

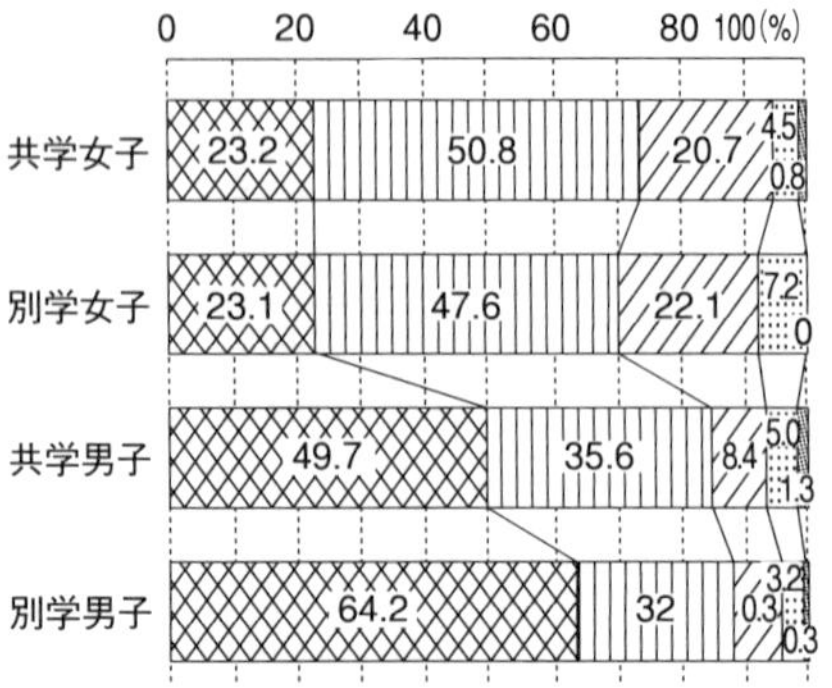

図14・1　異性に強い関心がある

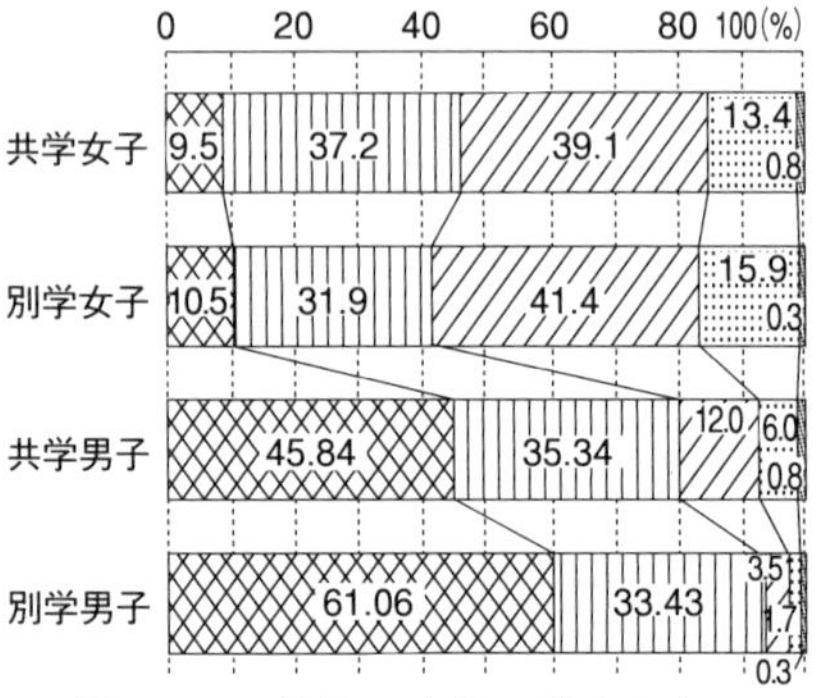

図14・2　異性の身体に関心がある

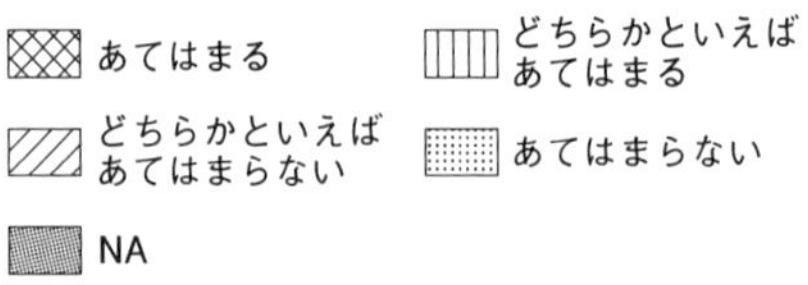

以上があてはまると回答している。共学男子においては、その比率はかなり少なくなっており、別学男子においては、異性への関心が高まる時期に、日常的環境において女性に接する機会が特に制限されていることから、かえって、その関心が高まってしまっているのではないかと推測される。

本調査においては、この他、学校における家庭科・性教育・体育授業・教員の男女に対する態度の認知、あるいはメディア接触などの項目についても質問したが、それらの要因については、特に顕著な知見は得られなかった。

以上のことから、本調査において見出された男子校高校生の性差意識に関する知見を、吟味してみることにしよう。確かに、本調査の対象となった別学男子は、共学男子と比較して、(1)中学における公立中学在籍者数、(2)進学希望、(3)母親の専業主婦比率などにおいて、違いがある。こうした要因が、性差意識の違いを生み出している可能性は否定できない。しかし他方において明確になったのは、こうした違いと同じくらい、あるいはそれ以上に大きく影響していると思われるのが、別学男子の親に対する認知である。別学男子は、他の高校生以上に親の家庭への関わり方の中に性別役割分業的夫婦像を見出し、また親が自分に対して男らしくあれと期待していると感じているのである。また、別学男子は、異性への関心や異性の身体への関心も非常に高く、日常的環境において女性と接する機会が制限されていることが、かえってこうした関心を高め、また現実にもとづかないステレオタイプ化された男女の関係についてのイメージを作り出している可能性もあるといえる。

6　調査結果のまとめと考察
――男子校における男女平等教育の必要性――

以上の知見をもとに、学校教育における男女平等教育のありかたについて、考察してみよう。一般に性別役割分業などの固定的な男女の役割意識は、若い世代において否定する者の比率が高くなっていることから、将来においては自然に消滅するなどの楽観的な期待が寄せられることが多い。しかしこれまで述べてきた結果からみる限り、このような見通しは楽観的すぎるように思われる。性別役割分業意識と相関性が高い性差意識でみる限り、女性においてはともかくとして、男性においては、年齢が若い方がより弱いとは言えないからである。

このことは、若い世代においては、性差意識・性別役割分業意識ともに、男女間の差異が非常に大きくなるという結果をもたらしている。若い女性の意識がどんどん変化しているのに、男性の方の意識はあまり変化していないのである。こうした男女の意識の差が、未婚化・晩婚化・非婚化をまねき、少子化をもたらしているのではなかろうか(19)。

高校生の性差意識調査の結果からも、同じことをみてとることができた。高校生の性差意識は、成人以上に男女間の差異が大きかった。このような大きな差異が存在することは、両性間のコミュニケーションにとって、大きな阻害要因となりかねない。

両性間の意識の違いと並んで、大きな違いが見出されたのが、男子高校性における共学校と別学校の意識の違いである。共学男子は、性差意識・性別役割分業意識などにおいて、女子とかなり差はあるものの、別学男子よりも女子に近かった。別学男子は、ほとんどの項目において、共学男子よりも、性差意識が強く、固定的な性別役割分業に肯定的な意識も強かった。他方共学・別学の違いは、女子の高校生においては、そうした違いをもたらすことはなかった。女子の共学在学者と別学在学者の間には、出身中学・進学希望・母親の就業パターンなどにおいて、かなりの違いがあったのだが、それにもかかわらず、この両者の性差意識・性別役割分業意識には、男子における共学と別学在学者の違いに見られるような違いは、見出されなかったのである。

このことを、どう考えればよいのだろうか。以下においては、私なりの考えも交えて、この知見に対する一つの解釈を示してみたい。共学と別学のもっとも大きな違いは、先述したごとく、学校という場に異性がいるかどうかという日常的環境の違いにある。この違いは、女子校であろうが男子校であろうが、異性を特別視する傾向を強化するに違いない。たとえば、別学女子においては、共学の男女に比較して、「短距離走や水泳のスピードにおける男女の差異」「身体や生理の男女の差異」について、かなり早い年齢で意識したと回答している者が多い。このことは、男女別学という環境が、男女の体力や身体の違いに対して、より意識を敏感にさせている結果であると解釈できるように思う。その意味では、別学という環境が、異性を意識させる環境であるということには、女子だろうが、男子だろうが、違いはないと言える。そうであるならば、「異性に関心がある」「異性の身体に関心がある」という設問に対して別学女子も別学男子と同じような回答を示してもよさそうなものだという意見もあろうと思われるが、それがそうならないのは、「異性に関心がある」「異性の身体に関心がある」という文章が暗黙に「性的関心」を含意しているからであろう。「性的関心」の表明に対する社会的許容度は、男女間で全く異なるのであり、共学女子と別学女子は、この規範の作用を受けて、ほとんど同じような反応をしているのではなかろうか。

では、異性に対する意識を敏感にさせるという点では同じと思われる別学において、性差意識や性別役割分業意識に関して、女子校と男子校で大きな違いを生じさせた理由は何か。むろん様々な理由が考えられようが、私は別学男子校が男女平等教育の空白域になっているのではないかという仮説を提示したいと考える。別学女子校においては、学校経営上の理由もあり、女子生徒に対して進学・職業参加・社会参加を励ますような教育を行っているところが少なくない。女性の社会進出の影響も受けて、理想の女性像が大きく変動した今日、昔ながらの良妻賢母教育は、生徒だけでなく、両親にもあまり人気がない。短大においても、良妻賢母教育ではなく、職業教育を売りだすところが多くなってきているという(20)。また大学進学において評判をとることは、女子校の経営上も有利であり、そのためには、女子生徒に対して「頑張れ、女子だって何でもできる」というような励ましをおくる必要がある。すなわち、女性の社会進出や、女性問題における性別役割分業の撤廃という問題は、女性の生き方にとってまさに重要な問題であるからこそ、別学の女子校においてむしろ、重要な課題として認識されたと考えられる。それは、大学における女性学が、女子大において盛んであるのと、同じ理由である。女性だけという環境は、女性の社会参加の重要性を主張するのにも、女性に励ましのエールを送るのにも、むしろ適合的なのである。

では、共学においてはどうであろうか。むろん共学校においても、男女平等教育が行われているのであろうが、それよりもむしろ学校内に異性がいるということ自体が、男女の考え方の違いを互いに意識させる効果をもたらしていると思われる。社会からの影響を受けて、あるいは自分自身の問題関心から、共学女子も、性差や性別役割分業の問題に関心を持つようになり、性別役割分業に対して反発をする女子も多くなってくる。そうした女子に日常接していることが、共学男子の、性差意識や性別役割分業意識に影響を与えているのではなかろうか。

では、別学男子はどうなのか。学校の評判や親の教育の評価が受験戦争での成果で決まる現状では、学校は男子よ頑張れという励ましを手放すことができない。その意味では、男らしさという価値観を維持したほうが簡単である。「お前ら男だろう、そのくらいでへたばってどうする！　女子に負けてしまうぞ」というわけだ。女性の社会進出や女性問題は、女性の問題として位置づけられてしまうため、男子の教育には関係ないとして無視されがちである。家庭科共修の後も、家庭科の授業のほとんどを、情報処理実習などの時間にあて、食物や被服、育児などについては形だけしかやっていない私立男子校も多い。親も、受験を考えて高い授業料を払って私立に入れるのだから、期待が大きくなる。そうした期待を強く内面化している別学男子は、子どもに期待し子どものために生きる母親の生き方の中に、家庭を守る女性の理想的な姿を見出しがちになる。しかも学校においては男だけの世界であり、女性に対する幻想ばかりが膨らんで、その幻想をこわすものが何もない……。

しかしその結果が、先にみたように、女子とはかけ離れた性差意識や理想の家庭像であるならば、彼らの未来はけっして明るくはない。結婚や家庭生活において、彼らは何が問題なのかも分からないままに、問題に直面してしまう可能性が高い。ジェンダーの問題は、まさに彼らの人生にとってこそ、大きな意味を持っているのである。日常的環境において女性に接する機会を制限している男子校においてこそ、男女平等教育は必要なのである。

むろん、ここに描いた像は、私なりの解釈にすぎない。実際に調査に協力していただいた男子校における男女平等教育の実情について充分な知識を得た上での解釈でもない。男子校においても、男女平等の問題に積極的に取り組んでいる先生方も多いと思う。ご指摘を賜りたい。

注

（1）平成九年度国民生活白書『女性が働く社会』経済企画庁など。

（2）男性学については、伊藤公雄『男性学入門』作品社、一九九六年、などを参照のこと。社会教育における男性向け講座としては、足立区における「男性改造講座」などの先進的取り組みが良く知られているが、現在では三鷹市や埼玉県など、かなり多くの自治体において、類似の講座が開催されている。また、東京都生活文化局の外郭団体である東京女性財団でも、男性向けの「ジェンダー問題」を考える小冊子『少したちどまって、男たち』（一九九七）、『居場所を取り戻そう、男たち』（一九九八）を作成するなど、男性向けの取り組みを開始している。
（3）女子差別撤廃条約は、その一つの結実として位置づけることができる。
（4）村田鈴子『教育女性学入門』信山社、一九九〇年。
（5）東京女性財団『Gender Free あなたのクラスはジェンダー・フリー？』一九九五年、など参照。
（6）厚生省『平成一〇年度厚生白書、少子社会を考える』一九九八年。
（7）主任研究員、伊藤裕子（山村女子短期大学）、研究員川浦康至（横浜市立大学）、江原由美子。成人調査は、一九九五年二月に、東京都区市（町村を除く）在住の二〇歳以上六〇歳未満の男女を対象として行われた。標本抽出は、層化二段無作為抽出法によって、一五〇〇抽出した。調査方法は、訪問依頼・郵送回収法によった。有効回収数は、六五五であった。また、高校生調査は、一九九五年六月に、東京都所在の公立・私立高校第二学年在学中の男女生徒を対象として、行われた。標本抽出は、地域別・設置者別・共学・別学を考慮して、有意抽出した。標本数は、一二校一五〇〇である。調査方法は、学校に郵送で依頼し、教員の協力をえて、授業時に実施してもらい、学校を訪問して回収した。有効回収数は、一四七三であった。
この調査の結果は、『性差意識の形成環境に関する研究』（東京女性財団、一九九六年）として、まとめられている。以下にあげる図表、図、表などは、すべて、同報告書に基づいている。なお以下における報告書からの引用は、末尾の付表からの引用や付表に基づいて私がグラフ化したものを除いて（その場合には引用頁を示さない）、分担執筆部分からの引用や参照を示す場合には、分担執筆者を著者として明記し、報告書の頁数を示すものとする。
（8）伊藤裕子、同報告書、三～五頁参照。
（9）同右、四頁参照。

(10) 図表1は、江原由美子、同報告書、二四〜二五頁より引用。図表2は、江原由美子、同報告書、七六〜七七頁から引用。
(11) 伊藤裕子、同報告書、四四頁を参照。
(12) 川浦康至、同報告書、一二八頁から引用。
(13) 伊藤裕子、同報告書、六三頁。
(14) 江原由美子、同報告書、八五頁から引用。
(15) 同右、八五頁から引用。
(16) 同右、八五頁から引用。
(17) 同右、八〇〜八一頁から引用。
(18) 同右、九四頁から引用。
(19) 江原由美子「性役割からの逃走? 少子化・晩婚化の背景」『くらしと保険』三三〇号、一九九七年、Winter、生命保険文化センター、参照。
(20) 松井眞知子『短大はどこへ行く——ジェンダーと教育』勁草書房、一九九七年、一六〜一七頁を参照。

あとがき

前著を出版したあと、私は堅く決意した。「次に出す本は絶対書き下ろしにするぞ」。これまで、大学での仕事や家の中のあれやこれやに追われて、まとまったものを書くことができないでいた。授業や会議や講演などの準備に追われつつ毎日とびまわっている合間に、調査報告書や、期限を切られた雑誌原稿や、どうしても断れない頼まれ原稿を仕上げるのがやっとという状況が続いてきた。

むろん、そうした仕事にも大きな意義があることは、充分理解している。外部から持ち込まれた企画がなければおそらく考えもしなかった主題も多い。特に調査研究では、気づくことも発見することも考えさせられることも非常に多く、あとから考えてあの時お引き受けして本当に良かったと思う場合がほとんどである。様々な方からの企画やプロジェクトへのお誘いがあってはじめて、仕事ができている自分がいるのであり、そのことついては心からありがたく思っている。

けれども自分自身を顧みると後悔の念を消し去ることができない。忙しいということを言い訳にして、さぼっている自分。外からのプレッシャーがないと仕事をしない自分。けれど、主題や枚数や期限が決まっている原稿ではなかなか書けない主題があった。書かなければと思いながら放置してきた主題があった。けれども、時間が経つのはあまりにも早く、いつのまにかもう「これ以上延ばしたら絶対書けない」ということを実感として感じられる年齢になっていた。父を亡くし、義兄もこの世を去り、自分の年齢を意識することも多くなった。「自分はこのまま、まとまったものを書くことができないまま終わってしまうのだろうか……」。そう思うと、啄木ではないが、まとまった仕事をした先人や友人がひどく「偉く」思えてきたりした。

幸いある程度まとまった時間を得ることができ、考えていた主題を新しく書下しの原稿にすることができた。その原稿の出版の相談を編集者の町田さんとしている過程で生まれたのが本書である。肝心の書下しの方の出版（仮題『ジェンダーの再生産』）は、原稿の手直しに手間取り、本書よりも出版が遅くなることになってしまった。本書に収録したかつて書いたものに今あらためて目を通すと、結局書下しの原稿と重なっている主題が多いことに驚かされる。是非、一緒に読んでいただきたいと思う。

本書のもとになった原稿を書くにあたっては、多くの方のお世話になった。

巻頭においた「日本のフェミニズムの現在」では、朝日新聞社ジャパン・クォータリー編集長の竹信悦夫さんから丁寧なご示唆をいただいた。

家計経済研究所の永井暁子さんには、「女性学・フェミニズム・ジェンダー研究」を書く上で大変お世話になった。

「女性と表現」は放送大学教材九四年度版の『ジェンダーの社会学』の一部として書かれたものである。放送大学でご一緒したFS研究会の皆さん、とりわけ編者である上智大学の目黒依子先生や、九九年度版でもご一緒している学芸大学の山田昌弘さんにはお世話になった。山田さんにはIV部の「家族の危機」で書評もさせていただいている。いつも刺激的な議論をありがたく思っている。

「アカハラ」に関する原稿の元になったのは、京都大学セクハラ事件に関する裁判への意見書である。小野和子先生をはじめ、京都大学セクハラ事件に様々な形で関わった先生方には、お教えいただいたことが多かった。本当に感謝している。

都立大学でのセクハラ調査では、法学部の浅倉むつ子先生をはじめとする先生方とご一緒の調査に参加することができ、楽しい時間を持つことができた。調査に参加された院生のみなさんにも感謝する。

「男子校高校生の性差意識」は、東京女性財団から委託をうけた『性差意識の形成環境に関する研究』を元にしている。一緒に調査研究した伊藤裕子先生や川浦康至先生からは、私の専門分野を越えた領域について多くのことを学ばせていただいた。

都立大学社会学研究室の先生方および大学院のみなさんには、いつも話し相手になっていただいたり、問題意識をもらったりしている。教員であることを本当に楽しく感じるこの頃である。原稿を書く機会を頂戴したり、原稿をチェックして下さった編集者の方々にも心から御礼申し上げたい。こう書いてくると、本当に良い人間関係に囲まれてきたなとあらためて思う。

最後に、本にまとめるにあたって様々なご配慮をいただいた勁草書房の町田民世子さんに、心から御礼申し上げたい。横浜や神田などあちこちの街角で、町田さんが付き合ってくださった時間はかなりのものになる。本当にありがとうございました。

二〇〇〇年七月　横浜の自宅にて

江原　由美子

IV

家族のコミュニケーション　『岩波講座　現代の教育 7　ゆらぐ家族と地域』1998年　岩波書店

家族の危機　『月刊百科』2000年 3 月号　平凡社

男子校高校生の性差意識　藤田英典他編『教育学年報 7　ジェンダーと教育』1999年　世織書房

初出一覧

I

日本のフェミニズムの現在　書下し("Feminisum's Growing Pains", *Japan Quarterly*, vol. 47. No. 3 July-September. 2000年7月はこの英訳)

女性学・フェミニズム・ジェンダー研究　『家計経済研究』32号 1996年　家計経済研究所

ジェンダーと社会理論　井上俊他編『岩波講座　現代社会学　11 ジェンダーの社会学』1995年　岩波書店

女性と表現　目黒依子編『ジェンダーの社会学』1994年　放送大学教育振興会

女性の経験や思いに焦点をあてる　原題「女性学」　朝日新聞アエラムック編集部『家族学がわかる。』　1998年

フェミニズムから見た丸山眞男の近代　『現代思想』1994年1月号　青土社

II

自己定義権と自己決定権　山之内靖他編『岩波講座　社会科学の方法8　システムと生活世界』1993年　岩波書店

自己決定をめぐるジレンマ　原題「自己決定をめぐるジレンマについて」『現代思想』1999年1月号　青土社

III

セクシュアル・ハラスメントの社会問題化　原題「『セクシュアル・ハラスメントの社会問題化』は何をしていることになるのか」　鐘ケ江晴彦・広瀬裕子編『セクシュアル・ハラスメントはなぜ問題か』1994年　明石書店

〈アカハラ〉を解決困難にする大学社会の構造体質　上野千鶴子編『キャンパス性差別事情』1997年　三省堂

キャンパスにはびこるジェンダー・ハラスメント　『論座』2000年2月号　朝日新聞社

著者略歴

1952年　神奈川県に生まれる
1979年　東京大学大学院社会学研究科博士課程中退
現　在　東京都立大学人文学部教授／社会学・女性学専攻
主　著　『生活世界の社会学』（1985，勁草書房）
『ジェンダーの社会学』（共著，1989，新曜社）
『装置としての性支配』（1995，勁草書房）
『フェミニズムの主張』（1992，編著，勁草書房）
『性の商品化―フェミニズムの主張２』（1995，編著，同）
『生殖技術とジェンダー―フェミニズムの主張３』（1996，編著，同）ほか
『性・暴力・ネーション―フェミニズムの主張４』（1998，編著，同）

フェミニズムのパラドックス　定着による拡散

2000年９月25日　第１版第１刷発行
2001年４月５日　第１版第３刷発行

著　者　江　原　由　美　子
発行者　井　村　寿　人

発 行 所　株式会社　勁《けい》　草《そう》　書　房

〒112-0005　東京都文京区水道2-1-1　振替　00150-2-175253
電話(編集)03-3815-5277／FAX 03-3814-6968
(営業)03-3814-6861／FAX 03-3814-6854
平文社・和田製本

ISBN 4-326-65241-1

http：//www.keisoshobo.co.jp

江原由美子　ジェンダー秩序　四六判　三五〇〇円
江原由美子　装置としての性支配　四六判　二九〇〇円
江原由美子編　フェミニズムの主張　四六判　二七〇〇円
江原由美子編　性の商品化　フェミニズムの主張2　四六判　三〇〇〇円
江原由美子編　生殖技術とジェンダー　フェミニズムの主張3　四六判　三六〇〇円
江原由美子編　性・暴力・ネーション　フェミニズムの主張4　四六判　三四〇〇円
江原由美子編　フェミニズム論争　四六判　二二〇〇円
上野千鶴子　女という快楽　四六判　二四〇〇円
吉澤夏子　女であることの希望　四六判　二二〇〇円
瀬地山角　東アジアの家父長制　四六判　三三〇〇円
永田えり子　道徳派フェミニスト宣言　四六判　三二〇〇円
加藤秀一　性現象論　四六判　三四〇〇円

加藤秀一・坂本佳鶴恵・瀬地山角編
フェミニズム・コレクション　全3巻　四六判　上製　各三二〇〇円

＊表示価格は二〇〇一年四月現在。消費税は含まれておりません。